人性的弱点

曾仕强谈改变命运

曾仕强　著

中国工人出版社

目录
CONTENTS

第一部分　准备

第二部分　实践

第三部分　进阶

第一部分

准　备

命运不是放弃，是努力；命运不是运气，是选择；命运不是等待，是把握……

第一章　了解命运

自己安排自己的命，自己命令自己，是人类最大的尊严与荣耀。自己做自己的主人，命由我定，成为万物之灵，别无什么主宰，才是人类自主性的展现。

既然命由自己定，是不是也可以由自己改呢？这个问题，攸关每一个人的权益，当然值得大家来研究。改变命运这一门学问，不但人人可用，而且人人应该学习。一方面对改命的可能性做一番深入的探讨，一方面也对改命的方法做一番研究。

改变命运不但值得研究，而且有切实可行的方法。并不是空谈一些观念，说说就算了，只要用心，人人做得到，并不需要什么高超的本能或者特殊的功夫。事实上，许多人都已经在做，只是做得不够系统化，因此不十分有效而已。

对改变命运的研究，必须抱着严肃而轻松的心情。严肃的意思是不能开玩笑。命对我们来说，是何等的重大，当然不能够对命开玩笑，以免成为十分危险的玩命。轻松的意思，则是不必紧张。可以按部就班，好好地修改。

自己选择方法，自己安排步骤，由自己执行、自己考核，这才是自主的人生。求神不如求人，求人不如求己。凡事都尽量采用自助的方式，对于自己的命，当然也应该自力更生，由自己来改变，才符合时代的潮流。

但是，在现实生活中，很多人缺乏自觉，一直存有强烈的依赖心理。无论求天、求神、求人，都是把自己的自主权交出来，使自己成为天、神或他人的奴隶。天赋予人类自主权，希望大家自作自受，所以并不喜欢看到这种情形。

人们说，上天是大公无私的，不会为了求的人虔诚与否，而有所分别。我们礼拜上天，是感谢天地生我、育我的宏恩，表示不忘本源。天不言不语，从来不对任何人做出什么承诺，便是为了确保天无私覆的公正性，这也是我们的一种理解吧。

要改变命运，最好一下子就采取 DIY（自己动手）的途径，自己动手、自己检验，也自行修正。按照知命而不认命的原则，好好地用心改变自己的命运。

第二章　知命

一、命运的真相

命,是我们每一个人都生来俱有的。我们把看得见的人生计划,称为生涯规划。实际上这些看得见的计划,都是后天拟订的,也就是生下来以后才逐渐呈现的。

社会上有很多人,一生迷迷糊糊,或者慌张、忙碌,根本没有做过什么计划,也就是缺乏人生规划。但是这些人仍然一天过一天,过完一辈子。可见他们所依据的,是那一份看不见的人生计划,同样是依命而行。

我们的人生剧本,应该是我们自己编写的,才符合自作自受的宇宙规律。我们的一生,不论经历什么样的情况,都是我们自己规划出来的,必须心甘情愿、欢欢喜喜去执行,真正的不怨天不尤人。

只有命由我定,我才有资格做自己的主人。一个人具有自主性,人生才显出意义,同时也才有必要为自己所决定的命,负起全部的责任。如图所示:

命由我定
- 我具有高度的自主性。
- 我就是自己的主人。
- 我可以决定我的命。
- 一切后果自作自受。
- 这样人生才有尊严。
- 这种人生才值得追求。

人生如戏,所不同的是,我们的剧本由我们自己编写。我们不仅是演员,而且是编剧,是导演。

这样的演出，不但十分有趣，而且逼真，每个人都完全投入，几乎忘了自己原来是剧中人。

依据自己所编写的剧本，按照自己的意思粉墨登场。经历各色各样的演出，剧终时心安理得地洗清粉墨，安然离去，这才是理想的人生。

二、命运的主人

一般人的看法，总以为命是天所决定的，我们不否认天命的存在，只是有一些不一样的体会，提供大家参考。

天命就是上天的命令，我们喜欢把它称为老天爷的旨意。上天命令我们每一个人，既生为人，便应该活得像一个人，所以规定我们，在出生以前，就要做好一生的规划。唯有如此，才能够有计划地走完人生历程。

然而，老天爷喜欢多彩多姿的世界。于是恩准人类拥有高度的自主权，可以自行规划，表现出人人不一样的个别差异，呈现各自不一样的生活，好好演完这一出人生大戏。因此我们应该按照上天旨意。

天命只不过是上天规定我们要定好自己的命，并没有进一步越俎代庖，把我们每一个人的人生计划全都代为决定下来。老天爷尊重我们的自主权，我们也应该为自己的计划负起全部的责任。既然命要由我们自己定下来，我们就不能不知道命的特性，以便全心全力地配合，使其顺利完成。

命具有三大特性，如图所示：

命的特性
- 一切有定数
  - 命代表人生规划。
  - 一切依规划而行。
  - 不改变就成定数。
- 命可以改变
  - 定数仍然能改变。
  - 一改就成不一定。
  - 要不要改看自己。
- 怎么改都行
  - 改的范围不限制。
  - 改的程度不一样。
  - 同样具有自主性。

(一)一切有定数

因为命是先天带来的人生计划,在尚未出生以前,已经把这一生的所有经历全部纳入。出生之后,如果不想去改变它,势必终其一生,一点一滴都按照原先的计划去实施。这样的人生,岂不是一切有定数?如果人们完全服从既定的命,丝毫都没有想到或者根本不想去改变,当然他一生中经历的所有事情,似乎都是由命不由人。这样看来,人的一生,果然一切有定数。

(二)命可以改变

命如果一经决定,就不能加以改变,人的自主性便受到很大的剥夺。但实际上是,先天有自主性,能够造命;后天也拥有自主权,可以改命。

(三)改的范围和程度并不一定

命可以改,但有范围或程度的限制,并且这种限制没有十分明确的范围和程度。换句话说,命不但可以改,而且改的范围很广泛,程度上也不会加以限制。这完全看改的人,秉持什么样的态度,表现出多大的毅力,只要不改到没命,几乎要怎么改都可以。

我们一生下来就有命,这个命是我们自己决定的。决定之后,还应由我们自己来加以改变。人的自主性和创造力,这么受到上天的尊重,我们必须好自为之,才不辜负上天的美意。

三、观念决定命运

命既然是一种人生的计划,当然也能够加以改变。问题是怎样改变?由谁来改变?能够改变到什么地步?

对此,我们可以用现代的名词来表示,称为观念。人是观念的动物,具有什么样的观念,就会表现出什么样的行为。表现什么样的行为,就会产生什么样的关系。透过种种关系,便会产生不一样的后果。把这些累积起来,便是命的具体呈现。

简单地说,改变观念,就等于改变命运,我们常说:把脑筋搞搞清楚。实际上就是把脑海中的观念好好端正起来。

首先,我们要明白,宿命论是一种不负责任的态度。命并不是上天或任何主宰所给予,我们没有绝对服从的必要。人既然拥有高度的自主权,自己制订的计划，只要自己愿意承受变更的责任，为什么不能够加以改变呢？要改，或者不要改，应该也是自主权的一部分才对。

其次，命可以改，要不要改？也由我们自己来决定。我们便应该谨慎地面对这样的可能性，做出一番更为深入的探讨。一方面了解哪些部分要改，哪些部分不要改；一方面选择改变的时机和方法，以求改得更加合乎我们的理想。

还有，无论我们怎样改命，所改出来的后果，必须由自己完全承受。依据自作自受的规律。

四、人生的新剧本

人生如戏。我们这一辈子，不过在人生的舞台上，扮演一些角色。至于是否出于自愿，我们只能说是相对的自愿。因为在我们这个世界上，说穿了，只拥有相对的自由和相对的平等。说是出于自愿，多少有一些无奈。这种相对的自愿，证明我们不过拥有相对的自由，不可能绝对自由到爱怎么样都可以的地步。说不自由，却也没有什么外力的干预和阻碍。

每一个人做计划的时候，不可能完全脱离现实，仅凭自己的理想。因为这样做出来的计划，执行起来，很可能由于不切实际而窒碍难行，有如空想一般，和没有计划几乎没有什么两样。

在人生舞台上，每一个人都在按照自己所编写的剧本表演。而几乎所有的人，又都在不断地改变自己的剧本，只不过有的人改的幅度比较大，有些人则比较小；有的人变更的频率比较高，有些人则比较低，各有不同而已。我们来到这个世界，就好像到达陌生的地方去旅行一样，原本有计划，却仍然需要面对当时的环境，做出必要的调适，才能够安顿下来。

大部分人，都在彼此互动当中，改变自己的命。只是大多数人，不知道改变命运这一回事，还认为一切都是原先所预定的，因而以为一切有定数，怎么也逃不掉。我们从大部分的计划在执行时都经过不断调整的情况，可以想见我们先天所带来的命，在人生过程当中，同样不断地被改变，否则很不容易生存下去。由此可以推知，命是与生俱来的，不过后天可以变动，也就是命可以改。

五、人的三种类型

社会上的人，形形色色。但是大分起来，不外三种：一种是上人，一种是中人，一种则是下人。

经常有某些人喜欢自称为上人，表示与众不同，是彻底觉悟的人，能够知人所未知，说出一般大众所说不出来的话。可惜这些人常常聚众生事，惹是生非，弄得社会很不安宁，甚至制造一些事端，引起某种动乱。

孔子当年不语怪力乱神，很可能为了防止上人这种称呼，容易引起某些联想，把上人神化。所以才不称上人，而称为中人以上。中人泛指一般人士。

下人这种称呼，也不见得妥当。因为长久以来，下人已经成为用人的代名词，似乎社会地位低落，到哪里都低人一等，很容易造成对当事人的伤害。孔子不称下人，却称为中人以下，表示比一般人差一点点。

中人以上、中人以及中人以下，这三种人，彼此互相影响，也交互配合，构成了人类社会。这三系人的区分，其实也有很多不同的标准。我们现在以命为主轴，把乐天知命的彻底觉悟人士划分为中人以上，其数量并不多。把不一定知命却又十分认命的尚未觉悟的人划分为中人以下，其数量实际上也不是很多。最大多数的，是中人。说没有觉悟，又显得很有一套；说已经觉悟，实在并不彻底；说知命不认命，尚属客气；说不知命又不认命，应该比较切合。如图所示：

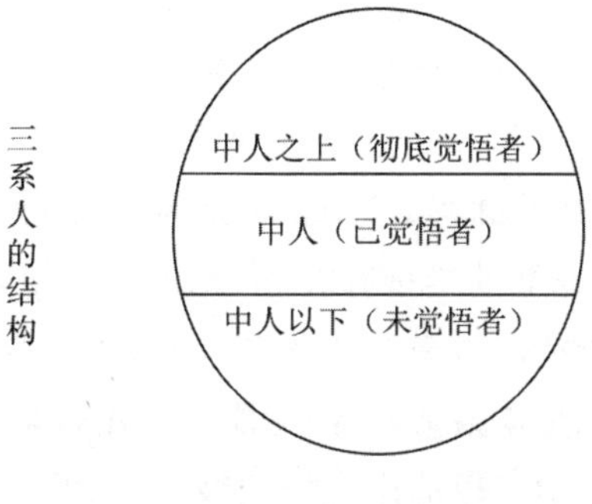

各位不妨自己做一个定位，在这三系人之中，自己的归属究竟在哪里。自我评量，对自我定位很重要。

中人以上，属于彻底觉悟的一群人，对改变命运不会产生很大的兴趣。因为对于自己的所思所为，不但知其然，而且知其所以然。生活中的点点滴滴，都知道是必然的，而不是偶然的。而且所有遭遇，都是理所当然而又势所必然。不论任何遭遇，都是理应如此而且不必改变。不管什么情况，都能够甘之如饴，无所怨憎。这样随遇而安，时时心安理得，凡事处之泰然的人士，当然是中人以上的彻底觉悟者。

中人以下，属于尚未觉悟的一群人，对改变命运也不会产生多大的兴趣。因为对自己的所言所行，不但不知其所以然，而且不知其所然。只是一天过一天，根本不反省，认为命中如此，又有什么话说！完全认命，不会对命有所抱怨。表面上看起来，中人以下和中人以上，同样迷迷糊糊，内心的感受，却完全不一样。

评析起来，似乎大多数人，都不属于中人以上或者中人以下，应该是中人。对觉悟有兴趣，对命很好奇，对改命更怀着一份期待。似觉悟未觉悟，像知命又不知，要改命又不知如何改法。我们建议，暂且把自己当作中人，将改命学好好修习一番。

六、乐天知命是高智能

慧就是智能，和知识不一样，可以说是活用知识的一种能量。看不见也摸不着，不容易说得清楚，却实实在在，值得我们用心去追求。

现代人越来越重视知识，却越来越丧失智能。

知识有文字陈述，大多能够反复验证，经由学习，很快就可以获得。人类愈来愈相信这些有形的东西，愈来愈依赖文字、图形的传送。一方面表示愈来愈缺乏信心，不敢尝试那些无形的领域；一方面也显得愈来愈偷懒，不肯用心探究那些难以捉摸、似乎不可知的东西。

殊不知知识需要智能来妥善加以运用，对人类社会才有助益。我们要明白，智能愈高的人，知识愈丰富愈好，因为能够运用得妥善，知识才有价值。智能不高的人，知识愈多，愈难以消化，愈不能妥善运用。有时候用错了，反而危害人群，当然是不好的现象。实际上知识丰富的人，大多智能很高。

智能指我们的聪明才智，凡是通情达理、明白事理的人，都称为明智之士。

知命是一种很高的智能，孔子是至圣先师，也要活到五十岁，历经许多苦难的折磨，才能够知天命。一般人到了年逾半百，还不知道命究竟是什么，未免不知不觉地太久了一些，这就有待自己的努力，学习一些正确的观念才行。如图所示：

智慧 VS 知识

- 智慧
  - 看不见也摸不着。
  - 可以妥善运用。
  - 不受时空控制。
  - 决定我们学习知识的效果。
  - 不受有成必有毁的约束。
  - 由先天累世而来有待这一辈子的开发。
- 知识
  - 看得见，大多可以反复验证。
  - 需要智慧来妥善加以运用。
  - 受到时空的限制。
  - 遵守有成必有毁的定律。
  - 由自己勤学而来需要不断的努力。

知命本身，就是一种高智慧。知命又认命，智慧不是极高，便是不高。知命却不认命，属于中等智能，或者智能很高，目前尚未开启的人。当然也有一些经验不足，尚未完全知命，却认为自己已经知命的人。

七、业与慧的互动

求学时努力的成果，称为成绩。工作时表现的程度，叫作业绩。一生的为人处世，结算起来，就是这一辈子所造的业。业又可以大分为善业和恶业。善业称为德，恶业便是孽。修出良好的德性，当然是善业。作恶多端的人，自然是造孽很多的孽子。

人生的剧本，由我们自己编写。如何安排这一辈子的情节，必须受到自己所表现的慧和业的限制。我们具有高度的自由意志，却相对地应该受到天命的约束。换句话说，必须遵守自作自受的规律。在因果律的范围内，发挥自己的自主权。

有人怀疑:既然命由我定,难道有人自愿把自己的命定得这样悲惨、恐怖或可怜吗?原因是自己养成太多的不良习惯,造出太多的恶业,就算再有智慧,也非如此安排不可。这样我们才明白,智慧的高低,和造出善业或恶业,并没有直接的关系。智慧很高的人,照样可能造出恶业,带来悲惨、恐怖或可怜的人生规划。许多人十分聪明,就是不做好事,除非从现在开始改变习惯,否则根本无可救药。

业和慧对每个人来说都有所不同。我们一生的命,实际上就是慧和业的互动过程,而且呈现连续性的因果关系,并不能随意加以割断。这种自作自受的情况,必须自愿地接受。因为把它看成被动,只有增加心理上的不愉快,对于命的运作,产生不了什么作用。徒然怨愤,不如视同自主。唯有觉悟一切自作自受,才会定下心来,好好改命。

八、教育改写人生

人必须经由后天的学习,才能够走出自己的人生。有时依照原先规划的轨道,有时却偏离了。也有些时候,由于内外环境的刺激,自己有意或无意地加以改变。有如舞台上的临时演员,忘了台词,只好临时编造,以应急需那样,甚至会影响到全剧的进行。这种情况,人人都不相同,所以要由自己去面对和应变。

我们每个人的命运,都由所处的环境和所受的教育来左右。其中教育的方式和内涵,更是居于关键地位,不容忽视。

子女的第一个环境,是父母。子女最初所受的教育,也来自父母。可见父母是子女的关键人物,子女对父母应该孝顺,也是天经地义的事情。

教育是改命的关键,而学习才是能不能改命的重要变量。父母再用心教育,也可能出不良子弟,那是子女自己在决定。因此,父母用心教养子女,不过是尽父母应该尽的责任,各人在互动中自作自受,这才是教育的真义。教育并非无能,却绝对不是万能。教育可以改变我们的命,但是有其限度。要不要改?怎么改?什么时候才改?改到什么地步?实际上由自己决定。人具有高度自主性,便应该负起最大的责任。

九、机遇创造命运

教育为什么不是万能？因为各人的环境不一样。良师难求，学习的同伴也一样。有人在书房中长大，有人在柴房中偷看书本；有的人看到有益的书，有的人所接触的，几乎都是有害无益的东西；有人开卷有益，有人却开卷有害。这便是机遇不相同。

一生的机遇，好比人生舞台的布景和同台演出的人物。场景变换，人物更替，对自己当然产生重大的影响。不必介意自己的命到底如何，用心面对川流不息、瞬息万变的机遇所表现出来的因应和结果，实际上便是我们自己的命。

命好要紧，还是用心因应各种变数要紧？初看起来，命好比较重要。仔细推敲起来，还是用心因应比较要紧。我们一生的努力，基本上只证明我们拥有什么样的命，这话一点也不错。但是，我们若是不努力不用心，又怎么证明我们的命，真的是什么样。

有的人命定得很好，却由于不努力、不用心，把原来良好的机遇也搞坏了，这能怪谁呢？同样的安排，结果可以有好也有坏，这是我们常见的事实。

每一个机遇，都是命的转折点。处理得好不好，对以后的人生发展，具有十分重要的影响。我们所遇到的若干重大机遇，能不能逐一转成好的结果，有赖于自己后天的学习和用心的因应。责任也应该自己承担，用不着怨天尤人。命的安排，原来就是可变的，很少是不变的，我们可以说有的人可变的部分较大，而不变的部分比较少，有些人则刚好相反，可变的部分大，这种人弹性就比较大，经常变来变去。同样变来变去，有的人十分坚持原则，必须持经达变。有些人则变到没有原则，简直是乱变。有的人原则很多，多到自己会忘记；有些人则原则不多，简单两三条，记得很牢固，也十分坚持。各人的组合不同，所以命不相同。

报仇变成报恩，我们称之为化解。我们常说冤仇宜解不宜结，便是恩怨本身也会产生变化。有的人目标专一、任务单纯，命中的变化也较小。有些人目标广泛，任务复杂，命中的变化也就相对比较大。也有一些人，把自己的命忘掉了，整天糊里糊涂，可以说这一辈子白活了。到了临终，回光返照的时候，才想起原来自己安排的命，竟然完全落空，于是悔恨交加，以死不瞑目的悲剧收场,不但对不起自己,更连累了亲人。

命就是命令,自己对自己的命令,最愿意遵从,也最应该全力以赴才对。我们对别人的命令,顶多尽力而为,但是对自己的命令,若是不能够全力以赴,那就是不看重自己,也就是引不起上天的重视,后果如何,可想而知。如图所示:

命
- 自己对自己下的命令。
- 最好高高兴兴地接受。
- 用心去执行,才知道自己究竟下了什么样的命令。
- 即使要修改,也应该先用心执行再说。
- 以教育为关键,机遇为主轴。
- 找出自己的应变原则。
- 看重自己的命令,才会获得上天的帮助。

第三章　不认命

一、人人都想改变命运

前面说过，我们来自同一个地方，每一个人的怨憎与苦恼，多少有一些不同，令人觉得各人的命，并不一样。很可能是各人的分别心、角度和程度有一些不同，使得我们一生下来，就有个别差异。如图所示：

- 人人不相同
  - 身
    - 同样的五官，各人长得不一样。
    - 常常照镜子，愈看愈不满意。
    - 有胖有瘦，有高也有矮。
    - 生理疾病，各有不同。
    - 体能和体力，也有不一样。
  - 心
    - 心理状态，人人不相同。
    - 同样的现象，反应不一。
    - 有人喜欢，就有人厌恶。
    - 人心不同，各如其面。
    - 用心的程度，更是不同。

经过后天的修持，有些人由觉悟而彻底觉悟，成为彻悟的人。这些人的心境，能够往返自如，自由自在。因为这些人对人生的起伏，也就是命运的安排，都能够处之泰然，没有怨天尤人的感觉。

凡是应该发生的事情，就高高兴兴、快快乐乐地让它发生吧！持有这种信念的人，看起来好像十分认命。其实不然，因为认命的意思，多少有一些被动的味道，有一些不情愿的感觉。抱着不得已的心情，不得不如此这般，受命的摆布，无可奈何，才叫作认命。

彻底觉悟的人，应该是乐天知命，而不是一般人所说的认命。知道自己的命，合乎需求，又饶有价值。就算在别人眼里，既苦恼又难过，但是自己心里明白，一切都出于自己的安排。好的固然很好，不好的也会接受。完全没有无可奈何的念头，才是彻悟的人。

我们大多数人，来到宇宙，生而为人以后，虽然用心学习，稍有觉悟，也不断努力，但毕竟尚未觉悟到非常彻底的程度，用心修习却未能及格，就免不了有很多烦恼、企盼和怨憎。我们既不能毫无觉悟地认命过日子，也不像那些彻底觉悟的人，能够潇洒地随遇而安。我们难免情绪起伏，有时高兴，有时沮丧，埋怨自己羡慕别人，常常存有改命的心，却苦于找不到有效的途径。我们大多数人相信命的真实性，却又无法完全掌握命的真相。知命，又好像不知。不认命，似乎又不得不认。

由此看来，现实告诉我们，只有正视自己，正视命运，理直气壮地积极改变命运，才是奋发图强、力求上进的表现，才能使自己减少很多不必要的苦难与烦恼，内心充满喜悦。

二、不认命的消极表现与积极表现

不认命的表现，通常有两种，如图所示：

- 不认命的两大类型
  - 自暴自弃
    - 怨天尤人。
    - 伤害自己。
    - 十分枉然。
  - 常要改命
    - 用心修持。
    - 改变行为。
    - 调整命运。

一种不认命的表现是自暴自弃。对自己的一切遭遇，都十分不满意。于是怨天尤人，又不知道改命，变得自暴自弃，甚至想尽办法，和自己过不去，进而伤害自己。这种情况，当然令亲者痛而仇者快。对这种人而言，改变命运应该是一门非常重要的功课，能够促其清醒、省悟，重新返回自觉、自救的路子。

另外一种不认命的表现是,时刻想要改命。能够用心修持,力求改变自己的观念和行为态度,使自己和他人建立良好的关系,因而改变了自己的命运。对这种人来说,学习改变命运也相当重要,可以知其然更加知其所以然,对于提升改命的效果,必有很大的助益。至少不会走冤枉路,增加自己的怀疑苦恼,甚至动摇自己的信心。

可见不认命只是一种消极的态度,能够通过自己的努力去改变它,才称得上积极,也才能够收到预期的效果。不认命又能够积极改命,才是值得提倡的。

三、改变:方向比速度更重要

改命的决心容易下,结果却很难测定。因为改命可能面对两种完全相反的大方向:一是愈改愈好,一是愈改愈糟。我们必须提高警觉,天下事为什么不如意的,高达十之八九?就是因为愈改愈糟的比率,远大于愈改愈好。原来还不错的,愈改愈坏。原本已经很糟糕的,愈改愈糟糕,岂不是和自己过不去?害了自己,也使得亲友伤心。

且看人类社会,纵然不断地在改变,是不是也有些事情愈变愈好,有些地方却愈变愈差呢?我们在某些方面,当然有进步;而在某些方面,却是在退步。

不幸的是,往往我们认为愈改愈好的事情,经不起时间的考验。没有多久,便证明实在是愈改愈糟。如果是别人所为,还可以持有足够理性加以修正;如果是自己所为,多半会掩饰事实,寻找理由,力求自圆其说,或者索性把责任推给别人。甚至会恼羞成怒,死不认错,好像错也要错到底,就算成为历史的罪人,也在所不惜。

改命具有很大的风险性,必须小心谨慎,抱着不可不改、不可乱改的原则,以期降低风险,避免后悔。

许多人热衷算命,便是想要借由知命来改命。算命之后,热心地全力配合,得到好的结果,到头来却称赞算命的人算得很准,把自己的努力,全部都归功于算命的人身上了。

过分相信算命,相当于接受催眠,很可能做出意想不到的事情。算得真准,等于认命而行,还说得过去。万一算命师乱说,自己又全力配合,做出生命中不应该做的事，那才是不幸之至，又能怪谁呢？

正向、反向，始终存在于我们的面前。何去何从？一直带给我们很大的困扰。常说命运捉弄人，其实是我们自己弄错了方向，跑得愈快，愈不利。《大学》说得好：本末、轻重、先后，是一切事务的衡量标准，只要拿捏得合理，事情就会办得妥当。我们希望改命，是不是先要把本末、轻重、先后弄清楚，然后才来改呢？

方向比速度更为优先，先把方向把握好，然后才能够放心地加速。然而，方向对错，又不像地图上所标示的那样清楚。必须通过不断地学习，衡量各种相关的变量，及时调整。命好不好，通常指的是能够减少在十字路口的徘徊时间，很快找出合理的转折点，几次正确的选择，就被认为运气良好。连续的不凑巧，选择错误，那就是不幸的事情。在人生的道路上，我们有的是选择的机会，可惜我们普遍缺乏选择的能力。选错了方向，多走冤枉路。时间又那么宝贵，用过了就无法再生，所以时常悔恨不已。如何增强自己的选择能力？成为改命的先决条件。选得好，命当然愈改愈好。如图所示：

改命五要件
- 有风险性——不可不改，也不可乱改。
- 有正有反——方向比速度更为优先。
- 慎重选择——增强自己的选择能力。
- 及时调整——寻找出合理的转折点。
- 爱惜时光——时时都应该谨慎小心。

四、什么是凶吉？什么是利害？

我们有很多机会，却苦于缺乏选择的能力，以致错失良机，而悔恨不已！为了弥补这种缺陷，我们提出趋吉避凶的主张，认为趋吉避凶，是我们的选择标准。

很多人不明白什么叫作吉凶，却迷惑于比较容易辨认的利害。把利害当作选择的标准，以趋利避害代替趋吉避凶，不知道造成多少遗憾，也害惨了多少人士。吉凶是吉凶，利害是利害，两者必须区分清楚，以免混淆。

首先，我们必须明白，利可能带来吉，也可能产生凶的后果。许多人见利忘义,结果换来祸患,是大家屡见不鲜的事实。大致上说,凡是近利、邪利、暴利、寡利的,初看起来本是好事情,一段时间之后,才明白根本不是利,而是害。利会变害,才叫作世事难料。

害可能带来凶,也可能产生吉的后果。因为曲线向下走,一旦到了谷底,就会翻转过来,变成向上升的局面。谷底翻升,便是逢凶化吉。所以忍耐的功夫,十分重要。我们常说九分努力,还需要十分忍耐,意思是忍得一时的害,很可能产生料想不到的吉。谦让的人,看起来很吃亏,是受害者,但是最终会带来吉果。

可见利害是一种虚幻的表象,很可能产生变化。单凭一时的利害,证明目光短浅,见树不见林,自认为聪明,却尝尽聪明反被聪明误的苦楚,那才是冤枉。

利害往往是表层的、浅近的、明显的。有的人在这方面表现得很精明,自己认为很得计,凡事讲求利害,一副十分厉害的样子,其实是有些执迷不悟。

而吉凶大多是深层的、长远的,不容易看清楚。必须仔细琢磨,用心体会。加上一些预测,才能够有所辨识。一般人将信将疑,又缺乏耐性,很难做出正确的研判。必须凡事深一层想,不要立即做出反应,才比较可靠。如图所示:

深一层想
- 吉凶大多数相依。
- 很难明确地判断。
- 最好深一层辨识。
- 不要做立即反应,
- 以免误判害自己。

用利害来改命,眼睛睁得大大的,只想得到一些好处。得到一点好处,便自以为聪明。一生追来逐去,又转来折去,莫非为了一个利字。所谓利字当头,有的人甚至将义理都置之脑后。一旦利令智昏,便无恶不作。因为已经失去理智,全凭一时的喜欢。只要我喜欢,有什么不可以?便是这些人的原则。

这样改命,很可能愈改愈坏、愈改愈糟。

人生的旅途,若是成一直线,多么乏味!为了提高生活的乐趣,我们享受起伏不定的变化,应该是磨炼趋吉避凶的大好机会。不但增加乐趣,而且增长智慧。人生的历程,好比溜滑梯。有人溜得十分愉快,内心充满了喜悦,丝毫没有担心、害怕的感觉。有人却显得紧张、恐惧，甚至还滑出意外，受到伤害。这就是趋吉避凶的巧妙，各有不同，才有不一样的表现和结果。

改命的基本选择标准，最好是趋吉避凶。选择正确，便是我们常说的幸运、运气好。选择不正确，那就是不幸，运气很差。

五、分辨力：改变命运的不二法门

一般人的真正不幸，应该是吉凶分不清楚。什么叫吉？什么才是凶？

依据《易经·系辞》的说法，吉凶是从善恶产生出来的。先有善恶的前因，才会产生吉凶的后果。

(1)吉凶生于动。宇宙万象，永远在变易之中。我们可以把宇宙看成一个动的有机体，生生不息，万物的动，固然有一定的规律可以遵循，但是动来动去，不可能没有偏差。换句话说，力量与力量的互相震荡，难免造成外形或实质的变易。这样一来，彼此之间的配合，很可能由于变动所造成的变易，也就是震荡所产生的形变或质变有所偏差，而无法平衡。如果没有任何偏差，表示一切都是固定不变，那就是死的寂灭，不可能有生的延续。这些偏差，有的是好的，有助于生存变化，当然是吉。有些则是不好的，有害于生存变化，那就成为我们所说的凶。动才会产生吉凶，不动就固定而没有变化，也就无所谓吉凶。宇宙随时在动，人、事物不断变迁，因此常有吉凶。

(2)吉凶生于人的意志。宇宙万象不停变动，原本是自然现象。但是人有爱憎的感情，所以才有吉凶的感觉。在电视的画面上看到火山爆发，也许十分好奇，只认为这是多么美丽、壮观的情景，殊为难得，并没有什么凶的感觉。然而居住在火山旁边的人，就觉得既惊慌又焦急，不知道怎样才能够安全逃离这个危险的区域，心中不安，当然有凶的恐惧。同样的火山爆发，吉凶的感觉不同。只要人的情绪产生爱憎的变化，就会产生不一样的吉凶感觉。一般而言，我们爱好的，就视为吉；我们憎恶的，便是凶。

(3)吉凶必须以合理为标准。宇宙间的一切变动，并不是一般人所认为的不规则，而且没有轨迹可循的乱动，而是有一定规律，产生周流运转的变化，如日月交替、四季顺行，变动中有常规。不过这些常规，不一定为每一个人所了解，也不一定合乎每一个人的意愿，因此每一个人对同样的变动，产生不一样的吉凶感觉。可见吉凶的标准,人人各有不同。然而必须以合理为标准,才能够合乎人群社会的共同秩序。譬如富与贵,对于当事人来说,当然是吉。但是不循正道,不以合理的途径来获得,那就会吉中带凶,终究招来凶的报应。我们“不以成败论英雄”,便是以合理与否,来评断“成者为王,败者为寇”的现象。一时的成败,固然有了王寇的区别,然而合理与否,才是能不能持久的关键,所以不能由一时的成败,来论定谁是真正的英雄。吉凶除了得失、利害、胜负之外,仍然有其客观的条件,那就是千古不移的“合理”。

明辨吉凶的人,必然有所为也有所不为。并非看到有所得、有所利、有所胜,便沾沾自喜,以为吉。也不必由于有所失、有所害,有所负,而伤心懊恼,认为凶。合理的有所得、有所利、有所胜,才是真正的吉,值得有所为;不合理的有所得,有所利、有所胜,不过是暂时的、假性的吉,迟早会变凶,必须有所不为。

六、时刻警醒:从逆境突围

我们常说“富不过三代”,好像家道的兴衰交替,也是理所当然。日常生活中,吉凶相随,似乎也是不可改变的事实。因为当人处在吉境时,由于事事顺心如意,使我们的理性思虑减少,较少去想应该不应该,反而感性的力量增大。但是,感性往往并不具有理性那样的“合理与否”的判断力,因此所作所为,难免有不合理的地方。于是表面上还是顺吉的情境,实际上却已经产生若干由于不合理而带来的危险和阻碍。可惜这时候理性被感性所掩蔽,不能及时觉察、省悟。当这些危险和阻碍的因素累积到相当程度,由顺境转入逆境时,我们才发觉情况不对,开始担心,已经措手不及,难以挽回,不得不接受凶的事实。

从吉到凶,中间有一个吝的情境,也就是外在的环境开始产生一些危险和阻碍的时候。这对当事人来说,已经是凶的前兆,很大的警讯,当事人若能够提高警觉,及时做好调整,可转吉为凶。但是旁观者清,当局者迷。即使旁观的第三者,不断提出警告,当事人却经常执迷不悟,坚持到底而不知调整,因而掉入凶的逆境。身处吝的情境,仍然以顺吉时的心态来因应,当然十分危险。

这种由吉而吝、由吝转凶的状况,好像经常发生,也很容易产生。吝在不知不觉中到来,到了凶才使人猛然惊醒。又由于人处在逆境当中,事事不如意,处处都觉得很伤心,接二连三的挫折,好像是屋漏偏逢连夜雨,于是原来被感性掩蔽得昏睡过去的理性,经由不断的刺激,再度苏醒过来,重新发挥合理与否的判断力。凡事不敢用喜欢不喜欢做抉择的标准,却小心翼翼地思虑应该不应该,来决定有所为或者有所不为。理性的恢复,表示当事人对凶逆的困境,并不怨天尤人,却能够深有悔意。否则,依然为所欲为,那就十分难于化凶为吉了。

这种吉吝凶悔的循环,原本是我们自己的理性和感性两股力量互相激荡所产生的自然现象,也是必须自作自受的起伏循环。如图所示:

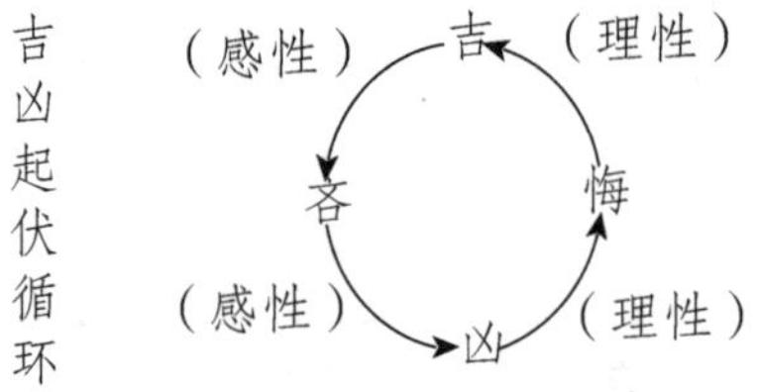

曹敏先生长期研究这种吉吝凶悔的循环现象,悟出一个道理。那就是把悔从凶的后面调到吉的后面,可以阻止或减少凶逆的发生。这种吉悔相依的观点,如果运用得宜,可以产生趋吉避凶的良好效果。换句话说,吉悔相依的方法,能够把吉的可能性拉高,而将避凶的可能性增强,使我们持盈保泰的时间,延长到最大限度。如图所示:

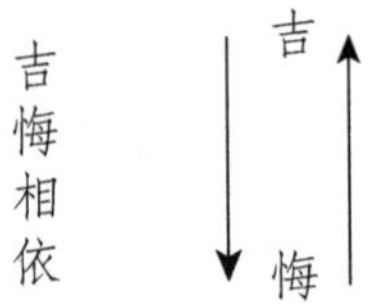

吉悔相依的观点,主要告诫我们:在身处吉顺的情境时,千万不能大意,轻易地让感性淹没了理性,以喜欢不喜欢取代应该不应该,凡事谨慎小心,把事后可能产生的后悔,提出来事先警惕避免,自然可以减少凶逆的到来。事事求合理,一切都谨慎,应该是吉悔相依的主要原则。以吉悔相依来打断吉吝凶悔的循环,即能趋吉避凶。

七、心理建设:改变命运之根本

能够知命、顺命,而永远不后悔,当然是快乐的人生。一般人不容易达到这样的地步,不但时常犹豫、不安,而且常常后悔,所以很不快乐。趋吉避凶,于是成为大家共同的愿望。以趋吉避凶来改命,应该是一条可行的途径。

趋吉避凶的方法,最有效的,当然是吉悔相依。通常我们觉得不顺的时候,大多十分谨慎小心,不容易惹生祸端。反而身处吉顺的时候,经常粗心大意,或者自以为是而又坚持己见。一不小心,就会遭遇困难而陷入困境。如果应变不得其宜,很可能凶险、祸害,接踵而来。若是身处吉顺的时候,能够把悔字常放在心头,时时提高警觉,所有的言行,就不会为将来的后悔种下祸根。

人是群居动物,我们每一天几乎都要和别人互动。就算真的能够掌握我们自己人生的每一个细节,如果别人有意、无意地给我们一些刺激或干扰,我们就会受到影响。这时候趋吉避凶就成为每一个人每一天都需要努力的工作。用这种方式来改命,对自己应该最有好处。

但是,问题恰巧就出在这里,对自己有利,对别人又如何呢？会不会利己反而损人,岂不是有伤彼此之间的和谐？可见趋吉避凶,必须将我自己与我们大家合在一起想。凡事站在公的立场,以我们为思虑的对象,不要站在私的立场,以自己一个人的利害关系来考虑。

趋吉避凶,事实上并不能避免身体方面的伤害,却只能够在心理方面,做出合理的调适。因为悔的意思,实际指的是天理良知的觉醒,而不是伤心悲痛的不满。一般人遭遇挫折,总是责怪运气不好,心生不满。懂得趋吉避凶的人,必须自己反省,以自己的修养不好,来检讨自己。《易经》中"谦"卦的道理,告诉我们时时以"谦"自持,才能够真正地趋吉避凶。如图所示:

谦的功能

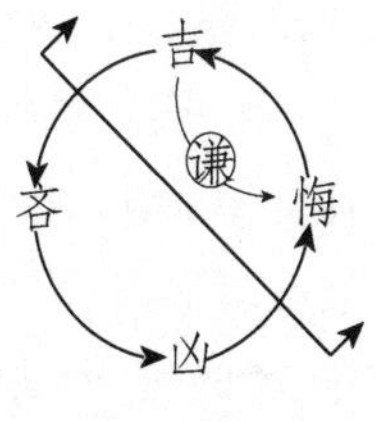

任何一个人，追求富贵的时候，原本是为了提高生活的享受和社会的地位。但是，当我们富贵的时候，不知不觉就成为大家的众矢之的，实际上十分不安全。如果想要获得安全的保障，最好的办法，是用自己的富，来和大家分享；用自己的贵，来尊重大家。所以谦虚、诚恳的态度，才是长保富贵的妙方。大家受到我们的嘉惠，又受到我们的敬重，必然会用同样的态度来对待我们，使我们从众矢之的，转变成大家乐于相处的好友，自然避开凶祸而常保吉顺了。一切由自己的心态来决定，不就是我们常说的心想事成吗？

我们处在吉顺的境地，才需要用谦来保持更好的情景。偏偏大多数人，困苦、贫穷时很谦虚，稍有发展时，便不再谦虚，以致吉吝凶悔，循环不已。为求改变这种起伏不定的命运，用谦来趋吉避凶，应该是十分有效的改命方法。

八、转换心境：求神不如求己

真正知命的人，是从心里头乐于顺命。因为命是自己定的，无论如何是出于自愿的。既然一切自主，就必须自作自受，当然不会怨天尤人，自寻烦恼。

顺命和认命不同，并没有无可奈何的感觉。高高兴兴地迎接每一天，满心喜悦地面对各种遭遇。看起来好的，固然很好。看起来好像不好的，也觉得很好。这并不是阿Q精神，也不是鸵鸟心态，而是充分发挥谦的力量，快快乐乐地趋吉避凶，同样具有改命的功能。

顺命和一般人所想要的改命也不相同，一般人的期望，是马上就改，立即转危为安，逢凶化吉。这些人知道自己做不到，人的力量也做不到，因而祈求神明。企图透过神明的帮助，当下就要改命。顺命助人，知道自己的命，固然由自己订定。然而自己订定命的时候，并非处于绝对自由的情况，只能在相对自由的局限下，发挥最大的自主权。换句话说，身体方面所受的苦难和折磨，可以减轻，却不能完全逃避。任凭算命算得再精确，也是算得到躲不过，徒呼奈何！精神方面的改变，看起来难度很高，因为需改变观念，并不是容易的事。但是效果十分惊人，只要心理上改变，整个精神就变过来了，丝毫不受外界的影响，一切可以自主。而物质方面的改变，受到更多客观条件的限制，改变起来更加困难。

我们所有的烦恼、苦难,可以说都是来自心理上的感觉。心中欢愉,烦恼自然清除,而苦难的程度也立即减轻。不过话说回来,如果没有肉体,我们不可能产生物质方面的欲望。不需要衣、食、住、行各方面的满足,怎么可能产生烦恼,觉得苦难呢?

可是,同样拥有肉体,为什么有些人清心寡欲?有些人却沉溺于七情六欲,而且愈陷愈深呢?可见肉体的需要,原本相当有限,并不会为我们带来太多的烦恼和苦难,偏偏人心不足,欲望不断升高,这才烦恼多多,怎么能够把全部责任都推给肉体呢?

无论如何,从心理上改命,应该是比较可行的途径。我们不认命,要从精神方面改变自己的感觉。透过心与心的互动,比较容易促成外界对我们的改变。心一变,境也变,还是求神不如求人,求人不如求己。从自己的心理改变,使自己发生一种坚强的意志力,和周围的人士互动,取得良好的感应。这样一来,大家的命运都跟着向良好的方向改变。人改变,神明也跟着改变,大家都如有神助地顺利改变,才是天人合一的趋吉避凶。不但有效,而且没有来自外界的阻力,显得自己的力量真的有如神助,势不可当!

九、人性的弱点?还是人性的缺点?

改命的途径,既然以精神方面,也就是心理为重点。我们进一步追究,心理上的弱点在哪里?于是,求生存的欲望,便成为我们注视的共同目标。

我们把人类共同的性质,称为人性。人性是相近的,但是各人因应各自的特质,所采取的策略并不相同。由于策略不同,才造成不一样的命运。

我们看到各人的习惯,好像相去甚远。人性相近,习惯相远,全人类都一样。性的弱点,说起来只有一个,那就是"生存"。人人求生存,所以弱点相近。求生存的方式不一样,因此习惯相去甚远。求生存的弱点,逐渐衍生为"贪生""怕死",最后形成"顾自己"。

顾自己顾到相当的程度,就成为"自私"。如果说"求生存"是人性第一层弱点,那么"自私"便已经进入第二层。自私的表现,以"贪利""贪名"为代表,贪利、贪名的结果,都归结在贪图"享受"上面。

贪图享受到相当程度，形成个人的快乐所在。于是“求快乐”又成为人性第三层弱点，以“刺激”“争夺”和“征占”为重点，导致各种明争暗斗的花样，令人苦恼不堪。

人性的弱点（如图所示），并不全然是人性的缺点，因为求生存、自私和求享受，基本上都是人类进步的原动力。所有的企图心，实际上都建立在这种基础上面。只要保持合理，求生存、自私和享受，不但没有害处，反而有相当的好处。

- 人性的弱点
  - 求生存
    - 贪生
    - 怕死
    - 顾自己
  - 自　私
    - 贪利
    - 贪名
    - 贪享受
  - 求快乐
    - 刺激
    - 争夺
    - 征占

因应人性的弱点，若是策略正确，弱点都会变成优点。所以，策略的选择和应用，非常重要。

研究人性弱点，主要在明辨因应的策略，运用和被运用到合理的地步，以求化弱点为优势，助己也助人。

我们衷心盼望，大家能够以妥善选用正确的策略，来作为改命的主要依据。把自己的命运，纳入管理，其实是自我管理的有效途径。把自己的命管好，总比一天到晚求别人改命，或者求神佛保佑，要方便得多。

下一章开始，我们要把人性的弱点当作改变命运的主要对象，来加以分析研讨。我们发现人性的弱点，并不是缺点，而是可以为优、也能够为劣的变化点。人性弱点不但不可避免，而且适当地暴露，其实有利于人与人之间的互动。我们进一步将正反两点策略，做一个比较，使大家明了同样的人性弱点，如何由于策略的不同，产生完全不相同的命运。我们也提出一些标准，供大家参考。由于一切都操之在自己，所以我们充分尊重各人的选择，也祝福大家改命成功,圆满如意!

人不可能不求生存,求生存必须具有因应的策略。我们现在称为生涯规划,实际上便是一种改命的学问,我们称为改命学。并且以现代化的观点、科学化的分析,用人人都能够了解的表达方式,把它呈现出来。天下间的道理,本来就十分简单明了,希望大家不要认为简明易懂而加以怀疑,转而追寻某些虚玄奥妙的东西,这是我们最大的希望。

第四章　如何改变命运

一、人性的三大弱点

案例

有一位老先生，家财万贯，事业十分成功，老伴既贤惠又善于教育子女，家庭美满幸福，成为大家称羡的人士。

他原本也相当得意，认为事事顺适，大有不虚此生的满足感。但是，就在这年的寿诞前夕，正当家人热烈讨论如何庆祝时，他却满腹忧愁，十分悲哀，令人非常不解。老伴关起门来，单独问他，到底是什么事情，让他如此烦恼。

老先生面对老伴的关心，说出他的心声："小时候父亲找一位算命先生批流年，批到我七十二岁便寿终正寝。当时我年纪小，想到七十二岁已经长得不得了。一方面很得意，可以活那么长久；一方面实在是很不在意，因为还不明白寿命是什么东西。"

"长大后一直忙于工作，把批流年这回事忘得一干二净。前几天不知道在找什么文件，竟然把这本流年簿给翻出来，仔细一看，马上发现今年已经七十岁，后面只剩下两年的时间，怎么不伤悲、忧愁？"

老伴再怎么劝，老先生都想不开。他认为自己虽然事业有成，毕竟还需要继续奋斗。子女各有工作，也仍旧需要给予辅助。老伴尚在，自己怎么好意思先走？一大堆理由，都证明剩下两年的时间，实在太短，不能够了却自己这么多尚未完成的心愿，因此愈想愈悲哀，忍不住痛哭起来。

说明

从上面这个案例,我们很容易明白一件事,那就是人性的第一个弱点,在“求生存”。

老先生活到七十岁,原本十分值得庆贺,不料想起余年不多,反而产生“求生存”的悲哀。

求生存原本是人类的天性,也是人生在世最基本的需要。人类的生活和文化,几乎都因求生存而产生,和求生存具有密切的关系,怎么说它是人性的弱点呢?

时代逐渐进步,环境和医疗保健的改善,使得人类的寿命也在不断延长。今天男性活到知命,女性活过耳顺之年,已属轻而易举。先进国家有百分之九十九的新生儿可以庆祝周岁;百分之九十八的儿童,可以活过四分之一世纪。人类“怕死”的心理犹存,而“贪生”的欲望,则大幅度增强。自秦始皇以来,便积极追求长生不老。活得长久,还要希望更久,最好永远不死。

全世界的人,都追求长生,甚至于永生。有的祈求宗教,有的寄望仙丹,如今更借助于科学。

人类一方面怕死,一方面贪生,所以做了很多事情,变出许多花样,来延长寿命。

然而,人能不能长寿,不完全靠自己。索马里的幼童病死、饿死,责任并不在于天真无邪的小孩;美国儿童健康活泼,也不是出自美国孩童的努力。

饮食、运动、卫生习惯以及规律的生活,可能决定人的寿命,也是相当不可靠的说法。谈饮食,日本人偏爱低脂,瑞士人偏好多油,而两国的平均寿命,大抵相同。说运动,美国人的运动量大多低于非洲人,而现代人也比不上石器时代的人。提起卫生习惯,事实上有不抽烟、不喝酒而长寿的,也有抽烟、喝酒而活得很久的;有十分注重卫生却不幸早逝的,也有周遭环境非常不卫生而相当长寿的。至于生活规律,同样证实不能一概而论。

可见要活得长久,除了靠自己努力之外,还需要看有没有那样的环境,使自己在孩童时期就受到周全的保护?自己长大以后能够享受清洁用水、新鲜空气和良好医疗保健?如果没有那样的命,自己再努力,恐怕也没有什么用。

但是,究竟有没有那样的命,必须靠自己的努力,才能够加以证明。人的一生,不过在证明自己到底具有什么样的命。如果根本懒得去证明,又怎样知道自己有没有那样的命呢？不努力去证明，到底无法了解真相。

这样说来，自己努力也好，看天命也好，总归是自己的事情。求人无益，不如回头求自己。既然如此，于是“怕死”“贪生”都由于求人不如求己，而归结在“顾自己”上面，成为人类求生存的第三个特征。

人类求生存，发展出三个特征，如图所示：

求生存的三个特征：
- 怕死
- 贪生
- 顾自己

请问一问自己：

我怕死吗？

我贪生吗？

我顾自己吗？

这三个特征，慢慢都集中在“顾自己”上面。怕死，固然害怕亲人死亡，气愤好人早死，甚至忧虑领袖老死、将领阵亡，但是，最恐惧的，莫过于自己濒临死亡。贪生，固然祈求亲人长寿，好人长命，而最关心的，莫过于自己寿比南山。一切以自己为中心，顾自己顾到有己忘他，终于变成可怕的“自私”。

人性的第二个弱点，在“自私”。

如果生命没有限度，“大限”能够解除，人类就不必怕死。若是死亡的时候，觉得十分快乐，丝毫没有痛苦，大家对死亡便不至于那么害怕。

假若人类得以永远生存，人类也不必贪生。我们所不能确定的，只是什么时候会死。虽然知道迟早必定死亡，却仍然衷心盼望能够活得更长久一些。

贪生怕死，原来是基于“生命有限”的事实。贪生，希望把“有限”延长，并且多多益善；怕死，唯恐“有限”缩短，而且愈短愈可惜。

顾自己，同样是基于“有限”的事实。时间有限，物质有限，精神也有限。

顾自己固然无可厚非，一旦过分，逾越了应有的限度，便成为“自私”，成为人性的第二个弱点。

自私的第一个特征，是“贪利”。

贪生怕死，都需要一些物质条件，才能够因应。而这些物质，好像都是金钱所能买到的，于是认为“有钱便能够满足贪生怕死的欲求”。何况金钱难求，每人能拥有的,都相当有限,这便更增强了贪图金钱、财物的念头。鸟为食亡,人为财死,多少人见财而起贪念,只为了“人无横财不富”,便不顾一切,甚至舍身以求。

金钱、财物,再扩大下去,一切有利于个人的,无不希望获得,而且愈多愈好,统称为贪利,成为自私的第一个显著特征。

然而,冷静想一想,马上发现贪利是不够的,不安全,而且不保险。有利,如果没有名来配合,好像神气不起来;商人再有钱,见了官便要矮一大截,因为不如做官的前后都有人簇拥着,显得十分威风。有利,若是缺乏名来保护,好像随时可能被掠夺;商人再有钱,也要巴结当官的,生怕一纸命令,便损失多少钱财。何况因名得利,看起来比纯粹求利要方便得多。

现代人更加好名,考状元很难,捐个“理事长”做也算有名堂。在学术界出名不容易,花钱买名牌衣服穿,照样是一种有名。个个自我膨胀,满街都是“大师”“名嘴”“专家”“权威”“国际名流”“酒廊名花”,人们“贪名”的趋势,愈来愈明显。

“贪名”是自私的第二个特征。

电影明星争排名,争的是自己的名字,必须挂头牌,放置在别人的前面。

考试争成绩,希望自己每次都是第一名。

有一点小发明,马上申请专利,写一些文章,立即登记著作权,生怕自己的名,被人家冒用、盗用。

电视上介绍歌星,一定是青春偶像、大众情人,而主持人自己也博得大家的回响,说什么超级名主持人。

贪名、贪利,原本是为了生存的需要,后来变本加厉,变成满足个人的享受,非奢侈、华丽誓不罢休。

“享受”于是成为自私的第三个特征。

自私的三个特征,如图所示:

自私的三个特征
- 贪利
- 贪名
- 享受

利于己还不足,进而要求个人的荣华富贵,当然更加自私。

有名，要自己的名愈往上升而别人的愈向下沉，属于自私的表现。自己的名气大还不够，还要炫耀个人的尊贵而享受特权，那就更为自私。

享受的主要诉求，在求取快乐。起初是因享受而快乐，后来却变成了寻求快乐而享受。

“求快乐”就成为人性的第三个弱点。

求快乐的第一个特征，是“刺激”，从刺激感官来获得快乐。

求快乐的第二个特征，是“争夺”，透过竞争、夺取来求取快乐。

能占据的，想办法长期占据；不能占据的，也要设法征收，强行占为己有。这种“征占”的行为，成为求快乐的第三个特征。

于是有了求快乐的三个特征，如图所示：

求快乐的三个特征
- 刺激
- 争夺
- 征占

人性的三个弱点，把它们列在一起，如图所示：

人性的三个弱点
- 求生存
- 自　私
- 求快乐

把它们产生的过程，和各自的特征，列在一起，如图所示：

求生存的三个特征
- 怕死
- 贪生
- 顾自己——→自私
  - 贪利
  - 贪名
  - 享受——→求快乐
    - 刺激
    - 争夺
    - 征占

一切都为了求生存,不料却产生“不让别人生存”“最后也顾不了自己的生存”,甚至“为了快乐不惜牺牲生命”的怪异后果,是不是人性的弱点?

求生存原本是一件好事,怎么会变成人性的弱点呢?难道人类不应该求生存吗?

人类求生存,是正当的,也是正确的念头。求生存本身没有问题,演变成人性的弱点,是“人”的问题,和“求生存”只是有相当关系而已。

要旨

※人性的第一个弱点,是“求生存”。首先“怕死”,然后“贪生”,结果形成“顾自己”。

※人性的第二个弱点,是“自私”。既“贪利”又“贪名”,归结为贪图“享受”。

※人性的第三个弱点,是“求快乐”。找“刺激”,爱“争夺”,要“征占”自己喜爱的东西。

※人性具有这三个弱点,凡人都逃不掉。

※弱点不一定是缺点,有时候还可以变成优点。事在人为,一切靠自己的运作。

二、人性弱点的根源

案例

王甲为了赴宴,排队等公共汽车。由于正值下班时间,等车的人很多。王甲有一些心急,生怕挤不上车。

他的第一个期望,是来车务必要停。千万不要过站不停,让他一点机会都没有。停下来,再怎么挤都无所谓,反正挤公共汽车,就是要挤。挤一挤,不用怕。

来车逐渐减速,好像真的要停下来。王甲的第一个愿望,眼看就要如愿以偿。这时候出现第二个愿望:只要挤得上去,怎么挤都不怨。大家挤一挤,彼此包容。

车停下来,王甲顾不了那么多,低着头向前挤,好不容易挤上车。抬起头来一看,不由得抱怨:“怎么那么挤!”

没有人理他,却似乎同时指责他:“是你挤上来,大家才挤的。不然你下去看看,我们哪里会挤。”

王甲当然没有听见,他一心一意想找一个站得稳当的地方,只要双脚站妥,身体伸得直,怎样都行。

站稳之后,眼睛到处溜,看看有没有一点小缝,可以挤进去坐一会儿,哪怕只坐三分之一屁股,也比站着好。

两位好心座客挪一挪,让开一个小空间。王甲坐下去,真的只坐三分之一屁股,却也心满意足。

才一分钟不到,他就觉得很不舒服。为什么同样买一张车票,别人可以坐得那么舒适,自己却如此委屈?于是心一狠,屁股一用力,把左右两旁的座客挤开来。刚才还是好心人士,顷刻之间已经成为无情的竞争者,不如此,怎么能够适者生存呢?

说明

为什么人性的弱点是“人”的问题,而不是“求生存”“自私”与“求快乐”的问题呢?

先从“求生存”说起。

人的生命意义是什么?各派宗教有不同的解释,各种哲学也有不同的主张。但是,生命对于人的这一生来说,毕竟只能活一次。只有一次的机会,当然十分可贵。所以,“求生存”是人之本能。

求生存和它的三个特征,见仁见智,各人有不同的认识,也有不同的评价,这是“人”的问题,只好各自解决。秦始皇那么厉害,只能够求自己的长生,却无法阻止他人为求生存而逃亡。希特勒那么凶残,也无法贯彻全人类都应该为优生而选择婚配的对象。

再说“自私”。虽然说人不自私,天诛地灭,但是人人自私,最后也必定天诛地灭。

僧多粥少的时候,少数僧人吃得饱些,可以活下去,这少数人大概就是那些善于争名夺利的人。

谁都知道名和利最后都是一场空,但大家所追求的,是未到最后,尚未成空的名和利。将来怎么样,不去管它。结果,正是这个只顾自己的追逐,害了自己。

至于求快乐,同样是各有见地,而且好像怎么说都有相当的道理。

先说快乐的定义,不但众多,而且分歧,简直是迄无定论。有人重视物质生活,认为物质可以带来快乐。有人偏重精神层面,也有人兼顾精神和物质双方面。

一般人总以为快乐和贫富有很密切的关联,认为金钱万能,可以主宰一切,能买到所需要的快乐。事实上快乐和贫富并没有必然的因果关系,有快乐的穷人,也有不快乐的富翁。金钱至上,确实可以买到所想要的时间、空间、劳役和各种物质。但是拥有金钱的人,也伴随着很大的风险,随时随地都可能被绑架、被撕票,赔掉健康甚至生命,哪里有快乐可言?

人类求生存、自私、求快乐,原本不成问题。但是由于脑筋不清楚、观念很模糊,因而产生很多困扰,终于成为人性的弱点。

凡是有生命的,都会求生存。动物如此,植物亦然。

美国有一首民谣,大意如此:“有人吞下一只苍蝇,赶快吞下一只蜘蛛去捉苍蝇。想想并不妥当,赶快再吞下一只小鸟,去把蜘蛛吃掉。”

小鸟怎么办,这首民谣没有答案。可是人类的欲望,似乎正是如此这般:求生存先是怕死,死不了就要贪生,怕死贪生造成只顾自己,过分了成为自私。自私先是贪利,然后贪名,有名有利就贪图享受,享受由刺激入手,继以争夺,终于兴起征占的念头。原本只是单纯的求生存,最后演变成了征服别人,占据喜爱的东西,连生命都可以放弃,竟然违反了求生存的初衷。这样的人类,弱点是不是很明显而令人觉得怪异呢?这种明显而怪异的现象,是不是人的问题呢?这些弱点已经被运用很久、很久了。

要旨

※求生存并无不对,人人都需要求生存。过分怕死不好,不怕死也不好。贪生贪得合理,很好;贪得不合理,就不好。不顾自己顾谁?顾得自己却忘掉了别人,不好。

※自私也没有什么不对。人不自私,天诛地灭。贪利、贪名,只要不过分,都属人之常情。贪图享受,如果保持合理的程度,也是应该。

※求快乐有什么问题？人生本来就应该快快乐乐。刺激才会产生反应，也才能维持生机。争夺若能秉持君子风度，竞争才能进步。征占如果是形势所逼，相信没有人会反对。

※人性弱点本身都没有问题，人对它的因应才有问题。

※处理人性弱点，假若不正当、不恰当，就会产生严重的问题。

三、人性弱点的演进

案例

李老师把课文解释完毕，要大家猜一个谜，轻松一下。大家听说要猜谜，便异口同声要求："不要太难哦！"李老师循例回答："保证很容易，一点也不难！"

李老师拿起粉笔，先写上联："二三四五。"

转过头来问大家："这几个数字，大家认识吧！"

大家热烈回应："认识。"真的不难，大家好兴奋，老师没有骗人。

李老师继续写下联："六七八九。"

大家不用说也都认识这几个数字，只是搞不清楚，老师要做什么。

"大家从这一副对联猜一件人生大事。"李老师说完，大家猜来猜去，竟然没有一个人猜中。

"老师，谜底是什么？"

"是什么？非常简单。大家注意听：二三四五，缺什么？缺一对不对？六七八九缺什么？缺十对不对？合起来就是缺一缺十，所以谜底是缺衣缺食。"

"这和人生大事有什么关系？"

"人生的大事，是穿衣、吃饭、生活嘛！缺衣缺食，当然是人生大事。"

"现代人丰衣足食，哪里还会缺衣缺食，难怪我们猜不到。"

"大家仔细想一想，你们在这里认真学习，主要目的，还不是怕有一天会缺衣缺食，才提前做好准备。"

"哦，衣食也是人类的弱点，希望永没有缺衣缺食的那一天，对得起老师的教导之恩！"

说明

整部人类文明发展史，就是人类彼此运用这些人性弱点的成绩记录册。

古代民智未开，先民智识贫乏。当时人的性命很短，对于方生方死觉得惊奇、恐慌而不解。死亡的压力很大，周遭所发生的现象，诸如闪电、打雷、狂风、暴雨、山洪、火灾等，都觉得好像和生死有相当的关系，因而十分好奇，急于追问它们的究竟。

问来问去，大家都茫然无知。于是聪明的人，就提出假想，说是雷公、雷婆打架，山神、水神发怒，大家居然信以为真。以后每逢看不懂怪异现象，还会来向这些常常提出假想的人请教，更增进他们的信心。这种情形，有如现在写科幻小说的人，凭着自己的想象，编造一些故事，若是读者反应热烈，就会愈写愈起劲，用心假想更多的科幻故事，来满足读者的需求。

初民时期，生活环境非常单纯，个别差异很小。任何人想要以“人”的身份来提高自己的价值，实在十分困难。用大家搞不懂的神、鬼来增强个人的地位，就成为“神权时期”聪明人运用人类求生存的弱点而装神弄鬼的主要法宝。

借神之名，假鬼假怪，逐渐加强某些人在人群中的地位。这些人希望群众做什么事，只要假借神鬼的旨意，大概都可以获得众人的认同。

久而久之，群众对这些神鬼的代言人有了信心之后，这些人尝试着不再借神之名，却直接说出自己的意见，而群众居然也欣然接受。

把神鬼利用得差不多的时候，逐渐摆脱神鬼以建立个人的地位，就进入“君权时期”。

谁获得大众的信仰，谁就被视为君王，可以发号施令，号召大众。

君王要求生存，必须设法控制群众，以维持社会的秩序，巩固自己的地位。某些愚蠢的人，好像在利用君王求生存的弱点，形成若干要求，使君王理直气壮地立法律、定规矩。

立法律、定规矩之后，需要若干执行的人。于是君王不得不用“掌握生死大权”来利用这些执法的人，以贪利、贪名、贪图享受来满足这些人的欲望。这样一来，就形成文武百官的种种制度。

自私的风气一旦形成，必定愈演愈烈。即使少数贤明人士，苦口婆心提出警戒和劝告，也无济于事。

君王时期，大家为了怕死，不敢轻易冒犯上级，遑论造反。为了贪生，必须遵守规矩、按照制度，一切依令而行。为了顾自己，必要时还会告密以出卖亲友。为了贪利，坚持服从为负责之本。为了贪名，不惜十年寒窗苦读。为了贪图享受，考中状元之后抛弃发妻，负心当驸马爷。

但是君王当然要比一般人更加享受，于是追求刺激，搞成酒池肉林，嗜好争夺，恨不得集天下珍品于一堂，以供自己享用。企图征占，驱使民众向外侵略以扩张势力。一些官员和民众，为了个人的名利和享受而反过来运用君王的这些弱点，争先献策以求立功，身先士卒以求成名，结果民不聊生，君王陷于不仁、不义的境地。

君王如果一本初衷，自己没有贪利、贪名、贪图享受乃至希望持久占有的弱点，就不会引起众人的反感以致被推翻。然而君王是人，具有人性的弱点。加上位高权势大，弱点更容易暴露无遗，结果专横霸道，犯众怒而被打倒，于是进入“民权时期”。

神权时期和君王时期，人性的弱点比较受到制约，已经足够被运用。民权时期人性的弱点更有自由发挥的空间，当然更是大家竭尽心力，想出各色各样的花样，来加以运用。

资本家鼓吹人应该自私，一切财产，最好都由公有变成私有，大家才肯认真努力。以往大家只敢偷偷地争夺，如今有人公然号召“贪婪并非罪恶”，还逐年公布世界大富翁的排名，为什么不全力以赴，为自己争夺财富呢？

从太古到现代，自洪荒至文明，无论哪一时期，都是少数人看准多数人的人性弱点，掌握求生存、自私自利、追寻快乐的若干特征，设计出各种制度，订定各种游戏规则，来驱使、引诱多数人采行，并形成习惯。

反过来看亦然，特别是现代信息的日益发达，大家对于人性弱点的运用，似乎变本加厉，更加多元化、多样化了，但无论时代怎样变迁，好像人类利用别人的人性弱点来强大自己的习惯始终没变。

要旨

※历史记载的，就是人类彼此运用人性弱点的过程。看起来好像聪明人在利用愚蠢的人，实际上愚蠢的人同样在利用聪明人的弱点。

※神权时期，少数装神弄鬼的人，为满足大家求生存的需求，用大家搞不懂的神鬼来增强个人的名和利。

※君权时期,君王以文武百官来满足大家贪名、贪利的欲望,更以掌握生死大权来控制大众的生存弱点。

※民权时代,大家各显神通,纷纷以专家、学者、政治家、资本家等头衔,企图运用大众的人性弱点,造成自己的利基。

※少数人愚弄多数人,多数人也愚弄少数人。信息发达之后,大家对人性弱点的运用,花样翻新,而且变化多端。

四、人性弱点原本不可避免

案例

植物求生存,由于不能活动的缘故,只能在固定的位置,吸取自己所需要的养分。植物的弱点相当单纯,就是缺乏变换存在环境的能力。

动物求生存,因具有活动的本能,可以变换生存的环境,却必须完全适应外界的种种变化,并没有能力来加以改造。动物的弱点,在不能创造,只能够适者生存。

人类就不是这样,我们能够活动,可以选择生存的环境。同时具有创造的能力,把生存环境改造得更加合乎我们的需要。然而,人类的弱点,却在很大程度上把生存环境改造得愈来愈对人类的生存不利。

无家可归的人,穷人、妓女、酗酒者、吸毒者、谋杀者、抢劫者,烟草、毒品、酒类、枪支、性病、癌症、高血压、艾滋病、家庭暴力、精神失常、性侵害等,何尝不是人类求生存的选择、改造方向错误所带来的后遗症?

人性弱点随着人类的生存而存在,自古以来,就没有消失过。我们应该怎样妥为因应,岂不是兹事体大?

说明

人类和其他动物最大的不同,在于有"思想"。因为有思想,人类把地球改造成为今日的样子,创造出许多事物。也因为有思想,人类将宇宙破坏成为今日的样子,埋下了许多危机。

先看矿物。人类想尽办法，把它们勘探、挖掘、采集、冶炼，然后充分利用，制造出种种物品，或者开发出许多用途。一方面物尽其用，使它们的功能得以充分发挥；一方面则造成环境的破坏和污染，甚至濒临耗尽用完的命运。

其次看植物。热带植物生长在气候炎热的地区，寒带植物繁衍于寒冷的地带，温带、高山和沼泽，也各有其特殊的植物点缀其间。人类爱动脑筋，发现移植、育种等方法，把热带植物移到寒带，沼泽植物弄到室内，大的变小，高的变矮，瘦的变肥，搞得植物自己都莫名其妙，到底哪些植物才是“原住民”？人类的思想，把植物界的自然秩序破坏了。

再看动物，原来也是画地为界各有各的生存地区，而且一物制一物，各有各的生存策略。人类把狂野的训练成温驯，将野生的饲养为家畜。不但改变动物的生存地区，从高山移到平地、从深海移到陆上，而且改变动物的食物和习性，运用改良品种的技术，将动物搞得忘记了自己原本的样子。

至于人类自己，情况也大致相同。古代，由于科技不发达，自然的关山阻隔，黄、白、黑、红、棕各色人种，分别在不同的地区，各自创造自己的生存花样，发展出各具特色的文化。

这种相安无事的情况，到底被人类自己破坏了。因为人类有思想，凭着思想，不但要探险，对陌生地区很有兴趣，而且要适应新环境，不让环境的变化将自己难倒。在科技尚未发达的时候，人类善用自己的两条腿，已经东走西跑，相当不安分了。至于人类发明飞机和轮船，可以飞越高山和大海，征服大川和海洋，大自然的力量对人们的约束作用也降低了。

生物求生存，只是逐渐缓慢地演化，在适应中求变化。人类求生存，由于思想发达，要求快速地进步，等于在变化中求适应。

媒体发达以前，人类求名必须按部就班，十年寒窗苦，也视为当然。媒体发达之后，成名的机会大幅增加。正规的名之外，还有许多不正规的成名机会。而且媒体提供许多一夜成名的榜样，使大家处心积虑，极力寻找一举成名的途径。

在媒体未发达的时代，富人有富人求快乐的方式，穷人也有自己的方式以自得其乐。一般老百姓对于富人怎样求快乐，如何奢侈、浪费，根本一无所知，就算道听途说，也所知有限，最多透过幻想，揣摩一番而已。现在媒体发达，对于富人的奢侈、浪费，描绘唯恐不精，报道唯恐不尽，使得一般人羡慕之余，更心生怨恨。

我们不能将人类中一些人的为非作歹,完全怪罪于媒体。然而,确实有一些人是由于媒体广泛而深入的传播,特别是对一些犯罪行为过多过细的渲染,使心怀不轨的人有机会学习原本只略知一二、无从学习的作恶伎俩。有些媒体认为自己没有过失,我认为,媒体应该从这些情况中引以为戒,获得良性的效果。

要旨

※人性的弱点,是与生俱来不可避免的,也是自古以来一直存在的。

※只要人有思想,就会触及这些弱点。

※媒体发达之前,人类已经具有这些人性的弱点。但是,媒体发达以后,凸显了人性的弱点,甚至把它们运用得人人难逃被摆布的情况。

※人性的弱点不可避免,媒体的存在也不可忽视,只是必须要找出一条共存共利的途径。

五、负向策略VS正向策略

案例

从前,有一位国王。有一天,做了一个梦。醒过来以后,觉得闷闷不乐。便下命令要找人来圆一圆这个梦。臣子们不敢怠慢,立刻传令某甲前来为国王圆梦。

某甲诚惶诚恐,专心听国王叙述梦境。听完之后,他满面忧愁地说:“大王,不好了。大王的一些好朋友,一个接着一个,都将离大王而去,先行往生了!”

国王听罢,愈想愈悲哀。眼见着自己的好朋友,即将离世,心里当然非常难受。于是,下令将某甲斩首示众,让大家引以为戒:以后圆梦,应该特别小心,不能够让做梦的人,产生负面的心理作用。

臣子们为了讨国王的欢心,又把某乙找来,要他为国王圆梦。某乙看到某甲的悲惨下场,自然格外谨慎。他听完国王叙说梦境之后,竟然满脸笑容地说:“恭喜大王,贺喜大王。大王是所有好朋友里面最长寿的。在这里谨祝大王寿比南山,福如东海。”

国王大喜,下令给予丰厚的奖赏。

其实,某甲和某乙的解答,基本上完全一样。两人都在利用国王求生存的弱点,只是所使用的策略并不一样。某甲所用的是负向策略,而某乙所用的却是正向策略。前者呈现阴性反应,后者才有阳性反应的可能。

国王拥有生杀大权,甲、乙应该都心中有数。某甲和某乙都是实话实说,因为谁也不敢存心欺骗国王。但是两人所走的方向不同,所以结果也不一样。

说明

基于前面各项分析,我们明白人性的弱点,如果表现得合理,便成为优点。如公式1:

人性的优点=合理(求生存+自私+求快乐)

若是表现得不合理,那就成为缺点。如公式2:

人性的缺点=不合理(求生存+自私+求快乐)

人性的弱点,怎样才能变成优点,而避免成为缺点呢?这要看各人所采取的策略而定。策略正确,弱点变成优点;策略错误,弱点便成为缺点。

先看错误的策略。依据我们长期观察的结果,发现大部分人,都由于下面所述的错误,使人性的弱点无可奈何地成为自己的缺点。兹说明如下,以供参考:

◇有钱时想自己,无钱时想别人

一般人最常见的错误策略,在有钱的时候,只想到个人或者自己这个小家庭的生存和快乐,忽略了家族、朋友以及其他人。等到没有钱的时候,才想起原来个人和自己这个小家庭以外,还有许多、许多人。于是要求与他们分享,因而引起他人的反感。

有钱时不知孝顺父母、照顾弟妹,帮助朋友,只知道个人享受,带着小家庭去度假旅游,还要到处吹嘘,吃了些什么好东西,玩了哪些好地方,看到什么新奇的事物、奇妙的景色。等到没有钱的时候,才想起父母、弟妹和朋友,向大家求助,希望分享一些好处,结果当然是“大家都和我一样无情”,于是还觉得有一些得意:“幸好我当初自己享受了一些,否则岂不吃亏!”

富有时看不起穷亲戚,认为穷亲戚比敌人更可怕。穷的时候,又想起富有的亲戚,认为朋友尚且有通财之义,何况亲戚?若是亲戚都不能互相帮忙,那算什么亲戚?要亲戚干吗?

其实,贫穷或富有,本来是个人的事,与他人无关。问题是一般人富有时,常常只想自己而不顾别人。但是,一旦陷入贫穷,马上想起别人而不反省自己,这才使得人性的弱点,完全暴露为自己的缺点。

◇得意时爱炫耀,失意时穷诉苦

得意扬扬时,到处炫耀。唯恐人家不知道自己有多么得意,到餐馆吃饭,寄存衣物时,不忘大声交代“我这件大衣是百分之百卡丝棉,不要搞错了”。看见人家的古董,必定说“我家里有一个,好像比你们的大”。听见人家谈论巴黎,马上指出自己去过五六次,然后说:“有没有去听歌剧呀!那可是世界第一流的,不听太可惜。我们全家都去的,好贵哦!”

但是,有朝一日,轮到自己失意时,则到处诉苦,而且愈说愈悲伤,希望引起他人的同情。这时候,人家听得进去吗?尤其是得意时炫耀过的人,曾经的吹嘘和夸张印象依然深刻,此刻所激发的反应,无非是“活该”!

得失原本是自家事。如果说炫耀只能引人反感,那么诉苦也惹人厌恶,因为人之弱点,并不能接受这种刺激。

◇位尊时耻闻过,位卑时善讨好

地位尊贵时,最喜欢听好话。凡属歌功颂德,一律照单全收。最讨厌人家批评自己缺失,闻过非但不喜,简直就是引之为耻。

耻闻过,甚至闻过即怒,怒就要报复,给他一点颜色看。老虎不发威,居然把我当病猫看待,这是位尊时的心态,一副不可一世的样子。自己印上“零缺点”标志:“什么都有,就是没有过失。”

位卑的时候,想到位尊的人耻闻过,便用善于讨好、精于拍马奉迎来歌功颂德。

凡事必请示,上级的意见一定正确;所有成果,归功于上级的英明领导;报喜不报忧,以免自讨苦吃。

尊卑不过是角色的扮演,错在把它看成身份高低不同。尊并非就不能有过,其实是自己应该特别谨慎,力求无过,如今竟然变成别人不能指责自己的过失。卑应该配合,做到合理的服从,如今演变为“对固然要听,不对也必须服从”,难怪人性的弱点,通通变成缺点了。

◇势强时欺侮人,势弱时很吞忍

形势对自己有利时,趁势欺侮人,给人家难堪,显得自己有恃无恐。

“就这样,愿意就接受,不愿意就算了。不过要想清楚,看明白,不要敬酒不吃吃罚酒,更不好看!”这就是处于强势时,一些人的嘴脸。

自己要生存,必须造势、仗势,原本无可厚非。问题是已处于强势,有势可仗时,往往因为要扩大自己的生存欲望,将自己的快乐建筑在别人的痛苦上面,形成对别人生存的威胁。这样做并不一定对自己有利。

须知形势会转移。一旦转为弱势,这才想起自己曾经欺侮过别人,便又特别忍耐,到处忍气吞声。

大丈夫能屈能伸,是指应该忍耐必须忍耐,应该挺身而出,承担重责大任,也必须当仁不让。并不是指有势可乘就要仗势伸张自己的势力,等到失势时才委曲求全而尽力压制自己。

◇体健时不爱惜,体衰时依赖人

身体健康的时候,多半不知爱惜,任意摧毁自己的健康而不觉得可惜。仗着年轻力壮,刚跑完一千米,就猛喝冰水,还要把剩下来的冰水浇在头上,以求凉快。白天忙碌整日,晚上还参加应酬,饮酒无度。连续三五天赶夜工,号称不眠不休。

“不必担心,身体这么好,撑得住,没问题。”

“别的本钱没有,身体粗壮健康,就是本钱。”

人人都有正当理由,来摧残自己的健康,别人阻止不了,自己也觉得没有什么。甚至有人认为,反正有一天会衰老,现在趁着年轻,不透支白不透支。

失去健康时,又有借口。不是我不做,是身体承受不下。想当年身体壮健时,这些事情算什么?现在我身体不好,你的身体比我好,所以应该由你做。不但你自己分内工作要做,连我那一份也要做。我不靠你,靠谁?谁叫你身体比我好,又是我的亲朋好友?这种道理,常被这样一些人挂在嘴边上,作为冠冕堂皇的掩饰。

先天性残废或者体弱,没有话讲,大家应该帮助。好好的身体不知爱惜,弄坏了就要依赖别人,恐怕别人心中有数,自己也应该扪心自问。

◇年轻时显聪明,年老时逞固执

年轻人最喜欢让人觉得自己很聪明,也喜欢人家称赞他聪明。好像耳聪目明,应该属于年轻人的专利。

非但如此,还要时时刻刻,抓住机会,表现自己,让大家都知道。

“你看,我一眼就能够看穿他的诡计。”意思是“够聪明吧”。

反应快捷、考虑深入、眼光独到,都是年轻人引以为自豪的特点。

然而年纪大了,经验自然也丰富。这时候“我走过的桥,比你走过的路还要长”的念头,在这些人的头脑中随时随地会浮出来。使一些人不但固执己见,而且到处逞能,表示自己所固执的,十分有道理。

聪明人不固执,固执的人经常不聪明。年轻时显聪明,年老时逞固执,原本在强调证明自己的生存能力,不料适得其反,成为求生存的障碍。

◇前进时得罪人,后退时不救人

前进得相当顺利或者不得不前进时,似乎都认为进得愈快愈好,有时难免得罪他人,而这时有人在心理上却产生一种错觉,好像非如此不可,顾不得那么多,得罪就得罪了,以后再想办法补救。

工作过程中得罪人,工作结束后被得罪的人仍然不会忘怀。一件工作得罪一个人,十件下来已经得罪十个人,对自己将来的工作产生很大阻力。

换言之,做人与做事有时无法或者来不及兼顾,以至互相冲突。于是前进时往往以事为重,认为工作比较要紧,把人摆在次要地位,强调对事不对人,把做事看得比做人更重要。等到工作完成,事情已成过去,这才发觉做事已经了结,而做人仍在进行,虽然有心尽力挽回、补救,好像已经十分困难。

后退的时候,也就是不顺利时,多半顾自己都很费力,哪里会去救人?可是,有的怎么也想不到事态平静后,应救未救的人就会前来找麻烦,而且任凭如何解脱,都无济于事。有时候应救未救的人,偏偏不是冤家不聚头地成为自己的伙伴或上司，那就更为头疼，因为你不理他，他也会来理你，似乎想逃都逃不掉。

进退是人生常态，如果进会得罪人，退会救不了人而获罪于人，岂不是进退两难？一般人面临这种情况，仍旧采取前进时得罪人、后退时不救人的策略，结果咎由自取，让自己的人性弱点对自己构成很大的威胁。

◇为主时厉威严，附从时爱奉迎

同一时间，为求彼此配合以完成工作，常常要分出主从。哪怕是民主社会，大家平等，也总有人为主，而有人扮演随从、依附的角色，才能够分工合作，彼此协调。如果各人都自视为主，不随从、附和他人，恐怕沟通、合作都有困难，对于工作的进行，则更为不利。

为主的时候，一般人就会觉得既然自己是主，应该有主事者、主持人的样子，为求统一步调，令众人有所遵循，常常拿定主意，做成决策，并且显得十分威严，以增强个人的统御力量。

随属、随从他人的时候，一般人为求生存，得以保护自己的行为，甚至获取赏识、信任，为此常常设法收集情报，打听上司的嗜好，以奉迎的讨好方式，来满足上司贪利、贪名、贪图享求的人性弱点。尽管自己不喜欢别人拍马屁、打小报告、陪上司登山、打球的举动，但是轮到自己有机会时，也会以“大家都如此，自己又何必坚持”的借口，来发扬马屁精神。

厉威严和爱奉迎经常是配合着出现的主从态度，偏偏我们的思考会选择这种短期似乎有利，而长期必然不利的策略。

◇施舍时很小气，受益时易忘记

当我们施舍给别人的时候，一方面觉得很快乐，一方面又以少为多，认为略施小惠，对方就应该很满意才对，因而常常把小的看成很大，将短暂的看成长远。

给人家一点点好处，就要折磨他老半天。让人家占一点小便宜，就当作天大的人情。而且永远记住自己给什么人哪些好处，还经常回想起，挂在嘴边，念念不忘。

“那年要不是我拉他一把，他做梦也不敢想象会有今天的成就！”

反过来，有的人受到人家的好处，不但容易淡忘，而且还将大看成小，把多记成少，好像一切都无关紧要，只是不好意思不接受他的好意而已。

“实在不过是那么一点点，但是人家的好意，不接受好像看不起他，至少要给他一些面子。”

施受之间，常常产生很多变化。而有的人施舍时小气，受益时轻易把它忘记，人性弱点怎么不会成为缺点呢？

◇有理时不饶人，错误时常辩解

人难免有理。可是这时候“得理不饶人”就成为一些人的金科玉律。好像此时不乘胜追击，更待何时？

有的人当场理直气壮，过后还要有意无意地提起，只要抓住机会，必定重温那一段旧梦，使他难堪。“记得那一次吗？你说了半天，结果还不是错的？”“想想三年前，你自己错了还不承认，搞得天翻地覆，最后呢？道理还是不在你那一边。”

一旦有错误，一般人都不愿意立即承认，却喜欢找理由辩解，替自己找台阶，反正怎么说，做错都是有理由的。不但理由正当，而且确有必要，有理时不饶人，错误时又爱辩解。在这样的人群中，人性弱点，几乎全都成了缺点。

要旨

※人性的优点＝合理（求生存+自私+求快乐）

人性的缺点＝不合理（求生存+自私+求快乐）

※优点或缺点，关键在于合理或不合理。而合理不合理，决定于策略的运用。

※策略正确，所有人性弱点都成为优点；策略不正确，所有人性弱点也都变成缺点。

※选择正确的策略，合理地加以运用，可以确保人性弱点呈现阳性反应，形成人性的优点。

※可惜不少人所采取的策略，几乎都是不正确的，以致人性的弱点，经常呈现阴性反应，形成缺点。

六、策略正确，弱点都变成优点

案例

“过两天放长假，我们出去走走吧！”王先生征求太太的意见。近来秋高气爽，似乎是出游的好时机。

“放长假大家都出门，人多车多，去挤热闹干什么？”太太的顾虑并不是没有道理，累次痛苦的旅游经验，提醒她挤热闹的结果，常常是弄得精疲力竭。

“那我们干脆留在家里休息好了！”

“在家多无聊！”

太太所说的话，都是对的。王先生实在难以反驳，但是一时又想不出两全其美的方法，因此反问太太：“那你想要怎么样？”

想不到王大太居然不假思索，便脱口而出：“问你啊，怎么会问我呢？”

“我说什么，你都有不同的意见，叫我怎么办？”王先生有一点委屈的感觉，好像摸不清楚太太的用意，弄得自己左右为难，拿不定主意。

“我有意见，并不表示我不赞成你的想法。我只是提出不同的方向，让你多做一些考虑而已！”

“你这样泼冷水，使我不想管这些事情。干脆由你决定，我没有意见就是。”

“泼冷水才能够使你更加清醒，考虑得周到一些。你现在说由我决定，你没有意见，也不过是说说而已。真的由我做决定，你也会提出不同看法，和我现在的表现一样，你相不相信？”

“真的，好像就是这样。实在很矛盾，又每次都如此。”

说明

把错误的策略倒转过来，便成为正确的策略，于是所有缺点都能够转化为优点。

正确的策略，分别说明如下：

◇有钱时想别人，无钱时想自己

富有的时候，可以享受许多金钱所创造的乐趣，却也同时带来很多苦恼。例如，出入隐秘并且雇用私人保镖，慎重择友以防被人觊觎财富，为求保持财富而牺牲与家人共聚的温暖时光，等等。这时候只要多想想别人，也就容易减少这些苦恼了。

有钱的人，要记住舍得花小钱，才能免去花大钱的灾难。舍不得花小钱的有钱人，终究要花大钱，算算更划不来。因此，有钱时一定要想到别人，回报社会。

没有钱的时候，反而要认定"人应该靠自己，不要老想依靠别人"，不应该有"不劳而获"的念头。亲戚可以救急，不能救穷，偶尔周转一下，以解燃眉之急，人家还会同情，要靠人家长期援助，或者养一辈子，谁也不愿意。每个人都应该独立，不应该依赖性太重。这样才会自己反省，为什么同样的工作，自己却弄得如此穷困。而且不会因高度寄望他人，而失望怀恨在心，甚至萌生恶念。对于亲朋好友的帮助，也会感谢，不致得寸进尺，反而对自己有害。

富有时多想别人，才是懂得赚钱又懂得花钱的人，也才不会沦为钱财的奴隶，不会因财富而被害。无钱时多反省自己，才能够及早悔悟，重新出发，建立健康积极乐观的人生观，不卑不亢，不怨天不尤人，不自怜也不厚颜，做出卑鄙龌龊的事情来。

◇得意时不炫耀，失意时不诉苦

得意的时候，要顾虑那些不得意的人。不得意对别人来说，已经够不舒服了，如果再炫耀自己的所有，吹嘘自己的本领，夸张自己的成果，岂不令他们更加难过。

做事顺利，不要说自己有能力，要说自己运气好，似乎才不至于让别人感到生存受到威胁。夫妻相处得很好，要说是"缘分"够，大家听了比较安心。喜乐不形于色，如果是虚假的，称为"面具"，若能发自内心，不希望刺激别人，便是"不炫耀"。

不对失败的人谈论自己的成功，不向失意的人夸耀自己的得意事。这种涵养功夫，称为"含蓄"，是一种谦虚、憨厚的表现。当然，是会有几位至亲好友,能够分享我们的快乐。在这几位之外,最好都有所保留,以免惹人讨厌、招人妒忌而种下祸根。

失意时千万克制自己,不要到处诉苦。就算至亲好友,听了也难免会有一丝幸灾乐祸,更何况一般朋友。徒然让人取笑,无济于事。

失意的时候,最要紧的是情绪稳定,冷静地检讨一番,然后痛定思痛,反省警惕,以求重新出发,再登上成功的大道。这时候必须十分忍耐,而且对自己要有坚定的信心。对众人打落水狗、翻白眼、拒不见面、推三阻四而又虚情假意要能淡然处之,坚信自己有东山再起的一天。

得意时不炫耀,失意时不诉苦,必须把得失看作人生必经的过程,而不是最后的结果。过程会改变,要使得意延长而失意逆转,需要含蓄而有涵养,有实力而不随便展现,能隐人所不能隐,藏人所不能藏。

◇位尊时不虚妄,位卑时不讨好

职位尊贵、握有大权的时候,很容易虚妄,真的以为自己一言九鼎,说话算数,大家都应该绝对服从。历代枭雄,生前大家怕他、惧他,把他的指示当作"颠扑不破的真理",一旦去世,其所说过的话,都一一被后人推翻。历代官方记载,无不尽力为统治者歌功颂德,时过境迁,真相不免被揭穿。位尊时为自己树立铜像,将来会被推倒;在大门口题字,也有可能被更换。凡是自己认为了不起,可以一言为天下法的念头,都是虚妄而不持久,不足为法。

位尊的人,必须自我警惕:"我不是神,有时也会犯错。"虚心听取大众的批评,客观而冷静地接受大家的意见,以求下情得以上达,收到集思广益的效果。

为人部属,必须以"不讨好"的态度,来获得上级的赏识与信任。人所犯的错误,一般在认为上级喜爱部属听话、没有意见,因而主动猜测上级的意图而尽力配合,包括过年过节送礼、生日祝寿,以致过分讨好,可能最终害了上级。

上下之间是互动的,上级贪污舞弊,部属的过分配合也是一个原因。

位尊时不妄自尊大,自以为了不起,位卑时不讨好,上下之间才能够合理互动,彼此策励秉公行事。

◇势强时多助人,势弱时要自持

形势比人强,可见势很要紧。势强的时候,不但不可以仗势欺人,而且应该趁势多帮助他人,帮助那些应该获得帮助的人。

有势而不用,等于没有作用;有势而乱用,将来作茧自缚,仍需自作自受。

助人的时候,要让他觉得没有压力,如果给予他很大的压力,或者摆明要讨回人情,对方就可能拒绝,甚至产生反感,反而得不到良好的响应。

人在衙门好修行,指的是有势而用得正当,即为造福;若是用得不正当,便成为造孽。造福造孽,系于自己的一念之间,岂能不特别警惕?

形势不利的时候,最容易违背原则,做出令自己都不敢相信的行为。虽然说形势比人强,人在屋檐下,不得不低头,但是自持的功夫,也在此时遭受考验。能不能安然过关,端视自己平日的修养。

好死不如赖活,是势弱时忍受万般委屈的一种生死观。蝼蚁尚且偷生,何况是人?当年司马迁受过宫刑,也是忍辱偷生,最后才能够完成《史记》这本巨著。不过,身体受折磨、行动受限制、有志不能伸,都可以忍受,也应该忍耐。若是过分违背自己既定的原则,使自己良心不得安,那就应该宁死勿屈,奋战到底。有时候不打不相识,坚持原则而不屈于形势,反而赢得对方的敬佩,而解除自己的困厄。

◇体健时应爱惜,体衰时多锻炼

身体的健壮或衰弱,固然有先天的条件。先天不足,或者与生俱来的某些缺陷,属于个人无法自主的部分;然而后天的调养与锻炼,往往可以弥补先天的不足,甚至使缺陷变成特长。

健壮的时候,最要紧是爱惜自己,不要任意伤害自己的健康。

如果在乎就养成良好的起居习惯。刺激、求快乐,也应该以不伤身体为前提,不过度、也不宜采用不正当的方法。致力于求名、求利的时候,要常常提醒自己,即使获得盛名、厚利,若是赔上了自己的生命或健康,恐怕也十分不值得。

身体衰弱的时候,最要紧是切勿自暴自弃,也不能灰心丧气,必须鼓起勇气、坚定信心、展现毅力,有计划、有方法地勤加锻炼。相信方法正确、持之以恒,必然可以恢复健康。

锻炼、再锻炼,是体衰者的唯一法宝。心理上的配合也十分重要。有病应该就医;诊治服药之后就要忘病。有信心,要不断透过各种方式,暗示自己、鼓励自己。

◇年轻时要谦恭，年老时不固执

年纪轻的时候，要特别谦虚，对人恭敬有礼。学识固然重要，经验也很要紧。一般而言，科学技术由于日新月异，进展快速，愈年轻愈学得快。但是社会、政治、教育、人文、历史等学科，需要较多时间的历练与思考，因此，经验的累积十分值得重视。

老一辈的人，由于世故较深，往往比较含蓄，不像年轻人有话就说，有意见就发表。年轻人看不起年老的人，常常有如身入宝山却空手而还，便是不能把握良机，及时请益的缘故。

年轻的毛病，大概就是喜欢表现，随时随地显露自己的才能，以致很快就露光了，泄底了，令人失望。

人总有年老的时候，年老不是任何个人的问题，而是所有人共同的问题。特别是环境改善、医药卫生进步之后，人口年龄增长，老年人的比例大幅度提升。老年人身上存在的一个问题，便是有些固执己见，有的凭着自己丰富的人生历练，很容易否定新的变化，形成革新的障碍。

既然承认时代不断在改变，那么自己的某些习惯，也应该随着有所调整，才能赶上时代而不为潮流所淘汰。因此年纪大的时候，特别要提醒自己，千万不要固执，必须以客观的眼光重新体认新的环境，及时合理地调整自己的步伐，以便随着时代而进步。

年轻要谦恭，年老忌固执，是对于年龄的一种因应策略。每一代有每一代不同的生长背景和时代性经历，最好彼此尊重，不要勉强别人一定要和自己具有同样的感受。

◇前进时想退路，后退时要救人

人在前进的时候，多半只看前不看后。特别是前进得愈顺利，就愈不会瞻前顾后，以致有意无意得罪许多人。一般而言，前进时大家都会忍耐，被惊动的人也会闪开，好像没有什么阻力。一旦事情告一段落，才发现各方面的破坏力量逐渐展现；闪开的那些人，似乎又恢复原位，形成强大的阻力。令人觉得处忧患比较容易，而处安乐好像比较困难，果真“生于忧患，死于安乐”。要改变这种现象，唯有前进时顾虑得更加周到，处处设想退路，自然会减少未来的灾难。

俗云“上台容易下台难”,最好上台时就想好如何顺利下台。常常记住“上台靠机会,下台靠艺术”,也可以说下台靠智慧,因而时常揣摩,怎样才能够“又要把工作完成,又不得罪人”,以兼顾做事和做人。

后退的时候自身难保,哪里有余力可以救人?想不到时过境迁,自己不想救的人,反而是有能力救自己的人,这才后悔当时失之交臂,此时恐怕已经无济于事。后退时情况危急、条件很差,自己逃跑多拉一两个同伴一起逃,其实差不了多少,有时反而彼此互助,更加容易安全逃脱。

下台时对自己的班底撒手不管,大家一定觉得心寒。下台时再艰辛,也要尽力照顾部属,大家有难同当。将来有朝一日东山再起,大家才乐于追随,也才有可能做到有福共享。

进时想退路,退时想东山再起,自然进退两可,动定咸宜。

◇为主时不苛刻,附从时不奉迎

周公当年指派儿子伯禽去主管鲁国的政务,告诉他四个原则:第一,不要疏忽亲族;第二,不要忽视重臣对自己的不满;第三,不要随便抛弃故旧;第四,不可以一人之力期待所有。为主的时候,要注意不可苛刻待人。就算有什么不是,骨肉毕竟是骨肉,朋友也还是朋友,若是没有明显的背叛行为,不能够随便抛弃。

小小的恩施,有时会得到很大的回报;小小的轻忽,有时也会遭到狠毒的报应。为主的人,必须了解每一个人都可能有不同的感受,才能够判断他人真正的需要。因此在态度上,不可过分严厉,尽量促使下情上传,彼此沟通,互相了解。

当附从的时候,不可盲目顺从,也不能唯命是从。应该合理地服从,对于不合理的部分,则应该据理力争,有几分把握,便做几分的坚持。一个人的信用度,原本就是自己据理力争、合理坚持所得来的结果。毫不坚持,等于不用心、不负责任。盲目坚持,则是刚愎自用,很不容易与人合作。只有合理坚持,才是附从者所应有的态度。

附从不善于体会主人的意思,很难建立默契,不容易把事情办好。过分体会并且顺从主人的意思,也会在主人决策错误或自己会错意的时候,造成不良的结果，而招致失败。

为主要宽宏大量，附从才敢尽心尽力；当附从的时候，不可自我主张过分强烈，而必须合理地坚持自己的意见，巧妙地引例，使主人明白自己的意思，因而改变初衷，以免错误。

◇施舍时要舍得，受益时要感谢

在人生过程中，过去和现在接续，现在也和未来连接着，不会间断。现在的种种，肇因于过去；而未来的发展，也奠基在今日。有办法施舍的时候，要舍得，让对方不要承受压力，才不致种下未来不但不感谢，而且恩将仇报的恶果。施舍时即使不图回报，也应该慎防可能由于态度上伤害对方，语言上侮辱对方，或者分配上激怒对方，未来反目成仇，对自己不利。

施与的对象，亲朋好友之外，可以扩大及于他人。然而由亲及疏，不致招亲友的不平。施与之后即应忘记，不再提起，因为“人情不讨，永远存在；一讨，便什么都没有了”。

量力而为，慎重处理，过后即忘，是施舍的三大原则，缺一不可。常说：“救人不如救虫。”便是救虫不会产生不良反应，救人则每因被救者觉得受伤害、受侮辱而怀恨在心，伺机报复，造成可怕的后果，不得不慎。

受人好处的时候，必须以感谢的心情来承受，不得存有“应该获得”的观念，甚至认为不足或不平而心生不满。对于人家的施舍，应该谨记在心，即使无力图报，也应该时常记起，至少要为他祈福求平安。

人与人间原本就有借贷偿还的平衡活动，只要不赖皮，就不必认为羞耻。人既然要群居生活，多多少少会从社会，从亲朋好友那里获得一些恩惠，如果能够合理地偿还或报答，就没有必要觉得惭愧。

给人好处，忘掉它！受人好处，谨记着，力求合理回报。施受之间，共同以“善心”为媒介，即为“善有善报”。

◇有理时能恕人，错误时要坦承

理直气壮比较适合于法庭相见的场合，既然兴起诉讼，自无人情可言。一般情况，仍以理直气和为宜，因为“祸从口出”，气壮时所说的话，一定不如气和时来得圆满，以致难免伤及和气，种下招人怀恨的恶因。

打人不打耳光，骂人不揭短处，即便是理直，也应该留些余地，以免人急造反，对自己不利。

得理不饶人，不如得理时还能够宽恕别人。给人一条生路，总比把人赶上绝路为好。自己要生存，别人也要生存，退一步海阔天空，才能各得其安。

情理摆在法理之前，先由情入理。这时候把不伤感情列为优先考虑的条件，把道理说清楚，要气和，而不能气壮。

当道理说清楚之后，必须适可而止，不要一再乘胜追击。不打落水狗，才不致狗急跳墙，反过来咬人。

犯错的时候，最好的办法是坦白地承认。人非圣贤，孰能无过？只要记住教训，并且举一反三，不犯类似的错误，就已经十分难得。所以犯错并不可怕，一而再、再而三地犯同样的错误，才可怕，也才令人痛恨。

坦白承认错误时，还需要诚恳地设法补救。否则光是嘴巴上说“对不起”，承认错误，对方仍然气愤不已，觉得“一句对不起就算了，这么没有诚意”。若是加上一些行动上的表示，真正对自己的过失负责，诚心诚意要补偿对方，效果就要好得多。

最好不要犯错，不小心犯错误时，就应该一方面向对方道歉，认真承认错误，另一方面用心设想，用行动来做一些实际上的补救措施。

人生不外乎“贫富、得失、尊卑、强弱、健衰、老少、进退、主从、施受、正误”的历程，这些相关变量，因应的时候，如果采取下表的策略，就是正确的抉择。

变项	策　略	结果
贫富	有钱时想别人，无钱时想自己。	人性弱点变成优点（合理）
得失	得意时不炫耀，失意时不诉苦。	
尊卑	位尊时不虚妄，位卑时不讨好。	
强弱	势强时多助人，势弱时要自持。	
健衰	体健时应爱惜，体衰时多锻炼。	
老少	年轻时要谦恭，年老时不固执。	
进退	前进时想退路，后退时要救人。	
主从	为主时不苛求，附从时不奉迎。	
施受	施舍时要舍得，受益时要感谢。	
正误	有理时能恕人，错误时要坦承。	

要旨

※有人说人是双重性格的动物,有时候喜欢拥有人群,有时候却又渴望疏离人群;有时候希望做美国人比较神气,有时则觉得做中国人比较实在。

※人性的弱点也是如此,同样求生存,如果策略错误,就会表现出许多缺点;若是策略正确,便会表现许多优点。有时呈现缺点,有时又出现优点,那就是策略变换,摇摆不定的证明。

※策略正确的人,拥有人群时很喜欢,疏离人群时也很高兴,各有适当的原则。做美国人也好,做中国人也好,都能普遍受到欢迎。

※正确的策略很多,针对关键性的变项,如贫富、得失、尊卑、强弱、健衰、老少、进退、主从、施受、正误,提供主要原则,只要确实施行,人性弱点就会变成优点。

七、选择的错误与正确

案例

李先生刚踏进家门,李太太就急急忙忙告诉他:"有三个电话,十分重要,请赶快给人家回话。"

先生对太太的做法有些不高兴,心里想忙碌了一整天,刚回家,她就要我去回电话,难道不能稍作休息再说?平常口口声声说健康最重要,原来都是虚情假意,说着玩的。

李太太看见先生这样反应,觉得一番好意,反而被误解。一肚子不愉快:"我跟你说过了,要不要回你自己看着办,好像我多事,其实我才懒得管。关我什么事?为你好,还要看你的脸色,我真是自讨没趣!"

"你应该让我休息一下,起码喝口水再说,不可以吗?完全不关心别人,也不尊重别人,这种态度我会欢迎吗?会高兴吗?不反省自己,还来怪我。"

"我还有很多事情要做,生怕忘记了耽误你的大事,这才赶快告诉你,居然怪起我来。"

"你有很多事情要做,这个我知道。但是我这一天忙碌下来,也做了很多很多事情，你可能不知道，所以我才建议你，以后不要急急忙忙，连让我喘一口气都不行。”

“你要喘气，我就不需要喘气？你做了很多事，很伟大，我应该在门口欢迎你、感谢你，是不是这样？”

“你看，你又扯到哪里去了？”

“你伟大，你了不起！告诉你有重要电话，也要看时机，塑造情势，那像什么夫妻?！告诉你，我不是你的部属，不要在我面前摆架子！”

“好了，好了，算我多嘴，我这就去回电话。”

“这还差不多。”

说明

任何人要做出错误的决策时，都能够提出许多自圆其说的理由来支持自己的抉择。大家的理由很多，列举如下几个：

(1)现在人心变坏，根本不知道什么叫作感恩，有时候连感谢都谈不上。有钱的时候和别人分享，没钱的时候，说不定别人老早就逃避得远远的，有谁会想起当年有福同享的情况，还不是大难临头各自飞？

(2)人生不如意事，十之八九。好不容易有一些得意的事情，如果不抓住机会炫耀一番，那不是对自己太苛刻了吗？至于别人的感受，管那么多做什么？反正他有什么值得炫耀的，也会照“秀”不误，又不是只有我这个样子，只要自己快乐，有什么不可以？

(3)地位尊贵时，当然不能认错。想想看，一位首长级人物，如果常常承认错误，他的部属会看得起他吗？职位低的人，认认错大家都会原谅他；职位高的人，最好不要认错，干部那么多，随便找一个人来顶替，不是很简单吗？要不然，要那么多干部干什么呢？

(4)形势是会转移的，所谓十年河东，十年河西，风水轮流转嘛！形势有利的时候，如果不趁势给人家颜色看，人家哪里会觉得我们的势力强。俗语说：老虎不发威，你当我是病猫啊？可见有威要发，有势要用，大家才会看重我们。

(5)人有生便有死，身体这部机器，用久了自然会磨损受伤，老了就没有用了。如果不趁着年轻体力好的时候，多找一些刺激，多玩一些，将来年纪大了，体力衰退，后悔就来不及了。现在不用白不用，不玩白不玩。

(6)年轻人没有什么社会地位,也谈不上什么声望,如果不找机会显露自己聪明过人,怎么能够引人注目?年纪大了,经验丰富,任何事情听一个开头,马上可以推测它的结果,甚至百分之百的准确,这不是固执,而是定见,多少年才修养得来的,相当不容易。

(7)这是一个样样都要竞争的时代,任何人要向前迈进,都免不了要赢过一些人,因此也就得罪了一些人,这是无可奈何的事,根本避免不了。至于一旦倒霉,自己都顾不了,哪里还能够救助别人?如果这时候救助别人,不但是不自量力,有时候还会激怒被救助的人,好像把他看得比自己更倒霉,他当然很不高兴。

(8)当主人的时候,如果没有威严,大家就会没大没小,甚至爬到主人的头上胡作非为。古人不是说要恩威并济吗?只讲求施恩,完全没有威严,显得太软弱。做附从的,不奉迎主人,根本得不到主人的信任,一辈子在外围,打不进核心,就算有本事,也施展不出来。

(9)施舍是不得已的事,为什么被施舍的人自己不努力,我们还要来救济他,不是说天助自助吗?连老天爷都不帮助那些人,我们还需要施舍给这些人吗?接受别人的帮忙,便谨记在心,心理上不是要承受很大的压力?常说要施舍慎勿念,他不念,我牢牢记住,有必要吗?大家都忘掉,彼此都轻松一些,不是更好。

(10)人与人之间,就凭一个理字,所以中国人常说有理走遍天下,无理寸步难行。有理的人自然气壮,得理时当然不能饶人,不然就是是非不明。错误的时候,自己心里明白就好了,为什么要坦白承认,弄得好像自己没有理一样?口头上尽管找一些理由搪塞,替自己辩解一下,至少可以证明自己不是存心这样做的。

相反的,赞成正确策略的人,也可以讲出一大堆理由来支持自己的选择,好比说:

(1)没有钱帮助别人,说起来自己也不光彩,混到这种地步,连一点帮助别人的能力都没有。赶快趁有钱的时候,想想别人,多少帮助一些,将来回想起来,也比较安慰,总算有一些力气可以帮助别人,而且想到做到,不要像那些光说不练的人,整天只会吹牛。没有钱的时候,要记住人穷志不穷,只要反省自己,调整自己,总有一天东山再起,那时候再来和人家较量,也不嫌迟。

(2)得意的时候,千万不要忘形。因为有时说,成功为失败之母,其中之一是指得意忘形所带来的不良后果。失意时不怨天尤人,甚至绝口不提失意的痛苦,才能够振作起来从头开始,以无比的毅力来证明失败为成功之母。

(3)位尊时形成大家注意的目标,成为众手所指、众目所视的对象,稍有不慎,马上被人家抓住把柄,实在非常危险。这时候必须谦虚、谨慎,不要随便发表意见,也不能任意做出决定。职位低的人,愈讨好上级,愈叫上级觉得这个人是奴才,而且其他的人,也会看不起。人的职位固然有高有低,而基本人格是平等的,用不着讨好任何人。大家互相尊重,彼此看得起,才能够充分配合,扮演好各自的角色。

(4)有势的时候,最好多多帮助别人,用来广结善缘,才可以完成更大的事业。势弱的时候,不要埋怨别人的白眼,也不要责怪他人的落井下石,应该看开一些,人情世故原本就是有冷有热,委屈一些,放低姿态,自然安然渡过难关,而不至于乱了自己的方寸。

(5)身体健壮的时候,要明白岁月不饶人,要趁早保养爱惜,才能够维持得长久一些。养生之道,必须在健壮时开始注意,而不是有病时才来救急。万一身体衰弱,更应该自我心理建设,认为已经如此,慌张、焦急、忧虑、恐惧以及怨恨,都无济于事,不如安心调养,加强积极的生存意志,来加以克服。

(6)年轻经验不足,阅历尚浅,不要自以为样样都有把握,以免经不起考验而贻笑大方。常常警惕山外有山、人上有人,谦虚一些,恭敬一些,随机多多学习,才能不断进步。年纪大的时候,要跟上时代的变化,不可固执于以往的经验,应该不断地调整自己,以新的观点来判断新事物,才不致一老就成贼,令人看不起。

(7)前进时眼光只看前不看后,一旦面临山穷水尽,又不知退路在哪里,就会进退两难,痛苦万分。一路向前,不留神其他的人,也会有意无意得罪人,种下将来不知如何是好的祸根。后退时一心一意只求自己平安解脱,不顾同伴的死活,同样是得罪人。一旦风平浪静,这些同伴就伺机报复,弄得自己灰头土脸。可见进时要想退路,退时要想到共患难的朋友,才不会对自己不利。

(8)做上级的往往不了解部属所受的苦楚,任意指使,显得十分苛刻。坐车的人不明白司机的难处,常常对司机不满意;一旦自己去停车,才发现怎么找都找不到停车位,就算找到了也停不进去。这时候才发现自己平日过分苛求,已经失去了部属的信心和向心。部属奉迎上级,把上级捧得昏头昏脑,上级以为真的可以对部属随意要求,结果也是部属自己倒霉。

(9)天底下的钱,都是流通的货币,所以才叫作通货。放在什么人的口袋,其实都差不多。一个人把所有的钱都放在自己的口袋里,势必十分危险,有时还会惹来杀身之祸。倒不如分一些放在别人的口袋,反而安全得多。所以施舍的时候,要抱着分散风险的心情,不要舍不得;而受益时应该认为人家相信我、爱护我,才肯以我为对象,当然要心存感谢。

(10)有理无理,原本是变动的。现在看起来很有道理,说不定时过境迁就变得毫无道理。所以有理时也不可以太过自信,认为自己永远是胜的一方,不如以宽恕的心情,和气一些,为自己留下更为宽广的退路,对自己更为有利。自己不慎犯了错误,就算找理由搪塞,大家也是心知肚明,并不能长久隐瞒下去,如果坦然承认,大家反而觉得不好意思,就会掉过头来安慰我们,指称这种错误其实没有什么了不起,好像大家都会如此,也经常这样,岂不更加轻松?

前面两章所说的错误和正确,其实并不是绝对的,有时候运用错误的策略,反而结成善果,得到善报。例如年轻时显聪明,有能力就尽量表现出来,偏偏遇到喜欢如此这般的贵人,不但出钱资助他,而且提供许多有利的机会让他表现。同时他自己也很争气,用心学习以充实自己,结果名实相符,获得很好的成就。因此对他来说,年轻显聪明的策略,不见得不好。当然,也有人运用正确的策略,结果却未尽理想的,例如形势有利时,大力帮助他人,不料这些被帮助的人,却联合起来,要争夺他的权势,正应了俗语所说的"饲养老鼠,咬破布袋",令他十分痛心。

要旨

※天下事本来就是见仁见智,公说公有理,婆说婆有理。两种策略,一正一反,却都可以找出许多理由来加以支持,而且说得头头是道,条条有理。

※君子有君子之道,小人也有小人之道,道不相同,却表示各有各的生存之道。

※刚开始要分辨得清清楚楚,以坚定信心。熟悉之后,将相反的策略逐一相对并列,然后依据事情的性质,因时、因人、因地而制宜。

※这种弹性运用,并不是生于偏见或成见;而是合理的不公平,合乎中道的标准。

※防人之心不可无,害人之心不可有,在这上下之间,寻找一条恰到好处的途径。

八、现代人的标准

案例

"爸爸,老师说人是猴子变成的,我是什么时候变成人的,爸爸能不能告诉我? 因为我自己记不起来了。"

"你是妈妈生的,怎么会是猴子变成的呢?"

"老师上课的时候,明明告诉我们,人是猴子变成的。我听得很清楚,一点也没有听错。"

"你们的老师说错了,人真的不是猴子变的。"

"老师不会错的,老师说的话,我们都觉得很对。爸爸平常也要我们听老师的话,怎么现在又说老师错了?"

"老师其他的话都对,就这一句说错了。"

"那应该怎么说才对呢?"

"人是人,猴子是猴子,各有不同的祖先。人不会变成猴子,猴子也不会变成人。"

"那么,人是从哪里来的呢?"

"是父母生的。就像你一样,是爸爸妈妈生的。"

"那爸爸妈妈是谁生的?"

"是我们的爸爸妈妈生的。"

"难怪每一个人都有爸爸妈妈,真是太好了。"

过了几天,父亲接到老师的电话:"请问汪先生,你怎么知道人不是猿猴演化而成的?"

父亲反问老师:"你又怎么知道人是猿猴演化而成的?"

"达尔文说的。"

“他说的，你就相信。为什么我说的，你就不相信？”

“人家是著名的科学家啊！”

说明

现代科技发达，促使物质生活的极大丰富。无可避免，大家都在全力追求物欲的满足。现代人的人性弱点，以“求享受”为重点，其他的一切，都变成这一重点的附属品，形成扭曲的人性，如图所示：

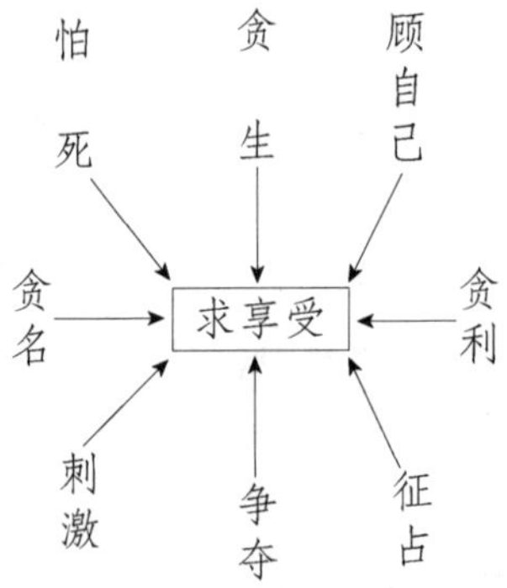

在经济上，拼命增加生产，造成激烈竞争；为了降低成本而力求自动化，制造失业人口；所有艺术、文学、体育，都针对人们的声色口腹，不但商业化，而且粗俗化。一切讲求包装，样样都被广告所左右了。

在生活上，为求享受，甚至可以不顾自身的安危；贪名、贪利，目的都为了享受；除了饮食男女的刺激以外，其他都不关心；所有争夺、征占，都没有理想，只求能够自己享用，一切以金钱为衡量标准。

这样说起来，现代人最大的缺失，在没有理想。大家盲目地追求享受，却不去追究什么样的享受才合乎理想。

没有理想，就不知道怎样选择正确的策略。现代交通发达，信息快速交流的结果，各种言论、各种主张，听起来都有相当的道理。缺乏理想的人，很容易迷失在这种多元化的世界里，而不知道如何完成自我。

现代人之所以出现这样的危机，实际上是科技发达的一种后遗症。一般人都相信科学万能，可以解决一切问题，也能够满足人类享受的欲望。一谈到哲学，就以西洋哲学为依归，把自己推入观念游戏的陷阱，弄得迷迷糊糊。对于中国哲学，却又执着于结构、概念、系统而无所得，同样是一片迷糊。

要挽救现代人的危机，摆在眼前的似乎只一条路，将中国哲学和西方科技做合理的结合。至于怎样结合？各人有各人的主张，丝毫勉强不得，这才是真正的自由。我们只能建议，要小心谨慎地使用这种并不很大的自由，以免造成自己的痛苦，也增加别人的苦恼。

前面曾经提起天下事本来就是见仁见智，各种策略都有相当的道理。我们尊重各人应有的自由，不能明确地指出哪一种较优，哪一种较劣。所谓正确的或错误的策略，都不过是一种参考意见，必须各人有了自己的理想，才能够自行判断其优劣，自己选定个人的策略。任何外加的规定和约束都是不自主的。

要旨

※人是怎么来的？人类的起源是什么？这种问题，可能不是人类的智慧所能够了解的。但是，现代人很快就轻易地接受了达尔文的进化论，主要是对义务、责任的一种逃避，人从猿猴进化而来，当然没有更多的义务和责任。

※现代人固然不迷信，但也失去了理想。因为没有理想，所以也失去了自由。

※人生目标只有一个：求生存。在这一方面，人类并没有自由。不过，怎样达成这个共同的目标，各人都可以拥有自己的理想，这才是人的自由。

※要怎样生存，怎样做人？做什么样的人，各人有各人的理想，一切都操之在我。

※人的自由自主，表现在确立自己的理想。

九、一切都操之在我

案例

三个男生跪在佛堂的垫子上，要求法师为他们剃光头当和尚。人人态度虔敬，表现出满脸期待的诚恳样子。

法师首先询问甲男生：“你为什么要当和尚？”

甲男生一本正经地回答:“我爸爸叫我来的。”

法师拿起戒尺,当头就是一棒。大声说:“这么重大的事情,自己不考虑。你爸爸叫你来,你就来了。将来后悔怎么办?难道又去找你爸爸不成!”

接下去问乙男生:“你为什么要当和尚?”

乙男生看见甲男生挨法师的打,赶紧回答:“我自己决定要来的!”

话刚说完,法师也当头一棒。大声吆喝:“这么重大的事情,居然不和爸爸商量就来了。万一你爸爸不同意,来找我要儿子,我该怎么办?”

横走一步,法师问丙男生:“你为什么要当和尚?”

丙男生被两次当头棒喝吓坏了,什么话都不敢说。

想不到法师打得更重:“这么重要的事情,想都不想就来了。剃光头是那么简单的吗?你实在太草率了。”

三个男生面面相觑,不知如何是好。

这时候丁男生匆匆跑来,严肃地跪在另外一个垫子上,恳求法师:“法师,能不能让我剃度成为佛门弟子?”

法师照样问他:“你为什么要当和尚?”

丁男生毫不犹豫,大声回答:“弟子受到佛祖的感召。”

这时候法师也毫不犹豫地用力猛打,因为觉得非常没有面子:“我当了十几年法师,佛祖还没有给我什么感召。想不到你年纪轻轻,竟然如此狂妄,真是该打。”

说明

人与人之间的互动,可以说都在因应人性的弱点。例如教育,老师勤教严管,是基于自己求生存的需要,若不是这样表现,恐怕饭碗会保不住,同事和家长都有怨言,对自己的生存必然构成很大的威胁。学生愿意接受,不论是主动或被动,同样是为了生存,不得不如此。一旦提倡以学生为本,认为学生本位才符合教育精神,透过媒体的鼓吹,传播得好像人尽皆知,无人不晓。于是教师的任务,从教学变成维持秩序,因为此时此地,还在重视教学,自己的生存很可能发生问题;唯有用心维持班级秩序,使学生学习不学习没关系,能安全回家最要紧。学生既然是本位,在学校高高兴兴,拥有一段欢乐时光最重要,学多少算多少,不必承受功课的压力。美国若干公立学校,受到这种风气的影响,学校不教书、学生不识字的情况,愈来愈严重,令人忧心忡忡。反观台湾地区,连环图画盛行,学生看图不看字,迟早也会成为文盲,电视上还在鼓吹这是一种风尚,属于另一种教育改革,真是害死人不偿命。

众人之事必须妥为管理,大家才能够生存得平安快乐。管理众人之事,称为政治,也无非是在因应人性的弱点。古今中外所采行的政策,看起来好像千变万化,相当复杂,然而分析、归纳起来,似乎只有一种策略,那就是大家所熟悉的"一紧一松"。松了就紧,紧了便松,正是这种策略的活用。不过紧到什么程度才松,松到什么地步才紧,因人、因事、因时、因地而有所不同。

领导者要生存、自私、求快乐,必须设法满足群众生存、自私、求快乐的需求。领导者和群众之间,互相运用彼此的人性弱点,开展出种种措施。

当老师的人,如果坚定自己勤教严管的职责,不管专家学者提出什么理论,媒体如何鼓吹新奇观念。教学方法可以改变,而根本精神不可放弃。知道学生本位只是一种民主潮流下的偏道主张,也要明白图画确实能够辅助学习,却不能取代文字。一个人只会说某一国家的语言,却不能解读这一国家的文字,那么这一个人对这一国家的文化,不可能有深入地了解。以如此清楚、正确的理念来选择自己的因应策略,便不致因求生存而被错误地运用,造成害己害人的后果。

鼓吹学生本位的人,也应该明白"任何事情总有相当的道理,不过一路膨胀下去,必然导致错误的结果"。因此不要过分强调这一套理论,以免为了自己求生存而危害他人,终究会引起良心的不安。

提倡图画辅助文字,以漫画求生存的人,同样应该克制自己,不要做得过分,否则误人子弟,也是罪在自己;因为误导他人,自己即使无心犯错,照样要承担后果的。

为政者一松一紧,若是出于为公,对社会大众有利,便能受到大众的欢迎而生存;如果私心过重,或假公济私,大众也会识破而群起反对,结果必然生存不了。

执政者和群众之间的求生存,必须找出合理的平衡点,否则不是执政者生存不下去,便是群众活不成,势必引起激烈的冲突而两败俱伤。

人与人之间,也因互相运用人性弱点而建立各种微妙的关系,产生各种不同的行为,并且导致各种不同的结果。所有人际关系,都因此而造成。

俗话说:"吃一堑,长一智。"并不是说人要长一智,就必须吃一亏。善于借用他人的经验,吸取其精华,才是事半功倍的好办法。现代人不喜欢读书,或者不知道选择而乱读书，那就只好委屈地吃一亏才能长一智了。古往今来，大家在人性弱点的攻防战之中，已经有了好几千年的经验，现在归纳成下述三大原则，以供参考，希望大家可以借此少走弯路，少吃一些亏。

第一，真正弄清楚自己存在的人性弱点。例如某甲自己检讨之后，列出下图：

- 求生存
  - 怕死
    - 在心理上，常常想到死亡，十分害怕。
    - 在生理上，经常怀疑自己的胃不好，好像有胃癌的可能。
    - 在日常生活，常自我警惕，不可过分劳累。
    - 工作时，常偷闲闭目养神，以恢复体力。
  - 贪生
    - 每天必须抽出时间运动。
    - 对健康讲座特别有兴趣。
    - 想参加气功班训练。
    - 对饮食卫生格外地小心。
    - 每次拜神都祈求活久些。
  - 顾自己
    - 注重自己的生活规律，不喜欢被打扰。
    - 对自己的金钱用心分配，样样有计划。
    - 很少关心别人，唯恐耗费精神和体力。
- 自私
  - 贪利
    - 一天到晚想发财，羡慕有钱人的气派。
    - 老觉得自己没有能力赚更多的钱，常常盼望获得意外之财。
    - 如果有人出更高薪水，我立即跳槽。
  - 贪名
    - 不希望出名，太可怕了。
    - 人怕出名，大家都认识，一点自由也没有。
    - 要我上电视？打死我都不干。
    - 有人拍照，赶紧躲开。
  - 享受
    - 希望穿好衣服，自己觉得很舒适。
    - 要吃好的东西，既营养又卫生。
    - 最好有一部车，但是不能太豪华。
    - 有钱到处旅游，还可以访问保健专家。
    - 工作清闲一些，免得劳累。

- 求快乐
  - 争夺
    - 对于恐怖、紧张的刺激，尽量避免。
    - 希望在赌场上出现奇迹。
    - 打打麻将，小赢一些也不错。
    - 很厌恶街头暴力，搞那些运动要做什么？
  - 刺激
    - 不要明抢，如果能暗地里拿一些东西，好像很不错。
    - 别人的东西要不到，公家的用品拿一些。
    - 最好能在走路时捡到一些钱。
  - 征占
    - 不要占有太贵重的东西，以免危险。
    - 小东西放在自己的口袋里，很好玩。
    - 有一些玉器，但不要戴在身上。
    - 欲望不大，占一些人、物就好了。

由图中可以知道某甲的弱点，主要在金钱和健康方面。如果加以适当的调整，比较不容易为人所乘而吃亏上当。

第二，揣摩他人的人性弱点，把各人的评量表也分别列表对照。

第三，明白自己的弱点，也能够快速而正确地判断别人的弱点之后，必须慎选自己的策略，以免走入歪道，而且过分利用他人的弱点，反而毁坏了自己的信誉。

要旨

※人性是相近的，求生存、自私、求快乐。

※习惯是不同的，同样求生存，各人的方式不一样。大家都自私，但是表现的状态各有差异。快乐的感觉相当主观，寻求的途径和对象，自然各有千秋。

※习惯的差异，来自不同的策略。各人因应人性的策略不相同，所以形成的习惯也就不一样。

※策略的选择，各人有其自主性，可以选择这种策略，也可以选择另一种策略。

※既然各人拥有自主的抉择权。表示一切操之在我，变成优点或缺点，都应该由自己负责。

※不怨天、莫尤人，看起来真的是这样。

结　语

一、命就是人的弱点

人性当中,有一些共同的弱点,成为大家攻击的目标。人类的历史,实际上就是互相攻击弱点的过程。例如求生存,可以说是人类的第一个人性弱点。人类求生存是一种天性。我们所有的创造、发明,一切的制度、方法,都为了因应求生存的弱点,才逐渐开展出来?求生存原来是人类共同的欲望,也是人类能够生生不息、绵延不绝的主要动力,为什么会成为人性的第一弱点呢?因为求生存衍生了很多问题,令人既头疼又摆脱不掉,所以称之为弱点。

弱点因应得好,就成为优点;因应得不好,便成为缺点。因应的策略很要紧,用对了弱点成优点,用错了弱点变缺点。

例如人类求生存,必须觅食。于是觅食成为人类求生存的一种方式,设法获得若干食物,以维持生命。可是当我们有了食物之后,常常忘记"食物只是为了维持生命",却转移目标,追求色、香、味,讲究烹调技巧和饮食气氛,这才造成易受攻击的弱点。

由于求生存演变到"美食"的地步,妻子以独特的烹调口味来控制丈夫;餐厅以特殊的饮食情调来吸引顾客;而社会也以饮食配合节庆,塑造民俗风气。这些措施基本上都是针对人性求生存的弱点,才产生的种种花样。

饮食策略正确,由饮食而获得生存、健壮而且均衡发展,当然是优点。饮食策略不正确,因为错误的饮食习惯带来若干不良后果,反而有害于身体,不利于生存,变成一种缺点。人类为了求生存,必须饮食。这种人人共同的需要,既非优点,也不是缺点。

人性的弱点有很多,而且具有层次性。饮食、居住、衣着、交通设施,深入分析下去,都是为了求生存。人类所需要的饮食、居住、衣着、交通设施,在各地区、各民族,发展出不同的花样,但是基本目标、根本要求,则是一致的。我们如果在饮食、居住、衣着、交通设施这个层面上,大做文章,当然也无不可。然而追根究底,一层一层深入,找出最为根本的弱点,不但容易记忆,便于应用,而且简单明了,化繁为简。

基于这种立场,我们首先列举人性的三个弱点。最基本的弱点,便是"求生存"。求生存求到最后,形成只顾自己不顾别人,便进入"自私"的层次。自私自利的表现,归结于贪图享受,又进入"求快乐"的层次。

每一个弱点,都包含三个向度。求生存表现在"怕死""贪生"和"顾自己"上面,产生很多可资攻击的弱点。自私表现在"贪利""贪名"以及"贪图享受"上面,多少人为求名利而创造、发明,多少人同样为求名利而摧残、破坏。同样为求享受,多少人不论贫富,都能够随缘随喜,开开心心,快快乐乐过一生。多少人却又贫有贫的痛苦,整日怨天尤人;富有富的苦恼,徒然成为不快乐的富翁。其实求快乐,也表现在"刺激""争夺"以及"征占"上面,各有策略,也都往往为对方的对策所命中,而弃甲投降。

人性三个弱点,本身不成为问题,不过是潜在的欲望。变成优点或缺点,则是策略问题,也就是"人"的问题。人有权选择策略,使弱点成为优点或缺点。

人性弱点是人的问题。

乍看之下,人类求生存,免不了贪生怕死。

我们不妨虚拟一下,假定人人都不贪生,存在活多久就算多久的心理;人人也都不怕死,认为死了之后,十八年后又是一条好汉。请问:社会安宁吗?人类幸福吗?怕不是天天有人自杀,时时有人杀人,搞得人人不安宁,社会乱糟糟,谈不上什么快乐、幸福吧!

可见不贪生、不怕死,并不是理想的情况。历史上的伟大人物,很少是不贪生、不怕死所塑造出来的。我们只有责骂文官贪财、武官怕死,几乎没有人倡导不贪生、不怕死的生活理念。

然而贪生怕死,并不见得就有利无弊,大家都喜欢。社会上的许多问题,实际上也是贪生怕死所造成的。

自私是贪生怕死的必然结果,贪自己的长久生存,怕个人的快速死亡,都有自私的成分，不容否认。

从现象上分析，自私的对象，离不开名和利。贪自己的利益，求个人的名分。名利心愈浓厚，自私的心理就愈重。重到竟然忘记了：名和利到头来不过是一场空。

反过来看，别人的名利，空得最快。因为和自己无关，什么名？哪些利？好像扯不上关系，以致不去关心。只有自己的名利，永远说空不空。只要一口气还在，就有名和利的欲念和需求，很不容易摆脱掉名利的纠缠。

但生活所需要的资源，毕竟是有限的，若不积极争取，说不定分到自己身上，已经所剩无几，甚至于空无所有了。

争名争利是辛苦艰难的事情，原本为了保障自己的安全而努力，后来享受到名利的甜蜜果实，这才以争名争利为快乐之本，转而享受争名争利的乐趣。

求快乐成为大家努力的目标之后，加上名和利本来就难求，使得更多的人，不求名也不求利，反而盲目地追求新奇的刺激。

求生存、自私、求快乐，分析起来，都没有问题。它们之所以形成人性的三大弱点，主要是人本身的问题，才使得没有问题的问题，变成严重的问题。

人的问题在哪里？在我们的思维经常两极化，不是极度向东，就是极度向西，以致趋于极端而无法保持合理的中道。

过犹不及，都使求生存、自私、求快乐走上偏道而有所缺失。如何使自己无过与不及，应该是大家努力的正道。

媒体尚未发达以前，大家眼不见、心宁静，各自安于自己的策略，倒也心满意足，无所怨尤。媒体发达之后，信息传播既快捷又普及，不由得不看，而比来比去，自己比人家占便宜的地方，就视为理应如此；自己比人家吃亏的地方，便认为岂有此理。于是学来学去，搞得天下大乱。

二、愉快地自化是最好的办法

当一个人求生存的欲望受到最大的挑战时，世界上只剩下两样东西：一样是好的，能够满足生存的欲望，继续活下去；另一样是坏的，阻碍生存的欲望，活不下去。例如一个人快饿死的时候，能吃的东西就是好的，不能吃的东西便是坏的，当此之际，世界上再也没有其他的东西，值得他思考和注意。

原始人生活简单,把一切事物,划分成两大类:能吃的、不能吃的;好的、坏的;使我们痛苦的、带给我们快乐的;善神、恶魔;好人、坏人。

就这样一直下来,当人们讨论人性弱点时,还要把它区分出好坏,某些是优点,而某些则是缺点。

其实,一切事物都是不好不坏、不善不恶、不贵不贱的,完全看我们怎样去面对,如何去运用。

二元价值论的偏差,不应该继续为现代人所沿用。人性无所谓好坏、善恶、贵贱,同样看我们怎样抉择运用策略。策略正确,人性的弱点会变成优点;策略错误,人性的弱点便会变成缺点。

人生在世,最基本的需要,便是"求生存",所以"求生存"成为每一个人的基本弱点。为了"求生存",必须动脑筋用智慧,于是"贪生""怕死",变成一般人的潜在弱点,由于环境的变迁和竞争的激烈,使得原先群体的贪生、怕死逐渐形成他人的责任,自己则更加专心寻求个人的贪生、怕死,借口资源、能力有限,而更为自私。

人类的自私,在环境改善之后,生死问题变得有些遥远,至少不是眼前亟待解决的问题。于是贪利、贪名成为生与死之间的最大欲望。

临死之际,没有人会贪利、贪名,甚至对自己为贪名、贪利而失去性命,非常后悔。但是,往往只要有一口气还在,尚未躺下去之前,不争名、争利,好像就没有企图心,即使别人不见笑,自己也不会原谅自己。

为名、为利,令人暂时忘记贪生、怕死。虽然说人死留名,才不致空来一趟,但是留的是什么样的名,更为重要。人生的不朽,虽然有立德、立功、立言之分,但是立功、立言都必须有德,才谈得上。可惜现代人立功、立言,却不重视立德。于是所立的功、所立的言,有的违反道德,不合伦理,只能达到个人享受的目的。

人要享受,若能目标正大、手段正确、途径光明,实在并无不妥。像孔子的自得其乐,才是人生最大的享受。

然而一般人过分看重有形的、看得见的东西,过分轻视无形的、看不见的东西。

享受,要吃好的、穿好的、住好房屋、坐好汽车。这些都是有形的、具体存在、看得见的东西,难怪大家十分热衷,紧追不舍。

至于精神上的享受，心无所求，随遇而安。根本是无形的、不具体、看不见的东西，用话说出来，人家还认为唱高调，说得好听，或者酸葡萄，吃不到就说是酸的。

大富大贵，有钱有势是有形的，大家认为唯有如此，才是真正的享受。殊不知有德、有守、与人无争，也是一种享受，只因为它是无形的，大家就把它忽略掉。

因为看到有形的东西，注意具体的事物，所以享受变成向外追求快乐，寄望于具体可见的东西。

短期拥有，终究还会失去。这时便产生征占的念头，希望能长期占据。打胜仗的时候，可以任意抢夺战败国的人力和资源，觉得很快乐。但是战胜只是一时的结果，很快就成为过去。于是想出殖民政策，以期长久掠夺殖民地的人力和资源。

个人也是一样。博物馆有一颗大珍珠，愈看愈快乐。起初常常去看，也常常快乐。忽然觉得刮风下雨还要去博物馆很不方便，而且听到博物馆展出的文物，每隔一段时间就要更换，甚至外借到别的博物馆去交换展出。这时偷窃的念头愈来愈强烈。总希望偷回来放置家中，自己天天把玩，岂非天天快乐？

诸如此类的变化，是每一个人都必须自我省察的课题，弄清楚自己的人性弱点究竟发展到什么地步，又呈现何种程度，才能够约束自己，不受他人的任意运用。

自己的命运掌握在自己手中，真正的意思也就是了解自己的人性弱点，合理地加以调整，便可以掌握自己的命运。

最合适的心态，还是老子那一句话：万物将自化。人是万物中的一种，离不开“自化”的轨道。对生死抱持自然变化的顺应态度，应该比较合理。

人要活得逍遥自在，只有承认人性的弱点不好不坏，让它自然地、适度地、合理地展现和被人运用，自己自然而然地因应着，做到动定咸宜的地步，就用不着再念念不忘人性的弱点，一天到晚在做这一方面的攻防战了。

自化的人，应该相当认命，动定咸宜，随遇而安。把命忘记掉，凡事只问应该不应该，少问喜欢不喜欢。做到孔子所说的“心安则为之”，命就会改得很好。

如果说这样的人生，很严谨、缺乏趣味、不够刺激。我们的回答，其实也十分简单：习惯就好了。当习惯养成，熟练到成为自然的地步，相信必然愉快、自在，同样地充满了趣味。

第二部分

实　践

改变命运的目的,在追求成功。然成功之路,唯有一步步地走出来……

第一章　认识成功

一、成功的意义决定个人的价值观

价值观是我们用来衡量事物和行为的标准。

那么,请问:成功的意义是什么?

对于这个问题,如果答案不明确,不知道为了什么,只知道拼命向前,盲目地全力追求。那种自己也弄不清楚的东西,等待年华老去,才发现目标偏差,就会后悔不堪,甚至死不瞑目。

要明白什么叫作成功,最好先从人生的目的着手。尽管每一个人的人生目的不太一样,但是,完成人生目的,即为成功,不能完成人生目的,说起来便是不成功。

而人生的目的又是什么?也是众说纷纭。比如:

有人说,人生的目的,是死后荣登天国,到天堂过着美满的生活。这种说法,偏重死后的未来世界。具有这种念头的人,比较有宗教倾向。

有人说,人生的目的,在求取快乐。而人的感觉,一般说起来,有"痛苦",有"快乐",也有"不苦不乐"。人生的目的,即在避开痛苦,求取快乐。"花开堪折直须折,莫待无花空折枝。"只要能够快乐,不可轻易放过。这是一些人的苦乐观。

那么,什么才是真正的快乐呢?一般人所追求的身安、厚味、美服、好色、音声,庄子就不以为乐。他认为真正的快乐,应该是精神上的宁静。

于是有人说:人生的目的,是以公众的快乐取代个人的快乐。己所不欲,勿施于人。大家快乐的事情,可以多做;利己害人的事,绝对不能做。

英国哲学家边沁(Jeremy Bentham)主张以最大多数人的最大快乐,作为人生的目的。他认为快乐是可以计量的，分别从强弱、久暂、迟速、众寡、连续与否、确否实在以及有无痛苦的成分在内七种因素来衡量。不过他所能计算的快乐，实际上大多偏重在物质方面，好像功利的味道十分浓厚。一个人如果处处盘算自己所能获得的快乐，他果真能够真正的快乐吗？

有人主张苦修才是人生的目的，从禁欲、苦行当中，求得精神上的解脱。

也有人认为一切凭良心，择善固执，无论所言所行，都合乎道德标准，才是人生的最终目的。

有人热心改造自然，有人倡导改善社会，也有人致力发扬文化，认为这些才是人生的目的。

关于人生的目的，各有不同的看法的人讨论得十分热烈。但是，一般说来，中国人普遍认为："人生的目的，在求心安理得。"请看：

孔子一辈子辛苦，说的道理未必为当权者所接受，死后还遭受过无情的批判，但他心安理得，堪称大圣人。

岳飞、文天祥、史可法的成功，并不在他们的事功，实在是他们求得心安理得。

郑成功可以说在事业上也没有成功，我们肯定他的成功，事实上也是看到他已经心安理得了。

因此，我们追求成功，最好以心安理得为先决条件。在无所愧怍的大前提下，来求取成功，才具有价值。

而在春秋时期，叔孙穆子提出三不朽的说法，他说："太上有立德，其次有立功，再次有立言。"从此，立德、立功、立言，便成为人们追求的目标。任何人只要完成其中的一项，都算是大成功。

除了以上这些实现了人生目的便是成功的种种说法以外，还有一些关于成功的见解，例如：

(1)拥有良好的健康，就是成功。

(2)得到亲密的朋友，可以推心置腹，便是成功。

(3)受到完备的教育，成就非凡的事业，便是成功。

(4)支领高薪，工作愉快，而且家庭幸福，就算成功。

(5)心境平安，无牵无挂，一切都看得开，才叫成功。

(6)达到预期的目标，就是成功。

(7)提高生活品质,拥有洋房、轿车、娇妻,才能谈得上成功。

(8)婚姻美满,事业发展,身体健康,才是成功。

(9)服务社会,做出重大贡献,就是成功。

(10)善于督促自己,使自己出人头地,便是成功。

此外,信仰上帝的人,可能认为“活在上帝心中”,才是真正的成功,因为,“没有圣灵的引导和力量,成功是遥不可及的”。

佛教徒希望“活在佛陀心中”,回教徒期望“活在安拉真主的心中”,同样认为这样才算成功。

美国民意调查权威盖洛普博士的儿子,则坦诚地指出:“为成功下定义,无论就成功者或凡夫俗子而言,都是件吃力不讨好的事。”不过他也认为,“一个人在某方面感到有所成就,有一种如愿以偿的感觉,才算是成功。”

事实上,这些观点多少都触及成功的一部分。每一种说法都对,但都没有包含成功的全部。

回头想想中国人的通俗说法:人生的目的,在求心安理得。我感到的确很有道理,唯有心安理得的成功,才具有追求的价值。凡是有愧于心的成功,愈成功愈可能遗臭万年,千万要小心提防。

时时以心安理得为念,在毫无愧怍的大前提下,妥善地处理每一件事,只要有头有尾把它做好,便是成功的一个基点。不断累积这些成功的小基点,积少成多才是有价值的成功。

二、不断学习以自我提升获得成功

古人就说:活到老,学到老。意思是随着年龄的长大,所需要的知识愈来愈多,只要多多学习,就能够开卷有益,得到很大的好处。

现代则更主张终生学习。原因是现代快速变迁,有一些知识,过一段时间就被修正。如果不及时调整过来,势必遭遇很大的困难。不断学习,对现代人来说,实在十分重要。

而学习的目的,在自我提升,因为自我提升是成功的必要途径。成功是可以学习的,而且非学习不可。

人生的本相,好像一个圆锥体。愈靠近底层的部分,愈和一般生物相同,都是为了吃饭和传宗接代。人生的“生”字,似乎就是“生存”和“生殖”。

但是,人之所以为万物之灵,在圆锥体除了底层之外,还有尖顶的一段,那就是“体面的吃饭”和“优生的遗传”。同样吃饭,要比一般动物吃得更体面;一样传宗接代,也要比一般动物,更懂得优生,使一代比一代更优秀。如图所示:

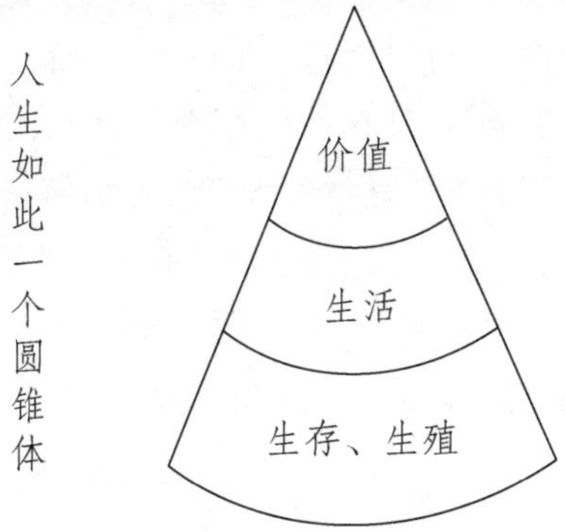

因此,人们的所谓成功,其实就是从圆锥体的底层,逐渐向上提升,使自己到达尖顶的一种过程,也可以说是由兽性的人生,走向神性的人生。

这种自我提升获得成功的过程,是不可能平白从天而降的,必须充分自觉地、有一个正确的、利己利人的目标来指导,并且有计划、有方法地使其顺利达成才行。

这种由自觉、目标到完成的成功过程,不但可以学习,而且应该努力学习,才能确保其成果与品质。

人能“自觉”,是人类与动物的最大差异。人通过学习,获得正确的自觉之后,进一步设置人生目标,拟订计划、讲求方法、培养态度,并且切实施行,成功就比较有把握。

有人喜欢把不能成功的过失推给“命运”。不错,这是很好的借口,却是不正确的借口。

中国人常说:一命二运三风水四积阴德五读书。很多人误解为一最重要而五最不重要,实际上则是五最要紧。读书明理、一切按照道理去做,自然会成功。如图所示:

人定胜天 ↓

一命
二运
三风水
四积阴德
五读书

天定胜天 ↓

成功是有道理的，有轨迹可循的，因此是可以学习，而且必须用心学习的。

从目标的建立，到成果的确保，都有一些值得学习的法则，不容忽视。

失败的人，主要原因在不学习。这些人既不学习如何正确地选择，也不学习怎样有效地调整。一天到晚，埋怨自己也责怪别人，当然不可能获得成功。

如果经由学习，导引出正确的自觉，并且明白选择合适的目标，寻找合理的途径，尝试有效的方法，自然可以迈向成功的大道。

三、为自己重新做一份规划

生活在现代社会里，成功好像是人生的唯一价值。父母期盼子女成功，师长希望学生成功，而整个社会，更奖励大家“只许成功、不许失败”。

在这种大环境下，人如果只求成功，却不择手段，不但对社会大众没有好处，反而会招来可怕的灾祸。

把威胁、利诱、狡诈、欺骗，当作成功的手段，以暴力、偷窃、绑架，作为成功的途径，结果害人害己，引起社会的不安，绝对不是正确的方式。

要成功，必须依循正确的法则。生涯设计，应该是相当重要的观念。

为了更有把握，更早获得成功，必须及早做好计划。而这时的生涯设计，可以说是比较完整的成功计划。

现在，我们拿早成功不如晚成功作为验收成果的目标，也就是在个人生涯设计时，以“有生之年必须成功”为设计的依据。

一般认为，人的一生，刚出生为新生儿期，出生后第二个星期到一岁为婴儿期，二到十三四岁为儿童期，十五至十八岁为少年期，十九至三十九岁为青年期，四十到六十岁为中年期，六十岁以后则进入老年期。

如果按照人们为成功而奋斗的历程，大致可将人生分为五个阶段，即十五岁以前为探索期，二十五至三十岁为尝试期，三十至四十岁为建立期，四十五

至六十五岁为持续期,六十五岁以后则为衰退期。如图所示:

- 人生五阶段
  - 探索期
    - 15 岁以前,
    - 最好在安全范围内多方探索,
    - 大多用来摸索各种事物。
  - 尝试期
    - 25 至 30 岁,
    - 多方尝试错误,
    - 由经验求改善。
  - 建立期
    - 30 至 40 岁,
    - 建立自己的若干基本原则,
    - 着手持经达变。
  - 持续期
    - 45 至 65 岁,
    - 把自己的基本原则实践出来,
    - 凡事不违背自己的原则。
  - 衰退期
    - 65 岁以后,
    - 可以放心地放轻松一些,
    - 尽量做到从心所欲而不逾距。

人的一生,迟早要成功,应该相当合理。一个人少年时要多听、多看、多想。到了三十岁时,确立一些原则,从此据以奋斗,必定可以看见初步的成果。把三十六岁以后,作为成功的年龄,相当符合身心双方面的需求。

那么什么时候开始计划呢?答案是,“现在就要开始”。

新生儿和婴儿,由父母代替设计,做出很多影响一生的选择。“命”的力量,在这一段时期比较显明。父母正确的选择,表示婴儿的命比较好;父母胡乱选择,证明婴儿的命并不好。

儿童期刚开始的时候,仍然十分依赖父母。三至六岁,儿童为了适应外在环境的各种压力,建立了一些个人特质,包括控制与攻击的能力,正面与负面的自我意识,智力的发展基础,以及若干偏见。父母能不能适当地辅导儿童,找出适应的合理方式,养成良好习惯,实际上已经奠定了儿童人格健全或不健全的基本构造。

六至十二岁接受国民教育，一方面培养国民道德，训练身心健康，另一方面学习生活必需的知识技能，以求德、智、体、群均衡发展，使身、心、手、脑并臻健全。

中学阶段，常常觉得自己游移在儿童与成人的行为思考模式之间，并且开始花时间来思考婚姻、未来的职业、宗教以及道德等相关问题。

十五岁以前着手设计自己的生涯，当然十分理想。宋朝谢良佐先生就说过：“人须先立志，志立则有根本。譬如树木，先有根本，然后才能栽成合抱之木。”一个中学生将来的为人处世，总不能没有一定的方针和目的，否则有如失去罗盘针和方向盘，却在狂风暴雨之中航行，必然无法成功地登上彼岸。

中学毕业的时候，有了确定的志向，便可以自主地选择“升高中”“考高职”或者“选职业”，不致懵懵懂懂，考上什么读什么，走到哪里算哪里，浑浑噩噩，毫无目的，来日的成功，又怎么敢于预期？

一个人愈早规划生涯设计，成功就愈有把握。如果现在已经年过十五岁，仍然未能“志于学”，那么赶快设法补救，愈早规划生涯设计，成功愈有希望。

想一想这一辈子要怎样过，现在就开始，勾画出自己的远景，然后全力以赴。

儿童在三至六岁，已经建立了人格健全或不健全的基础。六岁以后，想要矫正错误的知觉、动作、情绪、智力的发展很不容易。但是由于害怕困难而放弃矫治，乃是“认命”的不负责任的态度。

十五岁应该立定志向。如果过了十五岁而未定，就宣告时间不能回头而不予补救，同样是不负责任的想法。

别人十五岁以前就立志了，我现在赶快立并不算晚。别人一下子就把坏习惯改过来了，我痛下决心，必然也能够矫正以前所犯的错误。

成功，就是这样辛勤得来的。

十五岁立定志向，努力进德修业。十八岁进入自己理想的大学，遵守校规、用功读书、尊敬师长、留意国情、健全人格。二十二岁毕业，服完兵役，找到合适的工作，继续多听、多看、多思考，三十岁左右，成家立业，并且确立若干为人处世的原则，从此择善固执，不屈不挠，最好能够一往无前，愈挫愈奋，再接再厉必能成功。

大学毕业,若是觉得学不足以立业,有继续深造的必要,就攻读硕士、博士。这时边学边做,三十岁左右,照样可以成家立业。

根本不考高中,十五岁就选定了自己未来所乐意从事的行业,接受高职教育,提前就业,然后利用时间,修习空中大学课程,充实自己,甚至获得学位。再持续努力,也可以成功。

人生有许多条路可以走,条条大路都有成功的可能。最主要的因素,在于自己的正确选择。不怨天、不尤人,慎重地学习成功之道,才是确保自己"有生之年必能成功"的有效方式。

成功的有效之道,在兼顾各方面的成就。

什么是有效的成功之道呢?答案相当分歧。

有人强调动机,认为积极追求成功,具有很大的震撼力。

有人重视信心,主张相信有志竟成的人,终会获得成功。

有人讲究方法,倡导合理合法的手段,以求取成功。

更有人注重步骤,认为大多数人都有成功的潜能,只要采取合理的步骤,人人都可以成功。

当然,也有人举出幸运、家族、贵人、信仰等因素,列举出不同的成功之道。

我们的原则是"兼顾"。唯有面面俱到,顾虑得周全一些,才能确保有生之年必能成功。

"兼顾"的意思,是不要把自己的成功,像赌博似的,孤注一掷地押在某一个数字上面。押对了,固然获得成功。万一押错了,岂非前功尽弃,不能成功了吗?

经济学家告诉我们,不要把所有的鸡蛋都集中放在一个篮筐里。我们也不应该把自己的成功集中寄望在某一方面上。

本书不打算提出一些成功的快捷方式,因为"成功根本没有快捷方式"。

我们衷心期望,大家都能按部就班,在"心安理得"的大前提之下,从成功的基础、目标、条件、方法、秘诀、机缘、枢纽、良药、途径以及保障等方面,采取全包抄的态度,务求"有生之年必能成功"。成功的要领如图所示:

心安理得 [基础、目标、条件、方法、秘诀、机缘、枢纽、良药、途径、保障] →成功一生

心安理得	基础 目标 条件 方法 秘诀 机缘 枢纽 良药 途径 保障	→成功一生

第二章　改变命运十大要则

一、第一步：洞识力——保持更清楚的头脑

头脑不清楚，就不可能成功。

有许多人不能成功，原因在于：头脑不清楚。

现代信息发达，知识的来源丰富。无论电视、广播、新闻，乃至形形色色的杂志、书籍，到处都可以获得知识。说现代人具有更多的知识，是不争的事实；如果因此便认定现代人成功的概率更大，却未必如此。

为什么呢？因为"头脑清楚，知识越多越好；头脑不清楚，知识越多越糟"。

人是观念的动物，具有什么样的观念，就会表现出什么样的行为态度。

头脑清楚，其实就是观念正确。头脑不清楚的人，往往装着一些不正确的观念，有时还会表现出若干怪僻的言行，令人难以接受，自然也得不到别人的认同和支持，那就不容易获得成功了。

观念正确，才能够恰当运用知识，这样，知识越多越好。现代人主张知识经济，实际上更需要保持清楚的头脑。我们把头脑清楚，列为成功的第一要项，便是居于现代知识十分普及的情况，特别提醒观念正确的必要性。

头脑清楚，才能运用知识。

知识好比肥料，用来栽培清楚的头脑，肥料下得适当，头脑越清楚。若是拿来栽培不清楚的头脑，恐怕肥料下得越多，头脑越不清楚。

头脑清楚的人，表现出良好的洞识力，能够明白地看出，哪些知识是"合乎自己使用"的，而哪些知识显然"不合乎自己的标准"。

我们常说现代是多元化社会，意思是"什么话都有人讲"，而且"什么事情都有相当的道理"。处在这种"好像没什么是非"的环境中，一切判断，不得不

以自己的主观标准来衡量。这种相当主观的衡量标准,若是来自清楚的头脑,结果可能会很正确;万一来自不清楚的头脑,后果也往往不堪设想。

相传吕洞宾下山,有意寻觅不慕富贵而能够传道的弟子。他遇见一位年轻人,随手点石成金,要送给他,这位年轻人不愿接受。再用手指点更大的石头,变成更大的金块,年轻人仍旧不要。再点一山,成为大金山,年轻人还是无动于衷。吕洞宾以为这年轻人不爱黄金,便问他要什么,想不到年轻人回答:"我不要点成的金,我要你那点金的指头。"

要头脑清楚,必须先认识自己。

如果从"指"比金更重要来看,这位年轻人的头脑十分清楚。知道要点石成金,必须先具备那个能点金的指头。然而,若是"不爱黄金爱指头",显示他"贪求无限的黄金"来看,这位年轻人贪得无厌,正是"头脑不清楚"的表现。

可是头脑清楚不清楚,也具有"层次性"。真正头脑清楚的人,首先明白"人希望成功,必须逐渐提升自己的层次",使自己表现出高层次的洞识力,才是头脑清楚的证明。

清楚的头脑,乃是成功的基础。吕洞宾的指头十分可贵,然而我们再羡慕,也不能想要他的指头。要"金"的人,固然头脑不清楚;求"指头"的人,头脑又何尝清楚?

要头脑清楚,先认识自己。成功的基础,在做好六件事,如图所示:

成功的六大要件
- 理清自己的观念
- 了解自己的性格
- 调查自己的习惯
- 培养自己的兴趣
- 判断自己的能力
- 确定自己的理想

◇理清自己的观念

定期清理自己的脑袋。

任何人从出生到现在,不断地把各色各样的观念,堆积在自己的脑袋里;如果从来没有整理过,怎么能够期盼有一个清楚的头脑呢?

请看一看自己所使用的抽屉，若是经过一段时间，不加以整理的话，会不会产生下面这几种现象。

(1)堆得乱七八糟，每次想要拿什么东西，都要花费许多时间，翻来翻去，有时候还找不到。

(2)有一些好东西，被长久压在底下。压坏了，变成不能用。

(3)新的、旧的堆在一起，有时候拿到旧的，反而不会去找新的，却不见得适用。

反看我们自己的头脑，像不像一个长期没有整理过的抽屉，里面什么东西都有，只是乱七八糟，根本没有头绪？

抽屉需要定期整理，仓库需要定期清理。难道人的头脑，就不必花费一番心思，来加以整理？

树立正确的成功观念。

整理头脑，主要在理清自己的观念。我们提供一些正确的成功观念，如图所示，供大家参考：

成功的正确观念：
- 必须采用合理的手段，不可从事无情的竞争。
- 志向深长远大，把握去我去私的原则。
- 知命而不认命，心理选择成功的目标。
- 在人群中成就自己，才能获得综合性的满足。

(1)成功固然是必要的，但若是盲目鼓励无情竞争，显然会促使道德败坏。如果再以金钱作为衡量成功的唯一标准，那就更加令人忧虑。

因此，追求成功，务必注意手段的合理合法。任何不择手段以求取成功的念头，都应该毫不犹豫地予以扬弃。

衡量成功的标准，不能限于金钱或其他物质或财富，应该兼顾精神和健康等方面，以免过分看重某一种因素，而迷失了自己。

(2)人无志不立，但是志向必须深长远大，去我去私，不为个人打算，不为少数人，更不可害及别人。凡事多问应该不应该，凡是认定应该做的，就要择善固执，不屈不挠，不成功誓不罢休。

立志的最高原则，最好是做大事，而不是做大官、发大财。为了做大事而升官发财，是好事情。为了升官发财而不择手段，什么事情都敢做，那就不是什么好事情。必须提高警觉,及早加以避免。

立志做第一等人,第一等事。大家一本所学,立志为社会做一番事业,这才无愧于心,心安理得。

(3)人应该知命,却绝对不可以认命。我们之所以不能成功,并非由于上天的安排,而是因为我们自己不想成功。只要不违背老天的旨意和社会的法则,我们都有权利选择成功的目标,凭着我们的努力,也必然能够成功。

失败的人常常埋怨命运不济,成功的人才知道一点一滴,都是努力的成果。可见努力能够改变命运,甚至创造命运。

(4)真正的成功乃是一种内心满足、快乐和自我实现的综合感觉。美国人重视个人的成就,日本人重视团体的荣誉。我们中国人,通常不在个人和团体这二者之中选择其一。我们会把个人和团体合在一起想,走上在团体中成就个人的大道,也就是我们常说的"在人群中成就个人",不是只顾自己不顾别人,不是采取西方式的那种跃进的征服态度。因为我们十分了解,只有在团体中互助,获得大家的协助,个人才可能有大的成就。

时下的风气,却逐渐倾向于个人的表现,凌厉而带有侵略性。动不动就令人下不了台,或者没有面子。这种作风,并不能以德服人,仅能得到表面上的成功,殊不足取。

为什么龟兔竞走的故事,中国人主张以龟为师?用意在提醒我们,诚诚恳恳,一步一步循序渐进,只要不间断,自然有成功的一天。现代人希望快餐式的成功,经常引起"聪明反被聪明误"的悲剧,实在得不偿失。

(5)财富和地位只是成功的副产品,却不是成功的全部。自己有成就感,也应该让周围的人,自发地觉得十分快乐。这种能够共同分享的成功,兼顾团体和个人,才值得追求。

成功与良好的人际关系同等重要,缺一不可。良好的人际关系不能带给我们成功,真正的成功却必须包含良好的人际关系。因为人际关系失调,成功就带有严重的缺陷。

(6)与其早成功不如晚成功,与其晚失败不如早失败。不要盲目要求尽早成功,以免过早的成功使自己骄狂,从而种下日后失败的恶因。不要害怕失败而不敢尝试,以免过度紧张而失去成功的机会。

◇了解自己的性格

从了解自己的性格着手。

人的命运,其实就是自己的性格。有什么样的性格,就会造成什么样的命运。

性格决定一个人适应环境的方式,包括怎样了解自己,怎样影响他人,对自己有怎样的看法,以及具有哪些特质等。

人的性格,受到遗传、环境和情境三方面的影响。一个人的身高、容貌、性情、性格、肌肉成分、体能状况,接受父母的遗传。而早期的家庭状况、居住地的文化、所处的环境,以及各种经验,都是塑造性格的重要因素。至于情境,则能够增强遗传和环境对性格的影响力。

检讨自己的性格,属于哪一类型。

有一种"工作匹配理论",将人的性格,分成六种类型,如图所示:

性格六型
- 实际型
- 探究型
- 社会型
- 传统型
- 企业型
- 艺术型

每一种类型的性格,都有其合适的职业。兹将性格与工作的匹配,列举如下:

(1)实际型——比较务实、踏实、肯干,但是需要增强技巧、力量和协调。选择职业以农业、林业、建筑业为宜。

(2)探究型——做事常常受到感觉和情绪左右,需要加强思考、组织和了解的活动。选择职业以数学、生物学、新闻报道为宜。

(3)社会型——重视人际关系。选择职业以社会工作、侨民服务、临床心理学为宜。

(4)传统型——喜欢依循有规则的活动。选择职业以会计、财政、法人团体的管理为宜。

(5)企业型——重视以言语影响他人,获取权力和地位。选择职业以公共关系、法律、中小企业管理为宜。

(6)艺术型——重视自我表达,艺术创作,或情绪活动。选择职业以音乐、艺术、写作为宜。

人与人之间确实有性格的差异,如何了解自己的性格,据以选择适合自己的职业,对于成功的影响很大。

●艺术型的人,从事音乐、艺术或写作,成功的概率较大。选择探究型、社会型所匹配的职业,比较相近。从事实际型、企业型所匹配的工作,并不合适。而选择传统型所匹配的职业,最不适当。

●实际型的人,从事农业、林业或建筑业,最容易获得成功。选择探究型、传统型所匹配的职业,比较相近。从事艺术型、企业型所匹配的工作,并不合适。而选择社会型所匹配的职业,显然最不恰当。

●企业型的人,从事公共关系、法律、中小企业管理,成功的概率较大。选择传统型、社会型所匹配的职业,比较相近。从事艺术型、实际型所匹配的工作,很不合适。而选择探究型所匹配的职业,很难获得成功。

●探究型与实际型、艺术型相近,与传统型、社会型较远,而与企业型最不相似。

●社会型与艺术型、企业型相近,与探究型、传统型较远,而与实际型最不相配。

然而要确定自己属于哪一种性格?却不是一件容易的事。

有人主张“从面相来了解人的性格”。把脸分成上、中、下三部分,上部包括眼睛和额头,中部包括颊骨和鼻梁,下部包括鼻梁下端和整个下颚。认为上部为知性部分,表现出一个人对事物的理解能力;中部为感情部分,代表对家人的爱情和对子女的喜爱;下部则为适应部分,表现出一个人与本能欲望的关系,以及自然的活动性。从脸部的上、中、下哪一部分特别突出,来判断自己的性格。

有人则认为从脸部的左、右两半的不相称,可以看出人的性格。左半部代表社会性格,而右半部表现内在性格。

有人主张从手相看性格,也有人认为笔迹是精神的表现,可以从笔迹当中,看出人的性格。这些都有待进一步证明,只能参考而已!

比较妥当的做法，是请教高明。

分析自己的性格，最方便而可靠的方法，莫过于请教父母、师长或亲朋好友，或者到各种相关单位，做一些职业性向测验。因为父母、师长对我们的性格多半十分清楚。而性向测验这类科学方法，当然比算命或道听途说更能帮助我们了解自己的性格。

◇调整自己的习惯

从习惯来判断自己的性格。

性格比较不容易判断，习惯却比较明显，也看得出来。当我们经常重复同一经验时，我们便知道：自己有这种习惯。把过去所经验的反应方法和行动方式，表现在眼前，就叫作习惯。

要想改变自己的命运，就应从改变自己的性格着手。而要改变自己的性格，最好调整自己的习惯。

习惯有好的，也有坏的。我们所要调整的，乃是不良的习惯。这样，不仅可以摆脱自己不喜欢的事情，还能使自己减少成功的阻碍，有利于如期获得成功。

找出自己的不良习惯。

下面六种形态，都是不良的习惯：

(1)对身体有害的习惯。吸烟、暴饮暴食、吸毒、酗酒，明显地伤害自己的身体。长期压抑愤怒，也会造成生理上的伤害。

(2)会激怒别人的习惯。喜欢敲打桌子，经常发出嗯嗯哼哼的声音，讲话之前用力清喉咙，老是希望受到别人的恭维，随便用手推扯别人。

(3)自己不喜欢的习惯。咬指甲、抓头发、打哈欠、挖鼻孔、扯衣服、捏手指，以及一切影响观瞻的动作，如果自己并不喜欢，最好改掉。

(4)自己不赞成的习惯。泄露别人的秘密、背后议论他人的是非、随手拿取别人的东西、浪费公物、践踏草地、随手丢弃废物、扯谎等抵触自己道德标准的行为。

(5)对自己不利的习惯。到时间一定要吃饭，吃不到就发脾气；不停地问人家现在几点钟；不管大家在做什么，坚持自己既定的生活规律。

(6)会影响效率的习惯。说一些口头禅,花费精力做一些毫无益处的动作,说一些没有意义的话,做一些无聊的事,不仅浪费时间,而且可能惹麻烦,最好赶快加以破除。

下决心革除自己的不良习惯。

习惯是重复出现的行为,如果不下定决心改掉坏习惯,就会不断地继续下去。破除不良习惯的方法,温柏(George Weinberg)博士提出三大步骤,简单说明如下:

(1)分析自己的习惯。依据上面所列举的六种范围,把自己的坏习惯找出来,并且花一个星期,好好观察这些不良习惯是怎么运作的?

(2)了解自己的习惯。观察自己在什么时候出现这些坏习惯,包括大概是什么原因引起的?在这个时候,通常和哪些人在一起?他们给自己怎样的感觉?

(3)调整自己的习惯。在观察和了解坏习惯的那一个星期中,继续原来习惯的冲动会逐渐增强,这是许多恶习无法革新的主要原因。为了确实调整自己的习惯,必须把握下面三大法则:

法则一:当决心根除一个习惯的时候,要马上全部停止这种行为,不要逐渐减少次数。

法则二:尝试革除一个习惯时,任何一个涌现在心头的自我反省,都应该仔细加以斟酌。

法则三:一旦感觉到这个习惯发出的冲动,就要勇敢地承认,并且不要苛责自己。这时候可以想象自己变成一个崭新的人,这种冲动不过是暂时的反应而已,很快就会有所改进。

最要紧是立即行动。

调整习惯的时候,如果觉得旧习惯的冲动十分强烈,可以自己问一问下面的问题:

(1)为什么还想做这个不好的习惯?

(2)不做这个习惯,会失去什么?

(3)放弃这个习惯,有什么伤害?

(4)别人会怎么说我呢?

(5)可能会发生哪些可怕的事情呢?

(6)目前的状态,使我想起过去的什么?

温柏博士告诉我们,同时消除五个坏习惯,比一个一个消除来得容易。要求成功,最好把自己的不良习惯,一齐找出来,下定决心一次把它们调整过来。

◇培养自己的兴趣

有兴趣就容易成功。

梁启超先生说他是一位兴趣主义者,主张“凡人必常生活于趣味之中,生活才有价值”。他觉得天下万事万物都有趣味,只嫌一天二十四小时不能扩充到四十八小时,不够享用。他一年到头不肯歇息,问他忙些什么?忙的是他的趣味。他以为这便是人生最合理的生活,也常常想劝别人过同样的生活。

凡属趣味,梁先生一概都承认它是好的。然而,什么是趣味呢?他说:“凡一件事做下去不会生出和趣味相反的结果的,便属趣味的主体。”赌钱趣味吗?输了怎么样?喝酒趣味吗?病了怎么样?做官趣味吗?没有官做了怎么样?跳舞趣味吗?不跳的时候呢?诸如此类,虽然在短暂的时间内好像有趣味,结果,却经常闹得很没趣。梁先生认为这些事情,都不能算是趣味。

那么,趣味是什么呢?他主张趣味的性质,总要以趣味始,以趣味终。所以他认为劳作、游戏、艺术、学问才是趣味的主体。

他特别声明,不是用道德观念来选择趣味。他说:“我不问德不德,只问趣不趣。我并不是因为赌钱不道德才排斥赌钱,因为赌钱的本质会闹得没趣,闹到没趣便破坏了我的以趣味始以趣味终,所以排斥赌钱。我并不是因为学问是道德才提倡学问,因为学问的本质能够以趣味始以趣味终,最合乎趣味主义的条件,所以提倡学问。”

任何工作,如果能够以趣味始以趣味终,当然容易获得成功。但是一般人对于工作,总是抱着“不得不做”的心情,似乎提不起兴趣,以致很不容易成功。

培养兴趣有四条大路。

好在兴趣是可以培养的,依据梁启超先生的提示,培养兴趣,好像有下面几条路可以走,我们先做一番说明,后面还会有更加详细的引述:

(1)无所为。培养兴趣的重要条件是“无所为而为”。凡是有所为而为的事情,都是以另外一件事为目的,而以这件事为手段;为了达到目的,勉强用手段,目的达到时,手段就被抛掉。例如,学生为毕业证书而读书,工人为工资而工作,歌手为赚钱而唱歌,虽然有时也可引起兴趣,但是真正发生兴趣,必定要和“有所为”脱离关系,为游戏而游戏,为生活而生活,为工作而工作,才有真正的兴趣。如果为了分数而游戏,为竞争而生活,为赚钱而工作,那就没趣了。

(2)不停息。人体的某一部分搁久了不用,那一部分就会麻木、会生锈。十年不走路,两条腿一定会废了。每天跑一小时,如果有一天不跑,腿便会发痒。人类原是习惯的动物,任何事情做习惯了,就会产生兴趣;久久不停息,便叫作上瘾。多花一些时间,不停地去做,很快就培养出浓厚的兴趣。

(3)要投入。兴趣总是慢慢来的,越引越多,越深入越有兴趣。譬如倒吃甘蔗,愈往下才愈觉得甜。从事任何活动,不要存心消遣。缺乏研究的精神,兴趣就引不起来。选择合适的工作,一层一层地往里面深入去研究,一定会欲罢不能,产生很大的兴趣。

(4)找朋友。兴趣和电一样,愈摩擦愈能产生。不停息和用心投入,是靠自己和工作相摩擦。万一自己停摆,发电力就会变弱。如果能够找到一些志同道合的朋友,一起摩擦,彼此切磋,大家都有兴趣,对大家都有助益。

成功的基础,就是找一份自己喜欢的工作,然后努力去做。不要过分期待未来的成果,反而应该培养出浓厚的兴趣。不喜欢工作,缺乏兴趣,一天到晚企盼着成功早日来临,那是毫无道理的。

有些人刚开始工作十分热心,但很快就借故停止不做。这种缺乏工作热忱的人,做到哪里就算到哪里,不可能成功。缺乏工作热忱的主要原因,即在提不起兴趣。唯有兴趣浓厚的人,才能够保持非成功不可的决心,好像开始掘井,一定要掘到井水涌现为止。

◇判断自己的能力

能力的定义。

真正的能力,应该包括“才能”与“品德”。狭义的能力,则偏重于才能,而把品德修养,看成另外一种项目。

才能,指办事的方法和思考的能力,亦即不但能做,而且要能想。能想能做的人,当然具有才能。

品德,指言行合理和光明磊落的节操,前者表现于平时,而后者往往要危急时才能显现。有些人言行合理,却在危急时不知所措,做出令人失望的行为。有些人由于特殊的需要,平日言行不见得合理,危急时表现出崇高的节操,大家才恍然大悟,原来他是这样的伟大。

自古以来,有才能的人,品德修养不一定好;而品德良好的人,才能也未必就高。由于才能与品德很难兼备,所以把它们划分开来,而且逐渐轻品德而重才能,造成今日社会的不安宁。

品德是成功的重要因素。

成功的人,必须品德重于才能。请看谭延闿先生和汪精卫先生的书法,很多人都认为汪体并无不及谭体,但是学习书法的人,却只有学谭体而没有自称为汪体的。汪精卫先生的才能,相当令人钦佩。他的品德由于晚节不保,被大家视为不值得尊敬。因为品德不够理想,连带把他那书法的才能也一笔勾销了。

品德方面,我们建议以"自己是不是父母的好子女"为考察的起点。为人子女是做人的第一种角色,如果扮演得不好,其他的角色,还能够期望自己扮演得好吗?

陈大齐先生曾经感叹"为子不易"。他说:"一个人呱呱坠地,自然而然成了父母的子女,在子女本人没有什么不易。饥了,父母会为之供养;冷了,父母会为之供衣。及稍长大,父母仍会为之供给衣食。即使家庭经济状况不佳,有饥寒之虞。焦心苦虑的,是父母,不是子女。及再长大,找不到工作,得不到温饱,这是生活的不易,仍不是为子女的不易。"那么,为子不易,指的是什么呢?"在物质方面,要使父母不愁匮乏;在精神方面,要使父母经常欢乐。这已经不是很容易的事情了。还要更进一步,做出些光耀门楣的事业,使亲友们见了你的父母,都会称赞一声好福气,这更非易事了。"

看看今天那些不成功的人,是不是"只晓得托父母的余荫,在家舒适过日子,出外莽莽撞撞,仿效太保太妹的行径"呢?可见按照做子女的道理,来修养自己的品德,是多么重要。做好子女,并不是"只要听话,顺从父母就好了"。古人说孝,单用一个"孝"字,不用"孝顺"这个复词,可见真正的孝,必须明辨"可顺"与"不可顺"。陈大齐先生认为"只可顺从其可顺从,不当顺从其不可顺从",如果连不可顺从的,也一并顺从,那么转而成为不孝。

判断能不能顺从父母,成为考察自己才能的第一步。拿什么标准?用什么方法?采取什么态度?都要能想也能做。如果"连基本的子女都做不好",还侈谈什么成功?

激励品德要有标准,要讲求方法。

荀子的标准,一共有下述三点:

第一,以父母的安危为标准。能安可从,可能危即不可从。

第二,以父母的荣辱为标准。凡有助于父母的荣辱的,可从。可能辱及父母的,不可从。

第三,以命令的善恶为标准。能够致善的,可从。可能为恶的,不可从。

方法呢?先"谏"后"争"。不能够顺从的时候,要怡色柔声地劝阻,不可疾言厉色地指责。如果不能被采纳,则比谏更进一步,要争,也就是"不听便不休"的意思,想办法一劝再劝,务必把父母从不义中救出来。

采取的态度,可从的必须遵从,不应该躲避;不可从的,要合理地坚持。实在没有办法的时候,偶尔阳奉阴违,亦无不可。陈大齐先生说:"原属不道德的欺骗行为,不应施于父母,但不得已而偶一为之,亦未尝不是权宜的办法。例如,父母嘱走内线或送红包,以猎取高位厚禄,坚拒不从,引起父母的愤怒,损及其身体的健康。不若诡称已走内线而走不通,已送红包而未被接受。虽令父母失望,尚不致因愤怒而损及健康,亦不致因遵从而招来耻辱。"

品德与才能的判断,本来十分抽象而不够客观。现在从"自己有没有做好子女"来判断,比较容易获得具体而客观的结果。真正成功的人,必须首先通过这种判断。否则有一天,会悲伤地发现自己的成功,并不实在。

这种有没有做好子女的判断标准,看起来很复杂,实际上却十分简单。只要反问自己:"我的心目当中,是不是时时刻刻,有父母的存在?"做任何事情,都会想起父母,生怕引起父母的担忧、伤心,那就是好子女。现在很多青少年的问题,说起来就是由于心目中根本没有父母的存在,才敢这样胡作乱为。

◇确立自己的理想

增强自己的洞识力。

一个人理清自己的观念,了解自己的个性,调整自己的习惯,培养自己的兴趣,以及判断自己的能力,无非想得到清楚的头脑,以便正确地建立自己的理想。

无论什么人,都希望自己能过着家庭美满、事业顺利、身体健康、精神愉快、经济富裕、没有烦恼的生活。然而,在这些共同理想的达成中,每一个人所要求的境界,仍有不同。

有一天,孔子在放学以后,和他的两位弟子颜渊、子路随兴交谈,孔子要他们说出自己的理想。

子路说:“如果我能够在政界取得要职,有车、马、衣、裘,我会拿来和朋友共享,即使被用坏了,我也不感到遗憾。”

颜渊平静地说:“我希望有一天对国家社会有贡献时,能够做到不夸耀自己的才能,不夸大自己的功劳;对于分内的事情,都始终能够虔敬地去完成。”

最后孔子说:“我希望能让年老的人,都得到奉养,过着安乐的生活;朋友之间,都能够诚信相处,不互相猜疑;年少的人能得到适当的教养,并且能够感怀亲德。天下的人都各得其所,处处祥和。”

子路在心理上,把他的朋友都当成不如自己的人,是不是显得过度自负?

颜渊不夸长处,不过分膨胀自己的功劳,就今天的眼光看起来,已经十分难得。但是他仍以自我为中心,在潜意识中,“我”的分量还是很重。

孔子无我的境界,以他人的安身为自己奋斗的理想,实在是人生最高的理念。

我们当然不敢寄望所有的人都以孔子的理想为准则。因为理想如果不是发自内心,那是有声无力的东西。嘴巴说得动听,实际上不想去做,也做不到,不过是自欺欺人的把戏。

成功的人,一定有自己的理想,说起来理想就是对自己的使命感,使自己坚韧不拔地朝着目标去努力。

人生不如意事,十之八九。希望的是家庭美满,但事实上家庭常起风波;期待事业顺利,现实却常遭挫折;要求身体健康,实则常常生病。如果没有理想,缺乏使命感,很可能为眼前的不如意而痛苦消沉,从此向逆境低头,而虚度人生。

有了自己的理想,才能够不折不挠,将逆境当作最好的磨炼,凭着坚硬的使命感,使自己勇敢地向困难挑战,终于成功地完成使命,达到理想。

确立自己的理想,以求头脑清楚。

怎样确立自己的理想呢?我们建议先自己思考下列这两个问题:

(1)我对自然该怎样?除了人以外,都属自然。自然被综合起来,统称为“物”。中国人把它和“事”连在一起,叫作“事物”,主张“物有本末,事有终始”。想想看,我对事物的态度如何?是追求、探究、利用、操纵、克服、征服,还是爱惜、珍重、共存、培育?把本末和终始弄清楚,相信什么事情都能够合理。现代十分重视管理,其实就是本末终始的合理处置。

(2)我对社会应该怎么样?社会由人群组成,对社会的态度亦即对人的态度。到底是角逐、欲求、征服、压制,还是友爱、谦和、推己及人?我们和自己的关系,以及和别人的关系,都是人与人之间的问题,必须合理,才能够持久和谐,而且协调合作。

我们建议,首先确立自己对人、对事、对物的基本原则,然后拿自己的原则,来重新检讨自己的所作所为,看看是否能够一贯而不自相矛盾?如果前后一致,可以说头脑相当清楚了。

二、第二步:归纳力——订定更清晰的目标

成功由目标、计划和实施三阶段所形成。

一般说来,成功由三个阶段所组成,那就是目标阶段、计划阶段和实施阶段。首先必先确立目标。依据明确的目标去努力,比较容易集中精神和力量,命中目标的概率,也就大得多。目标阶段,也就是我们通常所说的“想做”。例如,“我想增强自己的沟通技巧”“我想把这种事业做好”,或者“我想扮演好自己目前的角色”。“想做”的出发点,必须符合自己的理想,是个人的需求。想做以后,马上要评估它的可行性;一旦发现可行,立刻拟订周详的计划;唯有良好的计划,才能保证我们“想做”的事确属“可行”!计划拟好以后,就用心付诸实施,用行动来达成目标,使自己所想做的,获得成功的结果,也就是自己理想的完成,否则达成目标,却发现自己的理想落空,岂不是白费力气浪费时间?

人有四种类型。

我们不妨把人分成四种类型,列举如下:

(1)混沌型。从来不曾想过自己到底有什么需求?人家给我食物,我就吃;人家供我衣物,我便用;有什么工作,就做什么工作;有何等日子,便过什么样的日子。一天到晚,混混沌沌;一年到头,也是混混沌沌。这样类型的人,当然不可能成功。

(2)度日型。想过自己的需求,但是目标并不明确。知道自己要做些什

么,却不明白为什么要做。任何可以满足自己需求的东西,都不会排斥拒绝。一天过一天,似乎没有什么特别的愿望。这种人缺乏明确的目标,也不可能成功。

(3)愿望型。对目标稍有自觉,却不能纳入自己的理想中。诸多目标,也不能汇聚成为目标系统,因此凌乱而茫然。似乎达成了一些目标,内心并不满意,因为自己的理想,好像并不是这样,但是又调整不过来。这种类型的人,往往事倍功半,就算获得成功,也只是局部的成功。

(4)成功型。建立目标体系,把理想融入目标体系当中。由于目标具体,彼此连贯,而且切合自己的理想。不但容易成功,并且觉得十分圆满。

希望成功,必须经常具备"目标意识",把许多不同的需求,连结在同一理想的范围内。建立完整的目标体系,把不同的目标,统合在同一理想的领域中。

◇设定目标

自古以来,大家都在设定目标,不过做法有些不同。我们为求确实有效,必须找出可行的目标设定法。现在分成六个项目,如图所示,兹说明其要旨如下:

六大项目:
- 往日的做法。
- 不良的现象。
- 现代的方式。
- 目标的设定。
- 可行的分析。
- 分段的目标。

设定目标的要旨

(1)古圣先贤设定目标:演绎法。古圣先贤建立目标,多半采用"演绎法"。它的特点,在"由大而小,由全而偏"。

标准的演绎法,采用三段论证。例如:

凡人皆会死。

张三、李四、王五皆是人。

所以张三、李四、王五皆会死。

前面那两句话，叫作“前提”，第三句话，便是“结论”。由前提的证据，推出结论的真确性，是演绎的论证。因为有两个前提、一个结论，合起来三段，所以称为“三段论证”。

孔子制定“仁”为道德的理想人格，他说：“仁者爱人。”于是，大家都这么说：

人应该爱人。

张三、李四、王五都是人。

所以张三、李四、王五都应该爱人。

孟子说：恻隐之心就是仁。

墨子说：仁是爱人和爱自己的身体一样。

韩非子说：仁就是心中欢欣愉快地爱别人。

朱子说：使人和万物都能各得其养，各遂其生，就是仁。

梁启超先生说：人格完成就叫作仁。

蔡元培先生说：完成人格便是仁。

胡适之先生认为仁就是成人。

从此以后，“仁”成为人人所应该具有的理想。只要是中国人，就不应该例外。

孟子说“义”。

孔子在“仁”之外，又重视“礼”。他也把“智”和“仁”并列，说什么“智者乐水，仁者乐山。智者动，仁者静。智者乐，仁者寿”。

他又说：“人而无信，不知其可也。”人如果不信实，不知道怎么能够生存呢？可见“信”也非常重要。

仁、义、礼、智、信之外，又陆续出现一些德目，希望大家共同遵守。

古圣先贤为我们列举了做人做事的重大原则，我们好像只要认真背诵，好好记住，并且确实去做，便是理想的完成。

往昔的日子，只要遵循古礼，便是达成目标。

中国人实在十分幸运，一切事情，都有人替我们安排。随时提醒我们，要大家这样那样，不许如何如何。

人的理想，依据演绎法，只要力行五伦，切实做到“父子有亲、君臣有义、夫妇有别、长幼有序、朋友有信”，把父子、君臣、夫妇、长幼、朋友这五种关系，处理得十分妥善，于是社会有秩序，大家都可以获致最大的利益。而个人的理想，也就顺利达成。

现代社会，了不起加上“服从法律、善尽国民义务、注重环境卫生、加强环保意识”，至于从事什么行业，恪尽哪些责任，完成何等使命，好像不必计较，一切“尽人事以听天命”，便能够心安理得。

(2)演绎法的缺失。目标悬得太高，使大家说得多，做得少。

往日的中国人，大家都“战战兢兢，如临深渊，如履薄冰”，拿“以天下为己任”，作为共同的理想。

由于境界过高，言论上“凡事问义利，再定取舍”，行为上却很难配合，形成虚伪造作，名不符实。

大家好像没有注意到，当年孔子、孟子所提出的道德理想，应该是针对当权的诸侯或士大夫，期盼他们以天命为诫，行仁政、施教化，以造福老百姓。一般人，实在不适宜给予这么高的要求。

最不幸的，则是大家念念不忘既有的德目，逐渐失去独立思考的能力。一天到晚背诵，哪里有思索的空间呢?

小学时代，立下无数大而不当的宏愿。等到才子梦醒，三不朽落空，才发觉原来都是骗人的，因此混一天算一天，马虎过日子。

有一些人，由于家庭的鼓励，以及社会风气的影响，设法出国留学，尽力久留不归。结果发现“异国奋斗的不易”“个人与国家的冲突”，感染了多重的人格分裂症，苦闷不已。

也有一些人，热衷于批评传统末流的腐朽、无能、堕落、伪善、阻挠进步。整天批判这个，埋怨那个，却又找不到自己的出路。

更有一些人，全盘接受西方社会，特别是美国的观念，重金钱，敢享受，不断创新，并且激烈地竞争。但是，等到年纪稍长，竟然发现金钱与舒适的物质生活，并不是最重要的东西，这才察觉得来的并不多，而失去的实在太多。

接受古人的理想，反而不能确立自己的目标。

凡此种种不良现象，都是由于“只知道接受理想，而不能够自己确立目标”。

梁漱溟先生说：“中国文化或者是走上了一条过分早熟的道路，过分偏重安身立命的结果，对于科学知识的追求失去兴趣，其结局几近于亡国灭种。”

圣人的安身立命,是经由观察、分析和体会得到的道理。大多数人,则是依据前述的演绎法,从别人那里获得自己的理想。既然不是自发的,并非发自内心,当然不能产生力量,甚至会引起盲目的反感。

设定目标,必须符合自己的程度。过分好高骛远,必然徒劳无功。一次、两次不能达成目标,就会产生挫折感,使自己对目标丧失信心。

成功是一步一步得来的,成功的体验更是逐渐累积而成。以自己目前的能力做基准,设定比较容易达成的目标,进而逐渐提升,积小为大。

目标必须自己设定,我们应该仿效圣人的其实是如何经由实际的观察和分析,配合自己的体会,归纳出自己的目标,并进而统合为理想。

往日的做法,产生许多不良后果。身为现代人,必须勇于有所突破,走上崭新而有效的途径。长久以来的实际情况已经告诉我们,走老路子是行不通的,不然的话也用不着我们多费言辞,来解说成功的法则。

(3)确定成功的现代方式:归纳法。现代人最好采用归纳法来建立目标。

归纳法和演绎法的差异,在后者由普遍的法则,推论到个别的、单独的事项,而前者则由个别的、单独的事项,归结到普遍的原则。

前面举过的演绎法三段论证:

凡人皆会死。

张三、李四、王五皆是人。

所以张三、李四、王五皆会死。

如果改用归纳法,就会变成:

张三、李四、王五皆是会死的。

张三、李四、王五皆是人。

所以,凡人皆是会死的。

归纳法必须经由观察、实验、假设、证实的过程,才能获致结论。

从各方面的需求来归纳自己的目标。

首先把自己对各方面的需求,做一番比较深入地探索。

例如:

●在生理的需求方面,分别从生理需求和保障需求两大项,来界定自己的欲望。

生理需求是生存必需的基本需求,也就是满足最低限度食、衣、住、行的需求。如果自己仅求糊口,别无更高的欲望,那么自己的目标,即在满足健康、饮食以及性生活的基本欲望。保障需求,意指避免危险,希望安全,不愿被解雇,要求过安定生活,而且最好不要被上司责骂。如果自己期盼安全、享乐、置产、安定,那么以"找个好靠山,终生有依赖"为目标,多半能够获得满足。

●在社会的需求方面,分别从爱情需求和尊重需求两大项目,来了解自己的欲望。

爱情需求,包括交换情感,集团结社,以及模仿心目中具有好感的对象。如果自己不喜欢独处,希望在群体中受到大家的认同,就要以"建立良好人际关系"为目标。尊重需求,则一方面要满足自己的信心和自尊心,另一方面要得到他人的尊敬,这时候"提升自己的实力"和"塑造良好的形象"便成为不可缺少的目标。

●在自我实现的需求方面,分别从自律需求和自我实现两大项目,来衡量自己的欲望。

若是要求自己获得充分的自由,可以自主地从事自己的活动,那么目标定为"自律自动",应该比较合适。如果希望发挥能力、自我创造,完成某些大事,则目标定在"修己以安人""己欲立而立人,己欲达而达人",并不算过分。

一般人都有需求,只是没有加以探索和整理,不明白究竟自己有哪些方面的需求,而又需求到什么程度。

换句话说,一般人的需求,仅仅为了"大家都这样,所以我也不想例外",并没有强烈的需求意识。这样,有需求和没有需求,实际上都差不多。我有这样的需求,好像是这样的,但是并不十分清楚,而且达成与否,自己也不太介意,似乎没有什么好的办法可以保证获得满足。

现代人运用归纳法来建立自己的目标,深入探索自己各方面的需求,获得清楚的认识,才会产生"一定要努力满足自己这些需求"的意识。有了这种强烈的需求意识,一旦把它纳入目标的范围,就会引起坚强的信念,要求自己达到"心想事成"的地步。

不要盲目接受古圣先贤的理想,尽管那些理想是完美的、崇高的,毕竟不是我们自己的理想。也不要盲目接受父母或尊长为自己设定的目标,尽管那些目标确实是正确的、可行的,终究不是发自本身的目标。

但是,同样不可以盲目拒绝古圣先贤的理想,或者盲目排斥父母尊长所订立的目标。

既不接受,又不排斥,那么该怎么办呢?

(4)归纳三原则。要把目标归纳起来,通常要有三个原则,如图所示,兹分别说明如下:

目标三原则	不盲目接受古圣先贤、父母尊长的理想, 必须仔细思虑,好好领会其中的道理。 不应该为反对而反对,也不能故意标新立异, 必须有充分理由,才能够加以改变。 依据自己的需求,参考古圣先贤、父母尊长的指导, 建立自己的具体可行的目标。

第一,明白古圣先贤的理想,以及父母尊长的目标当然都是好的,不过自己不应该不经思虑,就盲目加以接受。因为这样一来,自己往往缺乏强烈的需求意识,认为"父母希望我如此,我会尽力而为",结果被动、消极、提不起劲,以致不能成功。这种尽力主义,并不值得我们采用。

第二,不可以为反对而反对,非要标新立异,树立和古圣先贤相反的理想,确定和父母尊长不同的目标,来满足自己的叛逆意愿。有很多案例,证明这样的态度,只能够引起父母的痛心和自己的痛苦,绝对没有好处。

第三,我们应该冷静地,拿出古圣先贤的理想和父母尊长的寄望做参考,依据自己的需求,来建立自己的目标,构思自己的理想。这时候,我们可能欣然发现,原来彼此并没有太大的冲突,几乎都是能够整合的。但是,经过整合的目标和理想,才是自己真正拥有的东西,有一股力量,驱使自己非达成不可。自己的内心,有一股强烈的意愿,才能够心想事成。这时候不会把自己界定在尽力而为的地步,却会全心全意地全力以赴。

成功必须具有强烈的需求意识,而强烈的需求意识则源于自己的内心深处。唯有自己努力探索,用心归纳,最有希望达到成功。

◇确立理想

订定目标之前,先想一想自己的理想是什么?如果想来想去,确实是为了"心安理得",那么,就拿它当作自己的理想。

如果觉得“心安理得”“贡献社会”或者“悬壶济世”这一类的理想,并不合适,不妨把自己的理想写下来,经过一段时间,再拿出来看看,有没有改变?需要什么样的修正和补充?

理想订好,从另外一个角度来探索自己的需求。从前面所列举的生理、社会、自我实现三方面,分别确认自己的需求。然后,检查一下,这些需求达成以后,究竟能不能完成自己的理想?如果答案是肯定的,当然很好。如果是否定的,就应该追究为什么不能完成?找出不能配合的地方,研究调整的可能性。

订定目标的时候,最要紧的是了解自己的“目标意识”。自己问:“为什么要订定目标?”然后自己回答。

如果答案是“订给父母或朋友看”“有目标比较好”或者“订个目标使自己不会迷失方向”等,就是目标意识不够坚强,亦即很难获得成功。

假若是“设定目标,必须向目标挑战,非达成不可”,那么,目标意识十分坚强,成功的可能性很大。

目标意识必须自发、自创、自行。

要具备这种意识,必须做到下述三点:

(1)自发的。目标不是他人给我的,也不是写给别人看的。

没有人强迫我,完全出于自动自发,希望给自己订目标,让自己来实行。以自己对自己负责的态度,来订定自己的目标。

(2)自创的。我的目标,不在模仿他人,也不存心和人家不一样。我有自己的理想,要成为“我自己”。自己的目标也完全是特立独行的自创目标。

(3)自行的。目标是订来让自己实行的,不是叫别人去做。而是自己自觉自愿去实行的。

以自发的心情,订定自创的目标,而又切实地自行,就会觉得自己和目标紧紧地联结在一起,不但有挑战的勇气,而且充满了朝气。因为这是自己愿意的选择,丝毫没有为别人而努力的无奈,也不会产生不得不做的苦恼。

把目标分成长期、中期和短期。

目标大致可以分成长期、中期和短期。长期目标是人生的终极目标,属于“百年树人”的性质,和人生理想很接近,需要一辈子的努力,在“盖棺论定”的时候,才能够核定成果。

为什么要盖棺才能论定呢?因为只要人活着,就可能变好或变坏。人死了，一切固定下来，画出一条休止线，这时候算总账，当然比较明确。

中期目标，属于“十年树木”性质。建议拿“最近的十年作为中期目标”，明确地列举自己十年后要成为什么样子。例如：

(1)品德方面：有责任感，能约束自己，给人一种可靠、积极、向上的感觉。

(2)学识方面：大学毕业，找到自己的兴趣，具备深入研究的基本学识。

(3)能力方面：能说、写、听、看中文和英文，有解决问题的基本能力。

(4)生活方面：没有不良嗜好，能明白生活的意义，不奢侈，懂得安排自己的生活。

(5)事业方面：找到自己的事业，并且建立良好的基础，从此不三心二意，却能够坚毅奋斗，全力以赴。

(6)家庭方面：已经结婚生育子女，三代同堂，家庭生活和谐而有乐趣。

(7)社会方面：加入社团，有一些志同道合的朋友，愿意为社会做一些初步的回馈。

(8)国家方面：热爱自己的国家和民族，有公德心，遵守法律，成为好公民。

以上只是举例，绝对不是模式。每一个人都要有自己的成功目标，但不能够抄袭，应该自创。

短期目标，属于“一年种花”性质，必须更为具体，以便在今年之内，全部完成。由于一年一度，所以也叫作年度目标。例如，某甲为高中学生，今年的短期目标为：

(1)品德方面：无论课业再忙碌，父母交代的事情，一定如期完成。参加社团活动，凡承诺分担的工作，务必切实做到。

(2)学识方面：自己先修《拓扑学》。

(3)能力方面：自己的问题，先想好解决的腹案，再请教父母或师长，以养成解决问题的能力。

(4)生活方面：彻底戒除“看人抽烟也想抽”的念头，以免养成坏习惯。

(5)事业方面：决定自己的选系。

(6)家庭方面：和弟弟好好相处，做一个好哥哥。

(7)社会方面：从社团活动中增进自己的社交技巧，增强自己领导和被领导双方面的修养。

(8)国家方面：关心国家大事，了解重大政策。

每年春节,通常有较长的假期,最好用来检讨去年的目标是否全部达成,并且继续订定今年的目标。

当然,年度目标必须配合中期目标,而中期目标也应该符合长期目标的理想。这样才不会互相矛盾,或者走很多冤枉路。

◇可行性分析

排定自己的优先次序,以自我诊断。

首先,我们来测试一下,自己的人生目标究竟是什么。下面有十个项目,请仔细考虑,然后排定自己的优先级,并把选定的次序数字填入各项目上的括号内:

(　)甲、追求快乐。

(　)乙、实现自我。

(　)丙、心安理得。

(　)丁、获得社会的肯定。

(　)戊、有丰厚的收入。

(　)己、生活安定。

(　)庚、受人欢迎。

(　)辛、追求理想。

(　)壬、有重大发明。

(　)癸、能指导他人。

排定次序之后,反过来检讨自己现在的生活或行为,是不是符合自己的人生理想。

这种理想和现实的距离,便是"自我诊断"的报告。依据诊断报告,再来思考:有什么办法可以缩短彼此的距离?

于是,我们会找出许多理由。这些理由代表"负面的原因",告诉我们"不可行的因素"。

这时候,我们要向另一方面去思考,找出"正面的原因",亦即发现"可行的因素"。

例如:自己希望受人欢迎,却发现事实上有很多人并不喜欢自己。负面的原因,往往是"课业太忙,无法帮助别人""不够帅气,不能吸引他人",或者"这些人水准太低，不了解我”。赶快向正面去想，“课业再忙，总有一些举手之劳的事情可以做”“有些人长得比我难看，照样受人欢迎”“不可能一辈子只和高水平的人打交道，所以也需要让水准低的人了解我”。

很多事情，原先认为不可能的，后来都成为可能。实际上是“天下无难事，只怕有心人”啦。

三十岁以前应该多方尝试。

我们当然承认有些事情确实是不可行的，但那是三十岁以后的事情。三十岁以前，可以多方尝试，因为“三十而立”，原因如下：

(1)可塑性高。年轻人最可贵的地方，就是弹性大，可塑性很高。趁着年轻早日立定志向，并实地努力，成功的概率很大。

(2)干扰素低。年轻人环境比较单纯，负担不重，外来的干扰因素很低，自主性较高，可以集中时间和精力，做自己想做的事情。

(3)机会较多。年轻人最有利的条件，是容易获得机会。学习的机会多，尝试的机会也多。许多人看见年轻人，乐于教导他，帮助他，实在十分有利。

正当的事情，就可以勇敢去尝试。

只要是正当的事情，趁着年轻，多尝试多学习。一方面可以实际测试自己的兴趣和能力，另一方面也可以了解和培养自己的理想和实力。

遇着挫折，不要马上认定自己不行。这时候不妨多试几次，用心学习，并且请教可靠的长者应该怎样改善才能进步。

如果一试再试，效果不佳，而且有许多人都善意地劝阻自己，就不要继续尝试。这时还要问问自己：愿意从此放弃吗？自己愿意，就列入不可行的项目。

除了不可行的项目，都属可行，所以道路依然十分宽广，用不着担心害怕，或者灰心丧气。

◇为目标分段

前面说过，目标分为长期、中期和短期三种。短期目标的实施期间，可以从每年的元宵开始，到当年的除夕。春节假期，正好作为检讨和拟订新年度目标的时间。

年度目标可以再分割为季目标、月目标或周目标。

但是，学生配合学年度，以每年的八月一日到次年的七月三十一日为一年。社会人士采用国历，以元月一日到十二月三十一日为期，来订立年度目标，都以合用为宜。

要紧的是，不要把一年当作一个阶段，一天一天过去，一直到年度结束时才来进行检讨。这种“算总账”的方式，对于目标的达成，会产生“时间已经虚度，悔恨无济于事”的弊端，危害甚大。

我们应该把一年一度的短期目标，分割成为四个“季目标”，再把四个季目标，分割为“月目标”。有些月目标，可以分割为周目标，甚至进一步列出每天可以测量的日目标。如图所示：

- 目标的期望
  - 长期
    - 终生目标
    - 长期 30 年目标
    - 10 年目标
  - 中期
    - 6 年目标
    - 3 年目标
    - 2 年目标
  - 短期
    - 年度目标
    - 季目标
    - 月目标
    - 周目标

每周检讨，逐日反省才有效。

不要等到年底，才惊觉“忽然又过了一年”。不能等到夏天来临，才发现“整个春天一事无成”。每季检查一次，每月查核一次，每周检讨一次，当然最好每天反省一下，以便及时调整，把握时间有所补救。

基督教徒以星期天为安息日，便是希望每周抽出一点时间，对自己做一番评估。但是凭空反省，实在不如订定周目标，然后依据目标逐一查核来得有效。

例如，今年的目标是为了增进自己的英语会话能力。那么，年度目标订为“活用英语会话两百句”，季目标即为“每季活用英语会话五十句”，月目标可订为“每月二十句”，周目标为“每周五句”，于是日目标定为“每日一句”。这样，一周当中偶尔由于突发事件不能学习英语会话，七天下来，五句的目标也依然可以达成。一年间取长补短，并且随时在赶上队伍，应该有把握达成目标。

把年度目标割裂成几段，确立分段目标，然后逐段查核，及时赶上，乃是确保依时完成目标的有效方式。

最可怕的借口，是“没有时间”。其实，时间要靠自己的安排。安排得妥当，自然就有时间。

每一个人，都应该定期或不定期地重新了解自己的时间，到底是怎么运用的。换句话说，尝试着分析自己从早上起床到晚上睡觉，究竟做了些什么，便可以明了自己在时间的运用上面是不是合理。

全面地分析自己的生活流程，可以从星期一开始，早晨起床之后，拿十五分钟做单位，观察并记录自己在做些什么。这样就能够了解一天当中，哪些时间被白白地浪费掉。然后试着把那些认为没有时间去做的事情，安排在这些被浪费的时段里，看看能不能有效地达成目标。

一天当中，人应该拥有一些“什么也不做”的时间，但是所占的比例太长，就是浪费时间。

目标尽可能用数量来表示，不能量化的目标，也要力求具体。愈具体愈方便分割，也愈容易正确地评核。

三、第三步：包容力——获得更平衡的发展

兼顾就是重视整体的关联性，力求平衡和稳定。

大自然是一个息息相关的生态网，借着互相消长与生克的关系，维系着整体的平衡和稳定。中国人自古以来，重视整体的关联性。我们常说的“阴阳五行”，并不是构成宇宙万物的“元素”，而是在生生不息的流变中，万物状态或功能关系的“呈现”。

用现代的话说，宇宙是一个大系统，这个大系统的万事万物，彼此互有关系。有时此占优势，有时彼占优势，呈现相生相克的状态。但是彼此之间，拥有相同的价值，缺一不可。天生万物各有其存在的必要，而且牵一发动全身。

只要任何一物受到伤害,就会直接、间接影响到其他的物体。我们长久以来,任意改变自然,伤害其他物体,实际上已经招来很多灾难。

成功的人,必须多方面平衡发展。

人也和宇宙一样,是一个大系统。其中有心有物,有精神也有肉体。需要精神涵养,也需要物质供应,才能够内外兼顾,而获得真实的幸福。

孔子教育弟子,“德行”“言行”“政事”“文学”四科并重。现代学校教育,正常的话,也是德、智、体、群四育同等重要。

曾子把实现人类幸福的途径,列出一个十分详细的程序,分别为格物、致知、诚意、正心、修身、齐家、治国、平天下。

这些说法,都在提醒我们,一个成功的人,应该是各方面平衡发展,而且稳定成长的。

有人身体十分健康,却不觉得幸福。因为他缺乏谋生的能力,生活得很困苦。

有人家财万贯,在社会上也很有地位,却由于没有一男半女,而常感遗憾。

也有人福禄两全,而夭寿早逝,令人非常惋惜。

不错,天下事圆满难求。中国人也知道求全不易,却不折不挠地企盼能够“委曲求全”。

求全的意思,并不是“样样得第一”,每一方面都要出人头地。

中国人求全,其实是“兼顾各方面”,求得“整全的进步”。不要专心致力于此,忽视了彼。因此,彼此对人生来说,都是同等重要,不容忽视。

过分强调某一方面的突出,往往伤害到其他方面的发展。我们称之为后遗症,必须预先防患,以免到时候伤心后悔。

各方面合理发展才叫作成功。

我们的看法:过与不及都属失败,只有“中”可以成功。“中”就是“合理”,所以,“各方面合理发展”,才叫作成功。

现在分成六个项目,来探究什么才是各方面合理的发展,如图所示:

六种需求
- 做一个完整的人：崇德、广业、厚生。
- 做一个幸福的人：家庭事业兼顾并重。
- 做一个美满的人：公私、内外、上下。
- 做一个喜悦的人：能忙碌也懂得休闲。
- 做一个充实的人：实至名归名实相符。
- 做一个智慧的人：有智能能善用知识。

◇做一个完整的人

完整的人，最具有价值。

植物顺着自然的法则，春天开花而秋天结果，有生命的效用却缺乏知觉。

动物有低级的知觉，如性欲、食欲。也有生命的效用，例如牛耕田、马拉车、狗守门、鸡司晨，但是这些效用，不过是本能的施展，并没有什么价值意义。

人有效用，也具有知觉，更含有辨别是非的能力，这才产生了价值的意义。

我们时常听见这样的话："人做到这种地步，实在没有价值。"

最有价值的人，我们称为"圣人"，圣人就是最完整的人。可见，做一个完整的人，才是做人的成功。我们不一定成为圣人，至少可以做一些有价值的事情，使自己成为一个有价值的人。

完整指崇德、广业、厚生三方面兼顾。

什么叫作"完整"？中国人认为：崇德、广业、厚生三方面都能够兼顾，便是完整的人，如下图所示：

三大面向
- 崇德
  - 发扬盛德，
  - 仁心为重，
  - 以现代的方式来实现仁。
- 广业
  - 开展事业，
  - 在职场中修炼自己，
  - 提升自己的管理理念。
- 厚生
  - 使大家生活丰富，
  - 能够照顾多少人，就要尽力而为，
  - 务求己安人也安。

(1)崇德。崇德便是“发扬盛德”。中国人对于道德的意义和内涵,并没有明确的界定。我们深信人有良知良能,可以掌握自己的良心,达到盛德的境界。

儒家的道德理想,简单来说,是“仁心”。今天世界上普遍反贫穷、反种族歧视、反暴行、反侵略、反恐怖主义、反剥削、反集权政治、反经济垄断,其实都是仁心的表现。

仁心的原则超越地域和时代,现在有些人拿“多元化”或“相对比”来否定仁心的超越性,实在是造成现代人迷失中心思想的主要祸端。

以现代化的方式来实现仁心,就是现代化的崇德。

(2)广业。广业的意思是“开展事业”。人的一生,立德是最高的境界。但是德行的表现,最具体的莫过于事业的发展。因为开展事业,不能仅凭智慧、钱财或技艺,还得要有良好的德行,才能持久发展。开展事业必须以崇德为根本,才显得有价值。败坏德行的事业再怎么发展,也不值得。

《易经》把“崇德广业”看作人生的常轨,认为“增进素养,扩大事业”,乃是合理行为的门路。可见广业和崇德,应该是互相衬托,相得益彰的。

中国人主张三不朽,便是“立德、立功、立言”,崇德有如立德,广业正是立功的一种表现。如果再把自己的言论,系统化地整理出来,完成立言,那真是三不朽了。

(3)厚生。崇德广业之外,厚生十分重要。厚生的意思是“使人民生活丰足”,在这里则指“扩大事业经营,对内要照顾员工的生活,对外要善尽社会责任”,使赚来的钱,获得合理的运用。

一个人赚钱固然要紧,怎样适当用钱,也非常重要。因为崇德广业而获得金钱,必须在不浪费的原则下,把它用在有意义的地方,造福社会人群。

修养自己的品行,开拓自己的事业,造福自己的社会,这三方面都能兼顾,同时有正常的发展,这就是一个完整的人。

◇做一个幸福的人

绝对倾向使人不幸福,但是很难摆脱。

放眼看去,人类不但不能幸福,而且有很大的危机。汪少伦先生研究人类不幸福的原因,指出人类在四种基本欲望,即生存欲望、异性欲望、权力欲望与合群欲望方面,都有相当严重的绝对倾向。他说:“如就生存欲望来讲,个人不但要设法保有自己,或相对求生,而且要绝对保存自己,或绝对求生。因为个人要绝对求生,所以不但多好生恶死,而且多贪生怕死。因为个人多贪生,所以凡有益于个人生存的东西,无不极力追求。财产或金钱是可以换取各种生存物品的,诸如饮、食、衣、住等,所以个人无不尽量设法争取财产或金钱。而且财产愈大愈好,金钱愈多愈好。为争取大的财产,有的不惜运用任何手段,甚至极卑鄙的手段;为争取更多的金钱,有的不惜付出任何代价,甚至于本身的生命。"

异性欲望也是如此。"例如个人不但求爱,而且贪爱。因为个人多贪爱,所以在主观上,男人无不希望多有几个女人,女人无不希望多有几个男士。男士多说:'文章是自己的好,太太是人家的好。'而女人多说:'美丽是我的第一,先生是人家的第一。'现代心理学家亦多承认人类有多偶倾向。个人既绝对求爱,又绝对恶弃。所以男人尽管希望自己多有几个女人,却不愿自己的女人去爱旁的男人,如果那样,必大吃其醋。女人尤其如此,所以女人的醋劲更大。历来情死与情杀多为醋劲或恶弃的具体表现。"

权力欲望更是如此。"在消极方面,个人无不尽量追求自由,在积极方面,个人无不尽量追求地位或权力。因为追求自由,所以希望外来干涉愈小愈好,以便本身能尽量发挥自己的个性。倘使外来的干涉稍多,则不惜加以反抗。因为追求地位或权力,所以希望他人能接受自己的命令,或者以自己的意志为意志。倘使他人接受自己的命令,便觉得光荣;倘使他人违抗自己的命令,便认为是一种耻辱。"

至于合群欲望,实际上也不例外。"大多数人不但喜欢'交朋结友',而且喜欢'植党营私'。不但自己所属组织的价值超出一切价值,而且自己所属组织的利益,自己所属组织的言论,即为绝对的'真';自己所属组织的表现,即为绝对的'美';自己所属组织的行动,即为绝对的'善';自己所属组织的领袖,即为绝对的'神'或'上帝'。为了实现自己所属组织的利益,不但国可卖,而且族亦可灭。"

偏道思想形成绝对要求,使人不幸福。

无论哪一种欲望,一旦走上偏道,形成绝对的要求,这个人就毫无幸福可言。

人要幸福,必须对各种欲望,都加以理性管制。不但考虑自己的需求,而且要考虑他人的欲望。唯有择善去恶,调和理欲,才能获致真正的幸福。

成功的人,必须家庭、事业与健康兼顾并重,缺一即难以幸福。而在兼顾并重之中，应该把握“既知有我，也知有群”的原则，不但不可强调“为自己活”，也不必勉强自己“为他人活”。这样的成功，才有幸福可言。

有事业却失去家庭，终究有缺憾。有家庭而没有事业，家庭不能幸福。两者并重，家庭与事业兼顾，却不幸失去了健康，也不是幸福的成功者。

◇做一个美满的人

公私兼顾才能美满。

《吕氏春秋》说：“天无私覆也，地无私载也，日月无私烛也，四时无私行也。”宇宙天理，乃是大公无私，也才值得我们敬重。

孔子的儿子叫伯鱼，有一次陈亢问他：“令尊有没有单独教你一些别人学不到的东西？”伯鱼回答：“从来没有。”孔子教学从政，一片公心。

中国人一向赞美“天理公心”，鄙视“营私舞弊”。私心好像就是恶魔，我们毕生努力，似乎也就是为了去私心。自私的人由于私心迷窍，经常因私害公，遭到失败。

不错，人应该“立公心”，才能够成功。但是没有私心的人，照样有“私的一面”。例如“私生活”“私人的积蓄”“私交”“私人的小秘密”，只要不危害天理公心，个人的隐私，应该受到尊重。

有些人公而忘私，一天到晚忙于公事，对于私人的交谊，一概置之不理。说起来，这种人不是不了解天理公心，便是有意拿天理公心来掩饰自己的私心。因为私人的交谊也是天理公心的一部分，不理会私交的人，内心仍旧是自私的。希望把全部的时间和精力，投入公务，以求取自己的成就，却不理会亲戚、朋友、邻居的感受，难道还不够自私？可见过分强调“公的部分”，很难掩饰“私的部分”。真正没有私心的人，必然公私兼顾，用公心来处理公的事物，同样拿公心来处理私人事务。

内外兼顾，也不是一件简单的事，必须有心如此，而且用心去做。不能把自己局限在内或外的界限里，只知有内不知有外，或者压制自己人以讨好外人，都是有害无利的。一个人希望成功，应该养成内外并重的习惯，并且时时提醒自己，事事保持不偏不倚。

任何偏失、缺陷，都不够美满。

上下之间，容易顾此失彼。常见有一些人，心目中只有上司的存在，丝毫不考虑部属的实际困难。同样也有一些人,处处维护属下,却不惜顶撞上级。这两种作风都是极端的,不合乎中庸的道理。

在家庭中,父母尊长的话,当然很重要。兄弟姐妹的情分,也应该用心维持。如果为了博得父母的欢心,便不顾兄弟姐妹的处境,甚至引起兄弟姐妹之间的怨恨,久而久之,父母的欢心消失,留下来的只是长久的痛心。例如大哥比较有钱,便大肆铺张,为父母做寿,却硬性规定兄弟姐妹分摊费用。兄弟姐妹无可奈何,只好照办,内心十分不服,就会伤害兄弟姐妹的感情。

欺侮低班同学,在学校中颇为常见。结果低班同学集体反抗,或者投诉更高班学长,引起校内的不安,对于自己的求学与交友,都有相当不利的阻碍。

"看上不看下",意指只知上级的命令必须遵行,不知下属真正的痛苦和困难。虽然短时间内,可以压制部属,达成上级要求。而长久下来,造成部属盲目的抗拒,以及上司对实际情况的不了解,使自己在"上压下顶"的处境中,痛苦不堪。

"看下不看上",意指只顾部属的权益,不理会上司的苦心。虽然得到部属的拥戴,却由于失去上司的支持,逐渐无力维护部属,终于丧失部属的信心。

唯有公私兼顾、内外并重、承上启下,才能够成为美满的成功者。任何偏失、缺陷,都不够美满。

◇做一个喜悦的人

喜悦的人,会发自内心地微笑。

成功却觉得人生乏味,当然不喜悦。尽管借酒消愁、看电视解闷,也不能开怀。

真正的喜悦,会发自内心地微笑。日本松居桃楼先生写过这么一首诗:

在所有的种子里如果少了一颗"微笑",
其他任何种子都是无用的。
不管"微笑"的种子是多么细小,
也要尽心去栽培,
让它能够发芽生根。
这是人生旅程中最重要的。

微笑发不出来,成功又有什么用?不喜悦的成功,根本不是真正的成功。做一个喜悦的人,首先要养成"能忙碌也懂得休闲"的习惯。

能忙不能闲,势必逐渐成为"工作狂"。对工作要热心,具有浓厚的兴趣,实在不必达到"狂"的地步。现代人一天比一天更加忙碌,说是步调快速,其实大部分是"忙东忙西,仍然一事无成"的"无事忙"。

人应该保持适度忙碌,而留一些空闲时间,一方面调剂身心,一方面反省自己,以求与时俱进,因此闲不住并不是什么好事。

年轻不可空白,却应该要留白。

常听人说:"年轻不要留白。"这是不正确的观念。年轻不要空白,却应该适当留白。空白是不务正业,游荡过日子,一晃好几年,把年轻的日子空过了,十分可惜。留白则是适度的休闲,因为休息得宜,才能走更远的路。

遇到难题,拼命反复思考,往往想不出什么良策。不如暂时停止,让脑筋休息一下,反而容易有所突破。

一天到晚工作,弄得身心疲惫不堪。长期下来,难免产生错误。不如适当休闲,让身心恢复正常。比较有把握选择正确的事情,努力去完成。

当然,休闲要从事正当活动。这样,对身心健康有益,对工作也有帮助。

正当的休闲,不是一般人所说的消遣。当年梁启超先生最反对由于"无聊得很"而随便做一些消遣。他说:"这种流行病,一个人染着,这个人便算完了;全国人染着,这个国家便算完了。"

梁先生指出:"天下最可宝贵的对象,无过于时间。因为别的对象,总可以失而复得,唯有时间,过了一秒,即失去一秒;过了一分,即失去一分;过了一刻,即失去一刻。失去之后,是永不能恢复的。任凭你有多大权力,也不能堵着它不叫过去;任凭你有多少金钱,也不能买它转来。所以古人讲的惜寸阴惜分阴,这并不是说来好听,他实在觉得天下最可惜之物,没有能够比上这件的,所以拼命地一丝一毫不肯轻易放过。"

一个人懒懒散散,当然不可能成功。而正当的休闲,不等于懒懒散散,也不是无聊消遣,和爱惜光阴并不相违背,不能算是浪费时间。

成功的人,能忙也能闲。忙得正当,固然很喜悦;闲得正当,又何尝不喜悦。

◇做一个充实的人

虚有其名的人，并不充实。

有些人虚有其名，成功得一点也不实在。有些人则实至名归，获得名实相符的成功。

有名无实，便不算是充实的人。名副其实，这个人才会实在。

怎样做到名实相符呢？要有一份正当的事业，由敬业而乐业，并且不忘本，始终抱持“知之为知之，不知为不知”的态度，不断地求取进步。这样一来，比较容易达到释迦牟尼所说“一个人要求高洁的名声，有如点着香火，所发出来的香味，让每一个人都可以闻到”的地步。

由敬业而乐业，自然充实。

把职业当作终生努力的工作，就成为事业。有了正当的事业，首先应该“敬业”。梁启超先生解释“敬”字为“做人最简易、最直接的法门”，他说：“凡做一件事，将全部精力集中到这事上头，一点不旁骛，便是敬。”

为什么要敬业呢？梁先生认为“凡可以称为一件事的，其性质都是可敬”。因为“事的名称，从俗人眼里看来有高下；事的性质，从学理上解剖起来并没有高下”，所以当大总统是一件事，开出租车也是一件事。不做则已，要做就必须认真去做，集中精神和力量，把它做好。

当木匠的，做成一张好桌子，和立法委员定一种有利国计民生的法案，其实际价值是相等的。大家都在认真做事，便不用彼此羡慕，或互相炫耀。

敬业之后，还要进一步“乐业”，才能够持久。梁先生认为“苦乐全在主观的心，不在客观的事”，而会打算盘的人，必须从苦中找出乐来，他说：“天下第一等苦人，莫过于无业游民，终日闲游浪荡，不知把自己的身心摆在哪里才好，他们的日子真是难过。第二等苦人，便是厌恶自己本业的人，这件事分明不能不做，却满肚子里不愿意做。不愿意做，逃得了吗？到底不能。结果还是皱着眉头、哭丧着脸去做，这不是专门替自己开玩笑吗？”

乐业的四大要素。

其实，一件工作能被我们当作事业来做，当然具有相当的趣味，只要继续不断地努力做下去，必然会乐业。梁先生分析其中的原因，列出下面四点，如图所示：

趣味四要
- 真正投入
  - 身入其中
  - 亲切有味
- 持续奋斗
  - 刻苦体会
  - 十分有趣
- 拉出距离
  - 领先一步
  - 获得快感
- 专心一意
  - 心无旁骛
  - 增添情趣

(1)任何工作总有许多层累曲折,如果真正投入,身入其中,从它变化进展的状态,产生亲切有味的感觉。

(2)每一种事业,要想获得成功,免不了奋斗。一步一步奋斗前去,从刻苦中添加快乐的分量,十分有趣。

(3)工作的性质,常要和同业的人互相比较,好像赛球一般,因竞赛获胜而得到快感。

(4)当我们专心一意从事工作时,把许多游思妄想都杜绝掉,省却无限烦闷。从自己事业中领略出趣味,生活增添情趣,人生也增加价值。

敬业乐业的人,日积月累,就会为大家所肯定。而稍有名气时,仍应敬业乐业,并且切忌"把虚名当成真正的自己",以免得意忘形。应该谦虚地明辨自己的知或不知,绝对不可以过分自我膨胀,否则就无法持续进步。

◇做一个智慧的人

人的性格,可以分为七种。

日本心理学家宫成音弥,依照性格把人分为下面七种:

(1)享乐人。缺乏自主性,追求快乐与冶游。

(2)冒险人。脱离社会法则,开创自己的事业。

(3)逃避人。当事业失败时,孤立自己而产生反动的心理。

(4)追求人。不愿接受社会制约,顺着自己的理想,勇敢地向目标迈进。

(5)自由人。在不即不离的关系上,过着绝对自由的生活。

(6)义务人。忠于社会规则,一切依规范而行事。

(7)不定人。不拘泥于世间事务,悠游自在过日子。

他认为每一个人,必定属于其中一种。我们不妨自己想一想,到底属于哪一种?

想了之后,接着问问自己:“我为什么会这样?”

把人分类,是一种知识。自己愿意成为哪一类人,就需要智慧来决定。

首先,我们从生态学的观点,明白“多样的生物,才足以保证生态环境稳定地延续”的道理,知道“各种生物各自发挥功能,在相生相克的动态下,达成宇宙整体和谐成长”,认识“有了殊异,才有和谐”,因而体会古人“和而不同”的主张。我们可以要求自己,实在不必希望所有的人,都和我走上同样的道路。

“和”的意思,是各种事物彼此依赖、互相克制。“不同”的用意,则是容许不同的性质都能够有所表现。如果强制要把所有事物一概纳入固定的模式,可能就会生机尽失,世界就要趋于灭亡了。

我们中国人可以说是最倒霉,也是最可爱的。自古以来,天灾人祸不断,十分可怜。但是,正由于天灾人祸接踵而来,才磨炼出中国人无比的智慧。因为灾难多磨炼也多,使我们必须多用脑筋,所以智慧很高。

中国人如果知道善用智慧,来运用现代科技知识,可爱的成分就大于可怜。若是一味死背一些知识,却缺乏灵活运用的智慧,那么可怜就大于可爱。

成功就是运用智慧,决定自己要走的路。

古圣先贤留给我们的卓越智慧,现代的社会结构,正是我们充分发挥的大好时机。如何在自然与人文之间、自由与秩序之间、个人与群体之间、现代与未来之间取得平衡的和谐,应该是现代中国人努力的重点。

其次,我决定走上哪一条路,成为哪一类型的人,纯属我自己的决定。在“和而不同”的大前提下,只要经过缜密的思考,审慎的决定,每一个人都有权选择自己的前程。所作所为,由我决定,也必须由自己完全负责。

自愿地选完路向之后,不必刻意“特殊化”,处处要标新立异;也不应该否定“多样化”,把与我不同的人都视为异类。

今日社会,对“量化”过分信赖,对“人定胜天”过分信仰,对“人欲”过分膨胀,都是缺乏智能的专业知识人,刻意特殊化,否定多样化的不良结果。

成功的人,必须善用自己的智能来运用知识,以求合理地表现。

要成功,就要弄清楚哪些条件,包括崇德、广业、厚生各方面取兼顾;家庭、事业与健康并重;公私、内外、上下面面俱到。既能忙也能闲,实至名归以求名实相符，并且有智能，能善用知识，无论什么时候获得成功，既完整、幸福、美满，又喜悦、充实、智慧，那才是圆满的成功。

心理上有这种准备，就会及早注意到有关事项，从比较整全的角度来思考问题，也会全力从多方面来充实自己，当然可能获得比较圆满的成就。

四、第四步：组织力——聚合更有力的资源

单打独斗的时代已经过去，现代讲求群策群力。

现代社会，单打独斗式的成功机会，已经大幅减少。一切都讲求组织，透过群策群力的合作方式，才能够获得成功。

其实，无论求学、修德、立业，以及成家、回馈社会，处处都需要组织。聚合众人的力量，比个人奋斗要有效得多。

组织是一种工具，使人力、物力、设备做有效的集体运用。组织必须具有目标，否则就会失去组织的意义。

1969年，有一支金龙少年棒球队，代表太平洋区参加世界少年棒球赛，结果荣获冠军。这一支只有两年历史的年轻球队，居然先后击败历史悠久的日本队及美国队，这正是组织力高度发挥的结果。当年某报评论：“就培养民族的自尊自信而言，金龙队之奏凯，不但显示了中国人体能的优越和技艺的优越，也证明了中国人组织力的优越。棒球是团体性的比赛，个人的特殊表现须纳入整体的有机动作，相生相成，比起个人的单项比赛获胜，意义尤为重大。对千千万万外国人而言，‘东亚病夫’的讥评固然早已推翻，‘四个中国人只能凑一桌麻将’的寓言也被攻破。”接着又说：“在金龙队所引发的一连串反应中，应该包括对组织的重要性有透彻认识。这是一个以群体对群体的时代，在体育场之外，已经没有多少‘单项’可供独行其是的人去驰骋。优秀的个人必须认识组织的重要，组织也必须使个人能充分发挥他的优点。认真检讨起来，无论政府机构、人民社团，以至体育团体，在这方面应该努力的地方是很多的。”有组织却不能发挥组织的力量，实在和一盘散沙并没有什么两样。

组织力量十分强大。组织的意义，是集合一群人共同合作，使众人的力量集中起来，收到协同一致的效果，达成共同的目标。不但机构、团体需要组织，而且个人也需要组织。要取得成功，必须把自己所拥有的资源组合起来，做合理的运用。

运用组织力量来达成目标。

我们在订定目标之后，必须利用组织的力量，将人力、物力、财力与时间，做适当的安排与合理的配置，以求顺利而有效地达成目标。

有人说："成功是自己努力的结果。"这句话只说对了一半，另外一半应该是："成功同时要获得他人的支持和肯定。"两句话一起说，才是全部的事实。

就像"人必须为自己而活"只说对了一半一样，"人也必须为他人而活"。

既然别人的支持是成功的要素，那么组织力的运用，就成为成功的主要方法。

◎组织的运用，是多方面的。兹分为六个方面，如图所示：

六个方面
- 有组织才有力量。
- 学识要灵活运用。
- 立业要结合众人。
- 家庭要以和为贵。
- 发展要群策群力。
- 组织力确保成功。

◇有组织才有力量

成功等于正当地活用他人的智慧和金钱。

成功的人，会动脑筋活用他人的智慧和金钱。凡是有办法汇聚别人的脑力和资金的人，都可能成功。

记住一条规律：要达成自己的目标，别人永远扮演着十分重要的角色。

而每一个人，都会替自己着想。没有理由凭空把他的脑袋和口袋，交给我们来管制和运用。

成功的人，就是以正当的方式来获得大家的支持，愿意提供智慧和财力，帮助他获得成功。

当然，也有人用不正当的手段，强迫他人提供金钱和力量。但是因此而成功的，一定不会持久。用正当的方式，以正确的方法，才是正道。不但支持的人很乐意，并且会持续地长久支持下去。

要获得别人的支持，除了自己具备良好的品行，令人觉得可靠；善于设身处地，建立良好的人际关系；以及拥有真实本事，能够做出一番事业之外，最要紧的，便是明白组织的重要性，能组织而又善于发挥组织力。

组织力的发挥，在组织成立的时候，就可以看出端倪。所以有组织才有力量，意思是说组织必须发挥力量，才能达到目标。否则空有组织的形式，缺乏真正的组织力，那是不可能成功的。

绝大多数成功者都拥有良好的人际关系，但是只有少数人会凭借良好的人际关系而成功。

反过来说，人际关系可以帮助我们成功，我们却不应该单纯依赖人际关系来获得成功，因为大家都看不起那些靠拍马屁、裙带关系或者血缘、地缘关系发迹的人。

自己有本事，大家就不会嘲笑我们因人际关系而成功。一旦被人家看出没有本事，那就不免议论纷纷，猜测我们的一切，究竟是哪一种关系所带来的。

成功的第一种本事，就是组织。把所有能够运用的资源，都动员起来，发挥有效的力量。这种效果，我们把它叫作“总动员”。

善用人际关系。

组织要产生力量，必须有计划、有目标、有条理、有系统，采用科学化的配合。组织的要素，可归纳为“人与人的关系”和“人与物的关系”两大项目，如图所示。前者注重人与人间的互动及配合；后者重视人和有关资源的结合。

- 两大要项
  - 人与人的关系
    - 广布友谊的网络，
    - 扩大人伦关系。
    - 有效地影响他人，
    - 发挥感应力量。
    - 获得他人的信任，
    - 以不讨好来得到好感。
  - 人与物的关系
    - 爱物而不暴物，
    - 还要出自内心的真情流露。
    - 分享而不独占，
    - 才能彼此分工合作。
    - 科学而非艺术，
    - 应该量化就要精确。

◎人与人的关系，要注意下述三个要点：

(1)广布友谊的网络。多方结识朋友，经常提供可能的服务，多联系、多接触，开放而友善地对待他们。这时候伦理的因素便十分重要。以伦理为基础，来广结善缘。

(2)有效地影响他人。绝对不要存心说服任何人，因为人都不愿意被说服。有效地影响他人，则是设法让对方自动改变，而且改变得很有面子。能够用感应的方式，点醒别人，促动别人，自己又不居功，才会有效地影响他人。

(3)获得他人的信任。人很难信任别人，必须经过不断的考验，才敢相信。可见人应该禁得起考验，以正道来获得他人的信任。用不讨好的方式来得到别人的好感，以时时警惕、处处谨慎的态度，赢得别人的信任。

◎在人与资源的配合方面，也要注意下述三点：

(1)爱物而不暴物。中国人的自然观，是"万物顺其本性，在全体的宇宙循环中，欣然贡献各自的功能"。我们爱物、惜物，是出乎内心的真情流露，不是西方式的"因为稀有动植物行将绝灭，必须特加保护；由于古代器物失而不可复得，所以应该妥为保存"。

(2)分享而不独占。对于资源的运用，采取分享的态度，比较容易获得他人的合作。若是一心想独占，他人就会兴起抢夺的念头，抢不过就排斥，有时连人都被整掉。

(3)科学而非艺术。利用资源，尽量科学化。应该量化的部分，要计算得十分精确，以求精确配合。不要把对人的艺术化，用在对物上面，造成含混不清的不良后果。

◇学识要灵活运用

学识需要组织，才能实际应用。

学识不但要求正确，而且需要组织。陈大齐先生说："要想知识发挥功用，增高价值，必须把许多孤立的具体知识集合起来，组织起来，造成较为概括的知识，进而造成一则学说上的理论，才能随时可以应用，随时可以遵行。"

他举例说："某甲有一次告诉我：大街上有一个疯子。我走到街上，果然看见一个人在那里胡言乱语，动作奇突。我在这次经验里，获知某甲所说，确是事实。如果到此为止，只能证实某甲某次所说的真实，犹未能用以断定某甲必是一个诚实的人。”他认为这一具体知识,还没有多大用处。后来某甲的谈话,就算有时涉及他个人切身的利害关系,却每一次都证实绝无虚伪,也不夸张。这些具体的经验,若是任其各自孤立,依然不能证明某甲的人格究竟如何。如果集合起来,组织起来,便可以断定某甲确实是诚实的人。可见孤立的知识,必须组织成为比较概括的知识,才能发挥较大的功用。

一个人的学识,若是由背诵、记忆而得,充其量只是一些零星的孤立知识,很容易以偏概全。必须把许多事实集合观察,组织起来,具有普遍适用的价值,才能够灵活加以运用,而获得成功。

灵活运用学识有三个要点。

◎要灵活运用学识,最好做到下述三点:

(1)博学。就是多认识、多经验、多体会,亦即扩大学识的范围,不要将自己局限在偏狭的领域内,坐井观天。

(2)归纳。博学所得,往往是一大堆凌乱的知识,如果任其各自孤立而不加以整理与组织,还是效用不大。博学收集了许多资料,要归纳出一些简明的原则,才能提高博学的价值,发挥较大的功能。

(3)一贯。原则之间互相矛盾,或者散乱分歧,用起来有时会惶恐而缺乏信心,甚至产生错误。必须贯穿起来,达到一以贯之的地步,才能够灵活运用而保障效果良好。归纳是从许多事例中找出原则,一贯则是用原则来统率事例。有了一贯的原则,演绎起来,自然顺利而畅通。

一个人的智能,要透过所具备的知识,才能够发挥效果。例如,一个智慧高超的人,若是根本没有学过有关机械的知识,那么这个人不能制造机械,也不能修理机械,他的智慧就无从发挥。

对于效果来说,智慧只能产生间接的影响。智能加上了学习,有了知识,才能够产生直接的效果。

成功的人,很少完全依凭智慧,却十分需要学习知识。孔子自称不是“生而知之”的智者,苏格拉底更指称自己“一无所知”,都是希望我们“求取知识更重于凭借天才”。这两位哲人虽然分别出现于东、西两方,互不沟通,却不约而同地要求大家务必“勤于求知”。

智慧不高,勤学的结果,也能获致丰富的知识。智能很高,则勤学的结果,知识更为丰富。陈大齐先生认为智能是知识的资本,有了巨大的资本,才有经营庞大事业的可能。有了高超的智慧，才有获致丰富知识的可能。

但是智能的表现，一方面在求取知识，一方面则在组织知识。有了丰富的知识，不能加以组织，应用起来就不能得心应手。有了丰富的知识，如果紧密地组织起来，便能够灵活地加以运用，定会产生辉煌的效果。

◇立业要结合众人

结合众人的力量，比较容易立业。

前面已经说过，成功必须获得他人的支持。不能结合众人的力量，就无法获得成功。

美国著名的卡内基工业研究所对一万名现职主管所做的调查显示，这些人中，只有百分之十五，是由于专业知识丰富，技术成熟或智慧高超而获得升迁；其余百分之八十五，则是因为能够和别人融洽相处，得到部属的支持，才获得升迁。

事实上，由于工作效率不高而被革职的人，不过百分之十，其他百分之九十被解雇的人员，则是由于不能获得他人的支持。

立业要结合众人的主要原因，在于单打独斗的时代已经成为过去，现在创业的资金，远较以往庞大；立业所需要的人力，也远较往日更为复杂。

结合众人的力量，首先要建立良好的人际关系。一般人认为人际关系是指“自己与他人的关系”，实际上人际关系从“自己与自己的关系”开始。

先问问自己：“我自爱吗？”自爱当然不是自私，而是自己爱自己。唯有自己爱自己，爱到满了，溢出来的爱，才能够真正地爱别人。重视自爱，真正爱自己，而不是一天到晚把爱人挂在嘴边，说得很动人，实际上却做不到。

自爱爱人的三大原则。

自爱爱人，乃是人际关系的最佳写照。自爱的表现，通常有下述三点：

(1)富贵不骄傲。富而骄，贵而傲。骄傲的人，易于纵欲放荡。富贵时不能克制自己，便会“饱暖思淫欲”，败坏社会风气。今日社会物质文明发达，欲望高涨的人，一切卑鄙污浊的行为，都可能失去控制，使自己坠入痛苦的深渊。自爱的人，第一个标准，即在富贵不骄傲。

(2)贫贱不投机。患难贫贱的时候，最容易失节。“饥寒起盗心”，和“贪图富贵而卖主求荣”，乃是中国人心目当中最可耻的事。

(3)威武不能屈。确立人生目标之后,必须以坚定的意志,不怕艰苦,不避危险,力求圆满达成目标。岳飞的壮怀激烈,文天祥的庶几无愧,以及林觉民的赴难绝笔,都是威武不能屈的勇者精神。唯有威武不屈,才能自救救人,自立立人。

富贵不骄傲的意思是"经济繁荣,生活富裕的情况下,每一个人都应该适度地控制自己的欲望。同时尽量同情别人、关心别人,更进而顾虑到别人的欲望,走上立人立己的成功之路"。

贫贱不投机的意义,在"万一遭遇困难,必须安分守己。千万不可以笑贫不笑娼,也不应该一贫贱就失节,忘记了遵守礼义。富贵而有礼,固然很难;贫贱而守住节操,更加为难"。

威武不能屈的用意,则是"民主时代,好人必须不受坏人的威胁。作为一个好人,应该有一套本领,而且坚定不移,威武不屈。不怕困难,不畏危险,努力去达成目标"。

自爱的人,把充满自身的爱,来爱别人,也就是善尽"诤友"的责任。经由彼此互相劝善,找出若干志同道合的朋友,然后分工合作,共同创造一番事业。

共创事业有三大要则。

中国人常说"合"字难写,主要是共同创业容易,而合作事业却很难持久。其实,中国人仍然可以合伙,只要注意下述三个要点,还是能够持久:

(1)开始就要小心。任何细节,都要考虑大家的信心问题,不要引起任何人的疑惧。大家不起疑,自然长期能合作。

(2)有事多商量。不要独断独行,应该多让大家参与。并且先听听大家的意见,再发表自己的观点。凡事好商量,大家有信心。

(3)逐渐走向制度化。建立制度,使大家共同遵行。只要制度不是抄来的,而且经常微调整,力求合理化,执行时"在制度的范围内衡情论理",大家就乐于接受。

◇家庭要以和为贵

家和万事成,现代依然如此。

婚姻是十分严肃的重要课题,家庭的结合,在于两个人要全心全意地爱对方。婚姻要成功,双方必须付出无限的爱和真诚的合作。家庭需要美满,应该以和为贵。

第一个考虑的因素，是“采取什么观点来找寻结婚的对象”？

如果单纯地想找一个爱自己的人，结局很难美满。因为和一个自己并不喜欢的人长期相处，实在十分委屈。有时候做出一些对家庭有害无益的行为，对彼此都很不好。若是一厢情愿地找寻自己所爱的人，结局也大多悲惨。我们自己所爱的人，如果不爱我们，就算想尽办法，达到结为夫妇的愿望。结婚以后，也将产生很多难以解决的问题。

结婚对象的考虑方式。

中国人的脑筋，一向比较复杂。想起问题来，也应该稍微复杂一些。我们的建议是，如图所示，说明如下：

找什么人？
- 为自己
  - 找一位好伴侣，
  - 可以终生为伴。
- 为双亲
  - 找一位好媳妇（女婿），
  - 能够孝顺父母。
- 为子女
  - 找一位好父亲（母亲），
  - 能够教养成人。
- 为兄弟
  - 找一位好嫂嫂（弟媳），
  - 不致影响兄弟的感情。
- 为朋友
  - 找一位受朋友欢迎的伴侣，
  - 以免婚后朋友都不愿意上门。

第一，替自己找到一位好伴侣。刚结婚的时候，彼此沉浸在爱的陶醉中。久而久之，才发现自己所需要的，乃是一位可以终身厮守的伴侣。许多人因此而产生婚变，不如一开始便注意到这个问题，以期未雨绸缪。

第二，替自己的双亲找到一位好媳妇或好女婿。现代人对这种观点，愈来愈不重视。其实，父母是终生唯一的，双亲的感受，怎么可以不注意呢？三代同堂的好处，如今逐渐受到大家的肯定，那么，父母亲是否能够与自己的另一半和谐相处，当然值得关注。

第三，替自己的兄弟姐妹找到一位好嫂嫂，好弟媳，好姐夫或者好妹婿。有些人结婚之后，发觉兄弟姐妹的心都变了，彼此原本亲密的关系，也愈来愈生疏，因此痛苦不堪。后来发现原因出在自己另一半身上，更是难于处置。如果在婚前仔细思考这种问题，应该可以有效地加以避免。

第四，替自己的未来子女找到一位好父亲或者好母亲。婚姻关系的发展，自然进入亲子关系。有些人没有考虑如此长远，到了生育子女，才发现另一半在双亲的角色扮演上，有相当多的问题，悔之已晚。

当然，也有人会思考得更为周到一些，把婚后的同事关系也列入考虑。想想自己的同事，会不会因为自己和这样的人结婚，而产生不良的影响。

结婚前要睁大眼睛，看清楚也想清楚。结婚后最好睁一只眼闭一只眼，设法和睦相处。为什么婚前、婚后要有双重标准呢？原因十分简单。婚前睁大眼睛，慎重选择，才是负责任的做法。婚后呢？要想清楚今日的婚姻，乃是自己慎选所得的结果，一切后果应该由自己来承担，不可以轻言离异，才是负责的态度。

下一代没有理由承担婚姻所造成的痛苦。

离婚有什么不好？主要的考虑，最好放在子女身上。子女是无辜的，却终生受到上一代离婚后衍生的种种不良影响，我们于心何忍？

婚姻的问题，通常由于对金钱、子女以及其他琐事的看法不同，而引起争执。于是为了避免彼此伤害，双方都不愿意轻易把自己的看法说出来，逐渐流于嗯嗯啊啊，敷衍两句式的浮面沟通。这样一来，维系婚姻的力量逐渐减弱，双方的关系也因而动摇。

家庭的协调，有赖于夫妻双方面对面地正视问题，以坦诚、亲爱的方式，和谐地寻找问题的症结，并且和平地解决。婚姻需要滋养，彼此和合，是最有效的保障。

◎维持家庭和合的主要条件，在爱情专一，多贡献，少要求。同时多原谅，少责备。专一就是专注一处，不分向多处。爱情专一，爱力才会坚厚，不致发生外遇的困扰。贡献与要求是相对的，彼此都“看你怎么样对待我”，就会愈来愈疏远；双方能“从自己做起”，多激励自己，少要求对方，遇到不如意事，多原谅而少责备，家庭自然和谐而令人满足。要么不结婚，彼此都没有责任，一旦下定决心要结婚成家，就应该以和为贵。可以彼此励勉，却不能意气用事，任意闹离婚。

◇发展要群策群力

目标组织起来,才能尽人力。

我们已经有了成功的目标,并且希望学识、品德、成家、立业四方面兼顾。虽然看起来似乎遥不可及,却必须认清;唯有如此才能在有生之年,获得成功。

前面也讨论过,目标应该分段予以割裂,以便分段完成。这分段割裂的目标,必须好好组织起来,才能够成为比较完整的体系,有助于整个目标的实现。

目标若是不加以组织,往往会出现"尽力主义",尽量朝向目标去努力,却不一定有把握达成目标。并且有人理直气壮地称之为"尽人力以听天命",好像十分符合中国人的传统主张。

实际上尽力主义不能代表尽人力,其中的差异,即在有没有目标组织化。尽人力的意思,包含尽己之力和尽人之力。借他人以增强己力,用己力来感化他力。做到群策群力,才是真正的尽人力。

当然,己力为主,他人的力只能作为辅助。有一位好奇的年轻人,看见观世音菩萨手中拿着一串念珠,想必也在念经,于是请问法师:"观世音菩萨在念什么经?"

法师回答:"南无大慈大悲观世音菩萨。"

年轻人大惑不解:"自己念自己?"

法师说:"当然,求人不如求己啊!"

可见群策群力,仍然以己力为主。年幼时要"多听多看少想少说",尽量吸收尊长的知识和经验。年纪长大一些,要"多听多看多问"加上"多想少说",才能够持续有长进。二十岁以后,人家容易把自己当作成人看待,更需要养成虚心请教的态度。以诚恳的心,多向他人请益。获得真正的解答,作为自己的参考。

中国人的习惯,除非他人十分诚恳地向自己请教,否则不愿意说出自己的观点。因为有的人会认为,一个人若是轻易说出自己的看法,别人就会认为他在夸耀自己的见识,或者抓住机会教训别人。因此,必须弄清楚对方确有请教的诚意,才会把自己的意见说出来。

在中国社会,希望得到他人的帮助,最好"想办法让对方先说出他的意愿",而不是自己滔滔不绝,开口就说出一大堆道理来。

某甲和人家在一起,只要有人开口说话,他马上中途截入,不是"这件事我最清楚,是如何如何",便是"不是这样的,事实是如何如何"。请问,这样的态度,能够聚合众人力量,做到群策群力吗?

中国人最好不要随便作秀。

西方人的教育,是"Show and Tell",不但要"作秀",而且要到处告诉别人,自己怎样表现,作了哪些秀。中国人切记"锋芒毕露,终将造成自己对自己最大的伤害",因而不可随意炫耀自己。一天到晚想要表现的人,最好想一想表现的后果如何,以资警惕。

请试试看,对着朋友谈论自己的得意事,看看他们的表情如何?引起他人的忌妒,其实也是一种错误的行为。是我们的错,不是别人的不对。

发展事业,有赖众人的群策群力。这时候"有容乃大",便成为十分重要的修养。能容少数的人,只能发展小事业;能容更多的人,才能够发展较大的事业。

怎样才能包容更多的人呢?答案是"富有人情味",让别人觉得"你是一个善于关心别人"的人。一般人总以为大家所关心的,是你的财富、能力、所得与社会地位。其实人们所渴望了解的,乃是"你是不是富于人情味",能不能从你这里得到他们所期待的关心?

关心他人,最具体的表现,莫过于"让他在你的面前,显得很有面子"。任何人在我们面前得到面子,自然会反过来给我们面子。彼此有面子,才能够群策群力。

给人面子的人,真正明白"施比受更有福"的道理。用给他面子来包容他,充分运用"高帽子政策",效果必然宏大。一般人最喜欢戴高帽子,好像戴了高帽子,就真的高人一等,十分有面子。我们不妨多准备几顶,适时给予高帽子。这种方式,就叫作高帽子政策。

◇组织力确保成功

发挥组织力有三个要件。

既然组织力如此重要,那么,怎样才能发挥组织力呢?对中国人而言,我们提出三大要件,分别注明如下,以供参考:

◎第一要件,在于保守秘密。

基本上,中国人不懂得保密,缺乏守密的素养。常见某甲对某乙说:“这件事只有我们两个人知道,绝对不可以告诉别人。”某乙满口答应:“对,对,不能让别人知道。”

某甲离开以后,某乙觉得很难过,生怕守不住这个秘密。于是告诉某丙,然后严重地警告他:“这件事只有我们两个人知道,绝对不可以告诉别人。”某丙也满口答应,然后又告诉某丁。

在这种大家都不守秘密的大环境下,守密的人有福了。因为我们都在用心寻找真正能够保守秘密的人,然后放心地信赖他。

守密带来更多的朋友,也带来更多的信息,使我们掌握人和信息,易于开展未来。

主管对部属的事情保密,部属对他更忠诚。部属对主管的事情保密,主管对他更信任。朋友的事情,保守秘密,友情就会加深。

◎第二要件,是“公正却未必公平”,亦即做到“合理的不公平”。

众人的事情,情况殊不一致,怎么可能公平呢?勉强追求公平,造成众人的怨愤,也让自己觉得十分委屈。

大家的事情,怎么可以不公平呢?不公平大家都不愉快,怎么能够真诚合作?

具有组织力的人,会尽量做到合理的不公平,然后向大家抱歉,实在不是很公平。大家就会谅解,并且异口同声地称赞:“已经相当公平了,不能再计较了!”

自己声称公平,大家就会背后议论纷纷,因为“机会相当有限,根本不可能公平”。自己谦称“很难公平”,大家比较容易给予谅解。

◎第三要件,则是“让大家同台演出”。提供机会,让大家一起来参与,组织力才会增强。

中国人普遍喜欢参与,却一直不敢自动参与,因为怕不受欢迎,或不被重视而觉得没有面子。

提供机会,邀请大家一起来参与,抱着同台演出的心情,让每一个人都得到相当的重视。大家不但乐于参与,而且充分地发挥潜力,组织力必然强大。

让对方觉得很重要,是组织力发挥的基点。

怎样邀请参与呢?原则是“让他觉得很重要”。

认为自己的需要很重要,几乎是众人共同的需求。可惜一般人只知道盲目满足自己这种需要,却严重地遗忘了他人也有这种急切的需求。

当然,世界上最重要的人,莫过于自己。但是,唯有肯定他人也同样重要的人,才能够满足自己最重要的需求。所以,把大家看成和自己同等重要,并且进一步率先肯定别人的重要性,往往是组织能力不可缺少的要件。

发挥组织能力,应该有先后的次序。君子先齐家而后平天下,任何人都必须先孝顺父母、爱护家人,然后才会有事业的通达。

有一位非常成功的企业家,公开说明他们的用人原则,便是优先选用孝顺的人。他认为一个人连自己的父母都不孝顺,怎么可能对公司效忠?一个对父母孝顺的人,大概不会背叛组织,做出对公司不利的事情。

组织学识和经验,把家人动员起来,从家和万事成做起。结合志同道合的朋友,发展共同的事业。这样的成功,不但循序渐进,而且基础稳固,能够持久畅通。

在学校期间,透过社团活动,学习活用知识的技巧,以及磨炼人际关系的要领。在家庭中,学习与家人相处之道,获得家人的信赖。然后在社会上,自然能够把大家组织起来,发挥组织力,把握了成功的重点。能够结合众人的力量,自然比单打独斗来得有效。

五、第五步:分析力——了解自己与对手

知人、知己、知境、知机。

玉不琢不成器,任何人都需要不断地琢磨,才能够获得成功。然而,怎样琢磨呢?这就需要分析,不但要知己、知人,而且要知境、知机,以充分掌握有利的情势,达到成功的境地。

我们已经说过,头脑清楚的人,对自己的观念、性格、习惯、兴趣、能力和理想,有比较正确的认识。这里还要进一步分析自己的观念、性格、习惯、兴趣、能力和理想,是不是符合成功的要件?

于是,我们不妨把成功的人,当作自己的一面镜子,让自己从他们成功的要件中,找出自己的优点和缺点,并且做一番调整和改善。

分析力是能否成功的关键。

我们常常自问:“我为什么搞成这个样子?”可惜大多数的人问是问了,却

不热衷于追求答案。因为缺乏分析力,不容易了解自己为什么会这样?

就算明白自己何以如此的原因,也不知这样究竟是好是坏?有没有办法可以改变?

换句话说,成功到底有哪些要项?自己的条件符合与否?不符合的部分,能不能改变?乃是我们必须关心的课题。要得到比较满意的答案,就需要正确的分析力。

除了知人、知己之外,知境和知机也很重要。知境是对所处环境的分析,而知机则是对当前时机的掌握。人和环境,是成功的关键因素,双方面都应该并重。

人固然有改造环境的可能,但是环境对人的影响,也十分重大。

研究报告指出:美国有许多伟大的人物,如林肯、洛克菲勒、爱迪生和加菲尔,都出生在贫苦的乡下人家。他们在纯朴的环境中奠定了智慧、品德和体力的良好基础,加上不断地努力,终于得到成功。我们的历史,何尝不是也有许多如此记载?可见成功的要素,全世界都差不多。

但是,生长在乡间的孩子,如果终其一生都在乡村度过,成功的机会,真是微乎其微。若是不满于自己所处环境的贫困,觉得农村缺乏发展的机会,怀着一颗雄心,进入都市,参与激烈的竞争,往往能够出人头地,凭着不折不挠的精神,踏上成功的大道。

那么,什么时候搬迁最为适当呢?这又牵涉到时机的选择。有很多乡下青年进入都市之后,由于没有应付困难的能力,缺乏正确判断的经验,有的开始堕落,有的受人欺骗,有的铤而走险,也有的穷困潦倒。一方面是自己的条件不足,一方面则是时机选择不合适。

知人、知己、知境、知机,都需要锐利的分析力,我们分成下面五点,如图所示:

五大要项
- 知人不易知己更加难。
- 知人知己还需要知境。
- 知机才能够掌握良时。
- 知机有赖良好分析力。
- 最要紧在阶段性调整。

◇知己知彼则百战百胜

成功的人,必然具有若干条件。

成功的条件,其实并不确定。有些人因此而成功,有些人却因彼而成功。但是看看别人的成功条件,的确有助于自己的分析。

依据小盖洛普的调查,成功的人:

●在家庭因素方面,影响较大的,依次为幸福的家庭生活、父母的大力支持、其他家人的协助、幼年时代的生活环境、强烈宗教信仰的家教、得到的教诲以及种族文化的传承。

●在学校因素方面,影响较大的,依序为好胜心、良好的工作习惯、学习禀赋、用功、好成绩、进好学校、老师多鼓励的影响以及想学好技术。

●至于个人特征方面,依序为丰富的常识、充足的专业知识、独立坚韧的自恃、明确的判断和反应、精明的处事能力、善于领导、善于下决心、创造与发明、充分的自信心、善于沟通、关怀别人以及幸运。

家庭对于个人的影响很大,调查显示:"成功的种子,不一定要播种在富饶的土地上才能够发芽吐枝。而成功的人,多半生长在充满爱、了解和有教养的家庭"。

不过,即使儿时的幸福,对日后的成功有很大的帮助,但是学校的教育也不能忽视。家庭不幸,有时候可以从学校教育中获得支持,奠定以后成功的基础。

学校教育和家庭背景,塑造了人的若干特征。成功的个人特征,以丰富的常识为第一要项。可见学校的通才教育,居于十分重要的地位。

丰富的常识,使人增加化简驭繁、直探核心的能力。专业的知识,使人实际了解所从事的职业技巧,以减少失误并发挥自己的能力。

自恃是对自己的信任,亦即对个人有明确的奋斗目标。小盖洛普的调查指出,百分之七十七以上的高成就者,自认他们的智慧和能力是 A 等的。美国名人录上的人士,有三分之二认为自己发展已有定位,有清楚的目标。

先天的禀赋加上后天的努力。

明确的判断和反应无法用一般智商测验来测量,它是天生的禀赋,包括一颗好奇的心以及广泛的兴趣。当然,后天的训练也可以帮助我们迅速理解困难的概念,并且做成清晰而适当的决定。

精明的处事能力,包括组织能力、工作习惯和努力奋发。但是,中国人主张"聪明而不精明",亦即聪明不要外露,以平凡、平淡、平实的方式,加上良好的计划、组织与协调,来处理事情,比较容易获得成功。

善于领导,是成功的特质之一。不过,大多数成功的人,不但善于领导,而且会以鼓励的方式,激励部属完成既定的目标。

正确做决策,善于下决心的人,大多具有强烈的道德观念。中国人主张多问应该不应该,依伦理下决心,比较容易判断是非,做明确的决定。

创造力与发明主要来自"直觉",然后再想尽办法去证明。创造力很重要,如何善用它为人类造福,更加要紧。

充分的自信心,表现在"细心预防可能面临的任何状况与敌人",亦即"有信心应付最棘手的问题"。自信心其实来自充分的准备,有一种"立于不败之地"的感觉,因而具有强烈的安全感。

善于沟通表达,易于获得他人的信任,对事业成功有很大的帮助。

关怀别人,培养仁厚的关怀心,这样获得的成功,才能保持长久的快乐。

运气也是影响成功的因素。人生是一连串的抉择。幸运的人,选择了较大、较有可能的机会,因而得以成功。

这些成功的特征,表现在已经获得成功的人。让我们当作一面镜子,来分析自己的特质,以便合适地调整。

◇知人不易知己更难

找出自己的成功利基。

我们很难改变自己的家庭背景和学校教育,却可以用心地分析自己的特征,看看有哪些优点是促使自己成功的"利基"(Niche)。

分析的时候,有些人坚持"自己最了解自己"的原则。只肯自己用心推敲,对于别人的看法,拒不接受。这种态度,未免太过主观。评核的结果,往往缺乏客观性。

但是,一味依赖别人的分析,恐怕也是"客气多于批评",得不到真正的结果。

最好的方法,是拿一张纸,在中央画好一条直线。然后仔细想想,把自己的优点写在中央直线的左边，缺点写在右边。为了方便评核，尽可能条列式分项记载，并且在每一项目之间，留有空隙，以便增加或删改。如图所示：

自我评核表

自己的优点	自己的缺点
1.	1.
2.	2.
3.	3.
4.	4.
5.	5.
6.	6.
7.	7.
8.	8.
9.	9.
10.	10.

记好以后，向家人或可靠的友人，询问他们对自己的看法。如果不便启口，写也可以。把别人的看法和自己的观点相比较，慢慢就会正确地分析出自己的优缺点。日本高桥诚先生，主张自我分析，要注意潜在力、感受力、信息力、创造力、构想力、应对力、表现力以及生命力的分析。

他的分析方法，是列举一些问题，让我们深呼吸、稳定心情后，按照顺序作答，而且不要考虑太久。认为是的，在题目前面的括号内画“○”，认为自己不是这样的，就画“×”。然后统计“○”的数目，加以分析判断。

分析自己的潜在力。

举例来说，关于分析自己的潜在力，他列举了二十个题目：

(　)(1)到了非下结论不可的时候，不会犹豫不决，能够立即做出决定。

(　)(2)即使失败或犯错时，也不会特别在意。

(　)(3)做事的态度，就是彻夜不眠也没有关系。

(　)(4)能够在短时间内，处理很多事情。

(　)(5)就算社会不景气，也自信自己能够做得很好。

(　)(6)经常被推选为小组的领导者。

(　)(7)站在很多人面前发表意见，并不脸红。

(　)(8)喜欢和人谈话。

(　)(9)时常替他人解决困难。

(　)(10)众人聚集游乐时,乐于参与。

(　)(11)善于控制自己的情绪。

(　)(12)即使发生令人担心的事,仍能安稳地入睡。

(　)(13)对自己的工作或家庭,感到与有荣焉。

(　)(14)自己的事情自己能够解决,不必依赖他人。

(　)(15)对自己所选择的生活方式有信心。

(　)(16)能和比自己年长或年幼的人,相处得很好。

(　)(17)遇到上司或年长的人,仍能不怯懦地说出自己的意见。

(　)(18)认为周围的人,都可以信赖。

(　)(19)因为有人反对,反而更为起劲。

(　)(20)比起一直思考,不如喜欢活动一下筋骨。

画好“○”或“×”之后,分别统计一下,二十道题中,一至五题的答案有几个是“○”?六至十题的答案,“○”有几个?同样把十一至十五题、十六至二十题的“○”数,分别计算出来。

第一至五题加上第十一至十五题答案的“○”数,代表意欲尺度,亦即内在性向的得分。

第六至十题加上第十六到二十题答案的“○”数,代表对人尺度,亦即外在性向的分数。这样,我们得到两组“○”的“和”,因而有了两个数字,分别从零到十,都可能产生。

于是,内在性向为零至五,外在性向也为零至五的,属弱气型。内在性向为六至十,外在性向为零至五的,属气弱型。内在性向为零至五,外右性向为六至十的,属气强型。而内在性向为六至十,外在性向也为六至十的,则属强气型。

◎这四种类型,如图所示,各有不同的特质,分析如下:

性向四型
- 强气型——外强内强。
- 弱气型——外弱内弱。
- 气弱型——外弱内强。
- 气强型——外强内弱。

(1)强气型——外强内强。不论对人的表现,或自己的内心,都很盛气凌人。

(2)弱气型——外弱内弱。温和、害羞。不论在行动上或心理意欲,都呈现弱势。

(3)气弱型——外弱内强。外表看起来很柔弱,内心却非常坚强。

(4)气强型——外强内弱。外表看起来盛气凌人,其实内心意志并不坚定。

我们不一定要做这么多的分析,但是,从健康、学识、信用和常识这四大项目,来分析自己,至少是必定要做的。

◇知人知己还需要知境

寻找合适的工作环境。

成功的人,受环境的影响很大。我们不一定要求顺境,因为面临困境,通常有助于培养处事待人的能力。

幸福的家庭,固然可以塑造成功的人。破碎的家庭背景,如果自己不断努力,同样可以获得成功。

我们已经说过,很难改变自己的家庭和学校。我们这里所说的"知境",重点放在"寻找合适的工作环境"。

有人说学识丰富,能力也很好,却由于"入错行"而无法发挥自己的优势。"行行出状元",是"入对行"以后,全身心投入,竭尽所能的结果。若是"入错行",选错了工作环境,恐怕很不容易聚精会神去做,因而很难做得好。

家长不要以自己既有的经验,强迫子女从事不称心的工作,老师要以探索的心情,帮助学生寻觅合乎自己的行业。而我们自己,更应该以"个性和兴趣",来寻求适合的职业。

知境就是了解"在当前的大环境下,什么职业才适合自己的学识、才能、体格和个性"。务使自己能够胜任愉快,不致抱怨或沮丧。

有些人为了面子,投入"有面子的行业",却不管自己的性格是否相合,结果断送了成功的希望。

有些人好高自大,一下子就要找到"高人一等的职业",因而屡遭拒绝,顿觉人间冷酷无情。

也有些人只问哪一行业赚钱容易,就往哪一行业跑,丝毫不考虑自己的个性和兴趣,弄得脸上失去笑容,始终提不起精神,根本不可能成功。

发现自己最有兴趣的工作。

学生时代,必须用心探索自己的性格和兴趣,寻找"自己最有兴趣的工作"究竟是什么?事实上很多学生都弄不清楚自己的兴趣在哪里。反正小学读了升中学,中学毕业考大学。有些人读到大学四年级,还不喜欢自己所就读的系,下决心"毕业后的第一件事,就是把书本通通丢掉",因为十几年的苦读,已经使他对书本深恶痛绝。

有人存心继承父业,认为基础稳固,不需要多费心便能够守成,却不料自己根本缺乏这方面的兴趣,始终不能专心投入,等到发现守成不易的时候,才悔之已晚。

有些人则存心不走父兄的老路,一定要另辟蹊径,以免被他人讥为"搭顺风船",承父兄的庇荫。弄得高不成低不就,到头来,已经是时不我予了。

可见仅凭情绪的反应,很难知境。要找到适合自己的工作环境,最可靠的办法,是"听听父母、师长、朋友的意见,再自己仔细考虑,慎重决定"。

父母对自己的子女,有充分的了解,如果理性地依据子女的性格和兴趣,给予正确的指导,而不是硬性的指定,对子女很有帮助。

师长对学生的辅助,以及朋友的意见,都是值得参考的依据。

一个人踏入社会,必须处处谨慎,仔细观察周遭的环境,发现障碍与困难,寻找合乎自己的工作。至于是不是真的找到,可以从自己的感觉来判断:当自己精神饱满,对所从事的工作充满信心,不再怀疑是否走错了路,就可以确定已经真正找到自己的兴趣所在。

◇知机才能够掌握良时

善用自己的尝试错误期。

人类解决问题的方法,有许多种,譬如观察法、实验法、分析法、综合法、归纳法、演绎法以及体会法,等等。但是,最原始、最简易的方法,则莫过于尝试错误法。

只要安全没问题,就可以大胆地尝试,放心地运用试误法。因为许多事情,若非亲身验证,实在很难体会,获得结论。

我们的建议是:踏进社会的最初五年,应该提醒自己,是最好的尝试错误期。

一个人进入社会,获得第一份职业,便能够产生很大的兴趣,决心全力投入,而且从来不曾犹豫,丝毫没有跳槽或转业的念头。这种情况,证明自己找对了行业,也掌握了良机,当然不可以三心二意,却应该一心一意地打算长期投入,并且切实去履行。

若是第一份职业,不能使自己满意,无论工作本身或周遭环境,都有所不满,或者工作尚可胜任,而环境则有诸多不便,或是环境尚称满意,而工作则难以胜任。这时就不能因循苟且,过一天算一天。因为拖延下去,可能养成心不在焉的坏习惯,每天上下班,却无心工作,不但害了团体,更害了自己。

赶快用心追究,到底自己什么地方出了差错?如果是能力不足,马上设法补救。若是环境欠佳,也要想办法改善。确实不能改变,也不妨看看有没有跳槽或转业的机会。

虽然时常跳槽或转业,经验就累积不起来,信任度也会减低。但是,做不好工作,有很多不方便,如果再坚持不跳槽,实在也没有什么好处。

合理的态度,应该是最初五年尽量跳槽或转业,然后定下心来,不再跳槽或转业,以累积经验,成为值得信赖的人。

为什么订为五年呢?因为刚刚进入社会,大概还没有成家,不受“丈夫或妻子会不会受影响”“子女读书有没有问题”的干扰。变动起来,比较单纯而方便。同时服务年资很浅,就算牺牲一两年的资历,也不心疼。再说,对一辈子而言,这是大好的机会,再不好好把握,等到有了小家庭,会有另一半的意见,加上子女的升学环境,势必增加很多难题。何况年资一长,舍不得割弃,就会得过且过,混掉大半辈子,把成功的机会都混掉了。

千万不要任意跳槽。

要紧的是,最初五年的跳槽或转业,必须具有“寻觅值得自己全心投入的处所”的意识,有理想、有目的地跳槽或转业,不可由于“多一千元薪水”或“反正差不多”,甚至“转业可以增广见识”,以及“愈跳槽愈有人要”,而任意兴起跳、转的念头。

五年是最长的期限,一个人找了五个年头,居然还找不到自己安身立命的处所,不是自己的能力有问题,便是大环境不合适。如果是前者,赶快充实自己、改变自己,以求创造自己,来适应环境的变迁。若是后者,不妨找一个可以退隐的地方，避开乱世，也是合理的因应。

无论如何，机会要靠自己去分析、研判和掌握。五年的时间，说长不长，说短也不算短，一生的成败，尽在于此。好好地把握，才能够开启成功的大门。

◇知机有赖良好分析力

知机是洞悉事情的因果关系。

把握良机是大家共同的愿望，能否如愿，却有赖各人“知机”的能力。“机”的意思，指“动之微”，亦即“微小难明的动机”或者“吉凶的先兆”。

任何事情到了相当明显的地步，大家都看得很清楚。这时才要下手，恐怕已经迟了，来不及了。假若在事情尚未显著，征兆刚刚出现的时候，就加以掌握，应该是最有利的时机。

吉凶原是无常，祸福就好像住在隔壁。如果预先警报系统装置良好，借着预警讯号，能够趋吉避凶，化祸为福，对我们十分重要。

所有事情，都有其连续性。我们早期注意到它的动向，就可以及时端正它的方向，使其导入正道，避免日后的分歧。知机便是在连续的程序上，找到因果关系，在“果”尚未明显出现之前，预先觉察可能的“因”，及时加以掌握和利导，以确保获得预期的果。

任何事情，总有其发生和成立的原因，都有其存在的道理。我们每做一件事，每使用一件物，若是探本究源，把它的成因找出来，有清楚的认识，便能够在刚刚开始的时候，奠定不败的良好根基。

人的成功失败，如果从原因看，追本溯源，往往由于一念之差，而导致失败的苦果。同样一念之正，也就塑造了成功的甜美果实。

同样，跳槽的真正原因，只有当事人自己明白。为什么转业？其真正动机，也唯有当事人自己清楚。跳槽或转业的时机适当与否？亟须当事人自己依据主、客观的条件，做一番省察与分析，然后才能正确地判断、决定。这些必须考虑的因素，往往是人所不知而自己独知的。自己能够在一念发动时，如有不善，马上把这不善的念头克制、打倒，不使其潜伏在胸中，这种功夫就是“研几”“慎独”。而研几、慎独，都有赖于正确而锐利的分析力。

动机纯正，分析才会正确。

大学毕业生学有专长，按理说应该前途一片美好。但是，一般大学毕业生只知道东一个计划，西一个计划，任凭机会从眼前消逝。或者计划的动机并不纯正，不是贪图近利，就是追求虚名，不能研几、慎独，结果无法把握大好机会，遭到失败的打击。

没有一个人是命中注定失败的，每一个人或多或少都有些机会，问题是机会来临的时候，既不能见机，又缺乏研几的功夫，结果与机会失之交臂，徒增怨责和叹息。

反过来说，若是培养研几的功夫，养成慎独的习惯，一切计划，所有行动，都力求切合正道。既不自怨自艾，也不到处诉苦，却能够任劳任怨，静待好机会到来，立即牢牢把握。像这样的人，当然有成功的一天。

有些人抱怨自己生不逢时，似乎所有好的位置，有出息的行业，都已经宣告客满。随便走到哪里，都找不到立足之地。于是埋怨没有机会，抱怨“余生也晚”，一辈子不可能成功。分析、分析、再分析；研究、研究、再研究。只要心存诚意，努力不懈，成功之门终会为我们打开！

◇最要紧在阶段性调整

成功也可能成为失败之母。

为什么有些人成功之后，会一直成功下去，似乎愈来愈成功。有些人却成功之后，仅仅维持一段短暂的日子，便快速下坠，到达失败的深渊。

不错，宇宙万物，大多呈现螺旋状，以一点为主心，渐渐扩大成为一个大圆圈。中心点可以称为原点，生命的旋涡，就是环绕着原点，不断地回转，形成周期性的起伏，很少循着直线发展。

失败为成功之母，成功也为失败之母。走向成功，到达极高点之后，依物极必反的道理，亦可能走向失败。

看他盖高楼，又看他楼塌了。看他很成功，又看他垮下来。如果这是不能改变的命运，还谈什么“人力胜天”呢？

风水轮流转，有时张三成功，有时李四发达。如果就坐在那里等待“时来运转”，何必预测、计划？又哪里有必要执行、评估、补救呢？

阶段性调整确保长久成功。

成功难，要维持长久的成功，就更不容易。重要之处在于是否做好阶段性的调整。其要点如图所示，兹分述如下：

- 阶段性调整
  - 儿童时期
    - 多读、多听、多问，
    - 用心学习。
  - 中学时代
    - 参与课外活动，
    - 培养解决问题的能力。
  - 大学时代
    - 塑造自己的形象，
    - 用心改命。
  - 进入社会
    - 获得上级的赏识，
    - 开拓自己的前程。

●儿童时期。多听多问多学习，自然博得大人的赞美。有些儿童在小学时期，多读、多听、多问，而且学业成绩表现优异，被父母、师长肯定为天才小学生。长大之后，如果始终停留在多读、多听、多问、多表现的层次，缺乏解决实际问题的能力，人家就会讥讽“小时了了，大未必佳”，指责这个人已经“江郎才尽”，没有什么指望了。

●中学时代。开始参与课外活动，逐渐培养一些解决问题的能力，并且了解一些人际关系的奥妙。那么，小时了了，到了中学时代，仍然可以被期许为“将来有出息”的年轻小伙子。

●考入大学之后。开始留心自己的仪表，用内心的改变来调整自己的面貌，依“相随心转”的法则来塑造新的面相，借以改变自己的命运。

有些人不注意这一方面的塑造，以致毕业后找工作面试时，遭受很大的挫折。就算到法院按铃申告面试者有“相貌歧视”的不正当态度，恐怕也于事无补。

●迈入社会。由于各方面都有相当优异的表现，因而获致初步的成功。具体的果实，就是得到上级的赏识，给予晋升的机会。

升上去之后，才发现原来自己的能力相当有限，很快就抵达“不但不可能再向上爬升，眼前的工作也做不好的”“无能级”。于是自己承受重大的压力，变得灰心而沮丧；上级看在眼里，自是十分后悔，准备寻找适当时机，另觅高明取代。

原来一级一级往上爬，一方面要靠机会，一方面更需要有实力。如何及时充电，具备更强的实力，再往上爬升，乃是维持长久成功的必要条件。可见阶段性的调整,无论在学识、能力、态度以及品德修养方面,都十分重要。

不断地定位自己,持续地充实自己,阶段性地改变自己,乃是保持成功的不二法门。

阶段性调整就是推动自己不断进步的计划。

阶段的划分,有大有小。自我的调整,最好采取小阶段的方式。任何时候都当作"现行阶段",这时放眼未来,就是"下一阶段"。换句话说,时时立足眼前,马上展望未来,常常自问:"下一步我应该怎样充实自己?"

自己和自己比,现在和过去比,未来又要和现在比。这样推动自己,使自己"日日新,又日新",便可持续成功,永不坠入失败的深渊,这才是真正的"人定胜天",克服"螺旋回转"的情况。

至于怎样调整,如何发挥调节力,后面将有更深一层的说明。

六、第六步:感应力——创造成功的源泉

把成功归于幸运,只能当作谦虚的表现。

中国人成功的时候,常常自谦"运气好"。我们习惯地把成功归于幸运,并不是迷信,而是谦虚的表现。目的在使听者心中安宁,以免引起他人的忌妒。

请看,一个人成功之后,如果指称自己的成功,是能力超群的结果,或者全力投入、长期努力、计划妥当、用心调整等因素带来的果实。听的人会不会服气?会不会反而引起别人的忌妒,因而背后恶言恶语,甚至造谣、破坏?电视上有一则广告,女主角开口就说:"请不要忌妒我亮丽的头发。"我们所听到的反应,大多是"这个人的头发丑死了,一点也不觉得亮丽"。若是一个人自夸"我之所以成功,是聪明加上努力的结果",尽管他说的是实在话,众人的反应,恐怕也是多数嗤之以鼻。

这绝对不是一般人所谓的"见不得别人好",而是中国人自古以来,特别看重"谦"德的表现。哪怕是一丝一毫的骄傲,都被中国人视为败德之源,迟早带来败亡的衰运。

古人将成功的要素归纳为"一命、二运、三风水、四积阴德、五读书"。看不清楚的人,就根据这种论点大做文章,指称中国人相信命运,是典型的宿命论者。

其实,"一命、二运、三风水、四积阴德、五读书",可以"由上往下看",也可

以“由下往上看”。由上向下看，成为“天定胜人”，而由下向上看，就成为“人定胜天”，这才是中国人上下自如的妙用。

由上向下看，就是把“命”放在第一优先的位置。一心一意想靠命成功，命靠不住，就希望“好运”。好运千等万等不出现，于是央三托四，找人改风水，盼望风水一动带来好运。不料东改西改，始终没有什么动静，这才想起“积阴德”。积了好久都未见功效，不得已才埋头“读书”，却不明白这里所说的读书，其实是“明理”的代名词，根本和“死读书”“读死书”扯不上关系。这样一拖再拖，等到有一天终于想通了道理，大概已经虚度一生，再也没有希望了。

由对天的失望，再想到人的用力，乃是天定胜人的明证。天命把人力拖老了，也拖得衰弱了，无所用力了。

一切按照道理去做，自然会成功。

反过来看，也就是由下向上看。把“读书”明理放在第一优先的顺位，一切按照道理去做，成功的概率自然很大。不过为了小心起见，拿“积阴德”来补足自己可能无意中违背道理所衍生的缺失；再小心一些，拿“风水”“运”和“命”来弥补自己“积阴德”和“读书”明理的不足，哪里是命定论？根本就是“人定胜天”的自我开创者，我们称之为“造命者”。

中国人喜欢造命，所以特别看重机缘，用感应力来自力互动，开创自己成功的命运，其要点如图所示：

造命六要
- 成功靠机缘。
- 人人是贵人。
- 处处是吉地。
- 时时是良时。
- 自力胜他力。
- 互动有感应。

◇成功靠机缘

成功就是不断转危为安。

踏入社会的最初五个年头，固然是跳槽或改行的最佳时期，然而这并不表示此后一直到退休或老死，都不能跳槽或转业。事实上人到中年才改行、转业，开创出灿烂的第二春，也颇有人在。

不过，愈早跳槽愈没有重大的负担，愈晚改行转业愈需要坚毅的决心和果断力。而不论跳槽或不跳槽，改行转业或固守一行，大多数成功的人，都不能不承认：幸运降临才使自己走上成功之路。

我们已经说过，所谓"命运"，就是人对自己的"选择"。人的一生，正是一连串抉择的历程。

人必有死，死亡是大家一律平等的生命终点。在到达死亡终点之前，各人充满了各种自己可以选择的机会，因而造成不同的命运。我们每一个人，一生当中，都有很多机会。可惜我们缺乏选择的能力，经常做出不正确的选择，却怪责自己的命不好。

"运"的意思，相当于运转。人生的过程有如车轮一般，时而向东，时而向西。有时转福为祸，有时则转危为安。转得好就叫作"幸运"，转不好便是"厄运"。

谁在转？自己在转。所以人才是自己的主宰，应该对自己的运气负责。

"命"指"天命"，老天爷的命令，要我们按照道理去运转，不希望我们违背天理，做出伤天害理的行为。

从这个角度来看，天命是确定的，所以"命定"也有道理。而命定的意思，是说人如果一切按照道理去走，终究会走出好运来。相反地，人若是不按照道理去做，迟早会步入厄运。这种必然的定律，是天命所规定的，谓之命定。从人的角度来看，那就是自作自受。

人在运转自己的时候，按照命定的方式去操作，等于驾驶人在高速公路行驶车辆，严守交通规则，自然会带来一路平安的好运。

"尽人事，听天命"，可以解释成"在天命的许可范围内，尽自己的力量去配合"，所以成为"趋吉避凶"，防范灾祸、苦难于未然的最佳法则。

把一命、二运、三风水、四积阴德、五读书，顺着来看，认定命的必然性，然后运转得合理，以求获得必然的幸运。

倒过来看，由自己"明白道理、实践道理"做起，累积相当的实践经验，当然比较容易符合老天爷的命令，因而得到更多的幸运。

幸运是自己努力奋斗的结果。

幸运是自己求来的，奋斗得来的。一切按照天命、顺乎道理，怎么会不幸运呢？

人运转自己,循环往复于幸运与不幸之间,这时正确的抉择,便是决定自己命运的主要因素。

运气的好坏,并非偶然。自己运转时的理念与努力,有决定性的影响,所以说“造命在我”,由我们自己来决定自己的命运。

人仅能在老天爷给他的机会当中,选择最有利的,然后好好去运转。

老天爷给我们的可能机会,就是“机缘”。成功靠机缘,人必须努力充实自己,随时提高警觉,当良好机缘出现时,会及时抓住,并且正确地判断、抉择,成为真正的幸运儿。

◇人人是贵人

用不讨好的方式来获得他人的赏识。

机缘的出现,最难得的是“贵人”。

请问:在人生过程中,有人赏识、举荐、提拔、栽培,是不是比一切靠自己,努力向上爬,要来得轻松、快捷而且愉快呢?

不错,自己不努力,缺乏真本事,别人不可能赏识、栽培,就算认真举荐、提拔,最后也因为自己是扶不起的阿斗而作罢。但是有本事的人,如果一直没有人赏识,缺乏有力人士的举荐和栽培,是不是容易受委屈、受埋没呢?有本事而又肯努力的人,加上有人提拔,会不会平步青云,早日获得应有的表现机会呢?

同样的才能,遇到不同的老板,往往产生不同的结果。能够赏识、栽培、举荐、提拔自己,使我们更加顺利地到达成功的境界,这种人士,就是我们所乐见的“贵人”。

贵人贵不贵,并没有具体、明确的标准。我们最大的遗憾,在“当时不知道他是贵人,事后才发现原来我得罪了贵人”,真是“自己跟自己过不去”,因而不得不承认“自己最大的敌人,正是自己”。

我们必须提高警觉:贵人并没有正字标志。他可能很高贵,也可能十分贫贱。他有时显得权势十足,有时却相当平庸。最可怕的是,贵人的出现,既没有瑞云、金光等征兆,也缺乏明显的标志,弄得时常错失贵人,因而抱怨有眼无珠,不得不怀疑自己的眼力。

“不识字”固然可怜,“不识人”尤为可悲。而不识人的最大悲剧,则产生于

“不识贵人”。天老爷这么疼我,派了这么大的贵人来帮助我,哪里知道一时大意,竟然把他得罪了,唉,怪谁呢?怪自己看不清楚吧。

其实,要培养好眼力,并不容易。要求自己能够一眼看穿别人的无能,似乎很简单;希望自己一下子就看出谁是贵人,实在万分困难。

把每一个人都当作贵人看待,最有把握成功。

最有效的办法,是“把每一个人都当作贵人看待”,人人是贵人,结果一个贵人也跑不掉,最为上策。

不管他如何对待我,我总以合理的态度对待他。这种情况下,保证一个贵人也不会遗漏,每一位老天爷差遣来的贵人,都被我们用合理的态度所感动,因而提供应有的协助,使我们蒙受福分和利益。

让每一个人获得良好的印象,就用不着担心谁是贵人。因为贵人一出现,便对我们有好感,自然不致拂袖而去,却会给予我们有利的协助。

而把花在察觉究竟贵人在哪里的时间和精力,用来切实修己。修治自己,让与我接触的人,都有好印象,这才是万全的做法。

对人有礼貌,随时随地将心比心,给人合理的尊重,这些做人的起码条件,是“五伦”的根本修养。

人必先成为一个堂堂正正的人,然后才谈得上五伦。无论父子、夫妇、上司部属、兄弟、朋友,都是具备“人之所以为人”之后的更进一步的关系。

修己的重点,一为“公”,一为“诚”。公就是公正,一切求合理。诚就是诚恳,凡事有诚意。考虑事情,站在公正、合理、客观的立场;与人相处,抱着“人同此心、心同此理”的心情,按照“己所不欲,勿施于人”的道理,诚诚恳恳,实实在在,请问:贵人有什么理由不喜欢帮助我们呢?

◇处处是吉地

工作环境良好,比较容易成功。

机缘除了贵人之外,还需要吉地。所谓风水,如果从采光充足、空气流通,以及居住的人心情舒畅、没有压迫感来看,是合乎卫生科学的。

吉地的意思,扩大一些来说,就是一个人所处的环境,是不是适合人的实际需要?如果合适,便是吉地。

譬如,一个人在工作时周围的空气是否清洁,温度是否适宜,或过高过低时,都会使工作者感到不舒适。此外如噪声、有害光线、有毒物、辐射热等,对人体的危害,都不可忽视。

再就工作空间而言,有一种“空间泡”(space bubble)的存在,无形中包含着人和对象。它很不容易具体地加以描述,必须在人际变动时,才易于察觉。不同的个体彼此距离过近,空间泡便发生互相挤压有重叠的现象。若是工作者产生不安、退避、改变姿态等现象,表示他所拥有的空间泡已经受到挤压和侵入。可见过分狭窄的工作空间,令人长期承受压迫感,也会构成生理上的障碍。

由于环保意识日益高涨,使大家对环境的要求,比过去重视得多。大家在选择职业的时候,无不要求工作环境的安全与舒适。

一个人的成功,受到工作和工作环境双方面的影响。工作胜任愉快,工作环境却缺点很多,也会使人逐渐不愉快而归于失败。

当年孟母三迁,为的是寻找吉地。现代人为改变环境而跳槽、改行、转业,为的也是寻找吉地。

心理的自我调整会影响工作情绪。

不过,环境的合适与否,固然有其客观的条件,可以逐项加以确实的评估。而心理因素,也有其主观的影响。同样的环境,心情良好时一切十分满意,心情恶劣时则样样都不顺适。

中国人主张“随遇而安”,便是在心理上自我调整,做到“处处是吉地”,便可以摆脱客观的限制,任何环境都能成功,这才是弹性大、适应力强的表现。

我们的建议是:能够挑选环境的时候,不要放弃机会,好好地挑选。不能挑选的时候,则抱着随遇而安的心情,照样愉快地生活下去,把工作做得很好。

一个人受到环境的限制,便天天抱怨,哪里有什么突破的能力?哪里有什么改造的可能?

人必须能身处良好的环境,也能身处恶劣的境地,才不致为环境所困。

一方面尽量改造环境,使其安全而舒适。一方面也要随遇而安,以欢愉的心情,来适应当前的环境。处处是吉地,环境不能把我怎么样,我就一定能够成功。

◇时时是良时

天时地利配合，才能成功。

中国人所说的“堪舆”，“堪”指天道，“舆”即地道。堪舆是天文地理的配合，意指吉地吉方之外，尚须重视吉日良辰。天时地利配合，才能成功。

现代环境污染日趋严重，使我们感叹“吉地难求”，因此更要注意吉日良辰的选择。

地理譬如“物质”，时辰有如“精神”。物质、精神互相配合，当然最为理想。但如两者不可兼得时，仍然以精神为重。所以时间比空间，精神比物质，往往更为重要。

“吉地”好比“名牌汽车”，“良时”有如“优良驾驶”。开车技术不好，名牌汽车照样会出车祸。一个人生不逢时，就算环境良好，也很难获得成功。

举例来说，某甲和某乙两人德、智、体、群各方面都十分相当。某甲年纪大一些，大学毕业时，正好赶上不景气，公司遇缺不补，不考虑招考新人。他央三托四，好不容易才找到一个很不合意的工作，无可奈何地接受了，工作得并不起劲。某乙毕业时，景气快速复苏，有好几个工作机会等着他。精挑细选的结果，当然称心如意，工作得干劲十足。

请问，这不是“时”在作怪，又是什么？某甲埋怨，又有什么用？大不了怪自己当年跑得太快，赶忙着从娘胎里跑出来，一心想早点做人，却不料二十几年后，赶上不景气，真是倒霉。

某乙也用不着神气，更不能骄傲。因为“时”照样会变，现在的“吉”，可能潜伏着未来的“凶”。眼前过分顺利，将来能不能保持，实在难以预料。

中国人喜欢说“时势造英雄”，“时势”包括“时”和“势”。时是“时机”，势则是“情势”。

时机是“他力”，我们实在无能为力。时机不好，谁也很难加以改变。因应不良时机的最佳法则，只有一个“等”字。暂时忍耐，好好等待，总有一天时机好转，再趁时而起。

时机不好时要做好准备，才能及时兴起。

这种“等待”的观念，看起来十分消极。其实等待也有不同的方式，至少有“空坐在那里”和“忙着做准备”两种类型。空坐在那里等待，就算等到时机好转，也不可能成功。忙着做好准备，等待时机一旦好转，马上及时兴起，才不致落空。可见积极地等待，会产生不同的结果。

我们既然不能改变时机，为什么时机不好时，仍然有人成功呢？原因在“时”之中，含有“势”在，如下图。情势和时机不同，它完全是一种“自力”。就“时”而言，我们说“人定胜天”，就在如何造势；情势是可以凭自己的力量来“创造”的，所以不但不能等待，而且要尽心尽力去造势。社会上很多人喜欢造势，可见大家都知道它的重要性。

- 时
  - 时机
    - 他力，
    - 自己很难加以改变，
    - 最好等待，
    - 守时以待时来运转，
    - 利用这一段时间充实自己。
  - 情势
    - 自力，
    - 自己可以设法创造，
    - 必须开创，
    - 透过造势来做事，
    - 务求及时加以掌握。

时机良好，要及时掌握；时机不良，要设法造势。这样，时时是良时，就用不着一天到晚要找人看时了。

前面所说的某甲，毕业时赶上不景气，只找到一份不理想的工作。他如果明白“守时”的道理，就会耐心地等待，并且做好充分的准备，一旦景气恢复，马上找回理想的工作，就会时来运转，走上成功的大道。

他也可以利用“造势”的原理，在不景气上找到最有利的情势，因而获得老板的赏识，照样可以工作得很起劲。不景气声中，仍然有人赚钱，可以证明“势”的妙用。

一个人不重视时势，很可能事倍功半，招来严重的挫折感。一个人若是只知道等时守势，大概也会兴起“不知道要等到何时”的叹息，而空过了宝贵的时间。

最好的办法，是认为“时时都可能是良时”，看自己如何做法。以积极的态度,来等待时机,并创造有利的情势。

天天是好日,时时是良时。具有这种念头,自然心情愉快,创造力也会增强。

◇自力胜他力

人定胜天,自力可以成功。

"时势造英雄",英雄照样可以造时势。

天定胜人,人也可以胜天。

他力赢过自力,当然也可以改变成"自力胜他力"。

成功的人,多半得力于"天时、地利、人和的良好配合"。

俗语说:"落土时,八字命。"人的生辰八字,代表一生的命运。预知自己的命运,就好像收听气象预报一样,知道台风要来了,我们无法阻止,就要做好防台风的准备。有了命运的预测,可以"趋吉避凶"。

但是,命运的预测,毕竟不像气象预测那样科学,具有共同性的准确度。命运预测的准确性,随着预测的人,有显著的差异。所以找什么人预测,就不像收听气象预报那么简单而方便。

气象预测科学而精确,也往往有测不准的气象。其实,这不是气象台测不准,而是预测之后,气象又有了变化,所以看起来好像测不准这样说来,对未来的预测,一方面可能测不准,一方面也可能由于"未来会变化"而失去准确性。

人有命运,却不断地由于自己的努力,而有所变化。在这种情况下,预测命运出现了两大难题:一是不知道找谁才可靠?二是预测之后随时在变,不可能随时找人询问,等于没有预测。

除非有必要,不要随便算命。

我们的建议是:除非自己觉得很有必要,不要随便找人预测命运。以免听了以后,信也不是,不信也不是。反而造成心理上的负担,妨碍自己的决策。

倒霉的事件,往往发生在"心里愿意承受的人",或者"未能提高警觉采取防备措施的人"。唯有不接受不良命运的安排,才会未雨绸缪,以万全的准备来扭转逆运。这样,才是真正的"趋吉避凶"。

天时、地利、人和良好配合的主导力量,原来都操之在我。

主动认识天时、地利、人和的重要性,并且确实把握正确的原则,务求以自力胜他力。这样,英雄造时势,成功就在自己的手中。

古人常说:“命里有时终须有,命里无时莫强求。”这句话并没有错,却必须配合着“尽人事以听天命”,把两句话合在一起,才能够明白其中的道理。

尽人事指自力胜他力。当一个人把天时、地利、人和配合得良好时,多半可以印证“命里有时终须有”。万一不幸而失败,那就“听天命”,因为“命里无时莫强求”。这是最后的安慰剂,成为防止自杀的良药。

◇互动有感应

人与人的互动,产生感应。

无论天时、地利、人和,实际上都是“自己和天、地、人的感应”,亦即互动的结果。

人人都具有相当的感应力,可以有效地和天、地、人取得某种程度的互动。

良好感应,来自“诚”“信”和“行”,如图所示,兹分别说明如下:

感应三要件
- 诚
  - 修养自己的品德,
  - 发展自己的事业。
- 信
  - 对老天爷要有信心,
  - 对自己的成功有信心。
- 行
  - 今天就开始,
  - 一步一步向上推进。

(1)诚。成功的条件,以心理条件为最要紧。而在心理条件当中,诚居其首。诚的表现分内外,内为德,外为业。

在品德修养方面,各人都能够合理地约束自己,不侵害他人,进而互相亲爱,互相帮助。

在事业发展方面,各人都以谋正利、求长久的安宁为原则,不贪求近利、邪利,更不企求不劳而获或不义之财。

对自己诚,要使自己不成为害群之马,不扰乱社会安宁,也不加重社会的负担。不窃盗、不侵占、不损人利己,不过只是消极的独善其身,还应该更进一步,对别人诚。发挥自己的修养功夫,以处世接物。对人诚实和悦,力求安人。凡能修己安人的,必然成功。

(2)信。成功的心理条件,除了诚以外,还有“信”,亦即“对自己的成功具有信心”。

我们第一要中国人“相信一定可以长久生存在世界上”,第二要中国人“相信可以表现出堂堂正正的人格”,第三要自己“相信可以成为堂堂正正的中国人,并且在有生之年,获得相当的成功”。

为了增强自己的信心,我们建议经常对自己宣示:“我一定成功”,而且“我一定在自己设定的年岁以前成功,因为我下定决心,一定要真正达成这个目标”。

事实上,当各位读到这里的时候,我们已经深深了解,各位已经具有令人敬佩的“诚”与“信”,否则早已把本书束之高阁,搁置在书架上了。

(3)行。有了信心,具备诚意,这时最要紧的,便是“力行”。有些人决心要成功,却打算在某些事情完成之后,再来开始。这种恶劣的习惯,使得很多原本可以成功的人,由于一再拖延,耽误了大好时光,竟然无法如愿以偿。

“从今天就开始”,其实并不是一句金科玉律。我们建议“从现在开始”。现在,一刻都不要拖延。

成功是自己力行的结果。

算算看,自己已经走过多少个年头。检查一下,自己在成功的条件方面,还欠缺哪些?如何充分利用以后几十个年头,好好地补足自己所欠缺的成功条件?不但有计划,而且切实考核,务求丝毫不苟。

行的时候,必须考虑天时、地利、人和的配合。依据上述的“包抄原则”,以“时时是良时,处处是吉地,人人是贵人”的观点,即知即行。

有些人看到本书,好像视而不见,或者见而不当作一回事,那就证明缺乏机缘,或者机缘未到。

有些人翻开来看看,发现一大堆道理,觉得没有兴趣,甚至怀疑是否过分陈旧迂腐,因而看不下去,这也是缺乏机缘,或者机缘未到。

各位已经看到这里,显示机缘成熟。如能以诚信来和周遭的人、地、物互动,必能产生良好的感应。

不要迟疑,从现在就开始,以互动来寻求良好的天时、地利、人和,谋求合理的感应,使自己在有生之年,顺利达到成功的目标。

至于如何即知即行,我们在后面实践即知即行的成功途径中,会有更为详细的说明。

七、第七步：调节力——把握成功的杠杆

随时调整才能因时制宜。

理想和实际，经常有一些距离。“平衡”是一种理想状态，而“不平衡”才是实际的情况。

我们所拟订的成功计划，执行时不免发现事实上有行不通的地方。如果坚持原来的想法，丝毫不愿意改变，有时就会窒碍难行。

计划并不是订出铁路行车时刻表，要求每一班列车，都要准确地按照预定的时间抵达和出发。就算是，也应该依据实际情况，适时加以调整。例如假日加班，或者开出混合列车，等等，以适应顾客的需求。

人生的目标，好比船只的罗盘方位，本身是固定的，笔直地对准目的地。但是实际航行时，船只可能要转向，以躲避暴风雨；或者在雾里减速慢行，以免和其他船只互撞；甚至在台风里使船首向风停驶，以减轻损害；或者改道绕过礁岩或障碍，以策安全。

成功的目标不变，而达成成功目标的计划，却应该随时调整，以求适应实际产生的变量，克服困难，达到预期的成果。

中国人喜欢“凡事到时候再讲”，乍听之时，好像事先没有计划，完全是临渴掘井。其实，中国人也重视“凡事预则立”，讲求事先周详的盘算。把“凡事预则立”和“凡事到时候再讲”两句话合起来一并思考，不难明白中国人的主张，应该是“凡事一定要有周密的计划，才不至仓皇失措。但是由于随时可能出现的变量，所以必须随时调整，到时候看实际情况而改变”。中国人看起来“常常说话不算数”，却大多数认为自己很有信用，原因在“看自己：适当的改变；看别人：说话不算数”。

有目标，要不折不挠。有计划，要随机应变。

随机应变的基础在公正、诚恳。

中国人喜欢“随机应变”，却非常厌恶“投机取巧”。偏偏“随机应变”和“投机取巧”在看得见的部分完全一样，以致中国人经常自我安慰“我在随机应变”，而不断怨责“别人都在投机取巧”。中国人特别需要“克己待人”，这是重要原因之一。

随机应变和投机取巧不同的地方，在看不见的部分，亦即"是否公正、诚恳"？

公正和诚恳合起来，其实就是"天意"。天希望人公正而诚恳，合乎天意去调整，便是随机应变，否则即为投机取巧。

人，不断在为自己做各种计划。天，也同时为每一个人做不同的计划。人调整自己的计划，以符合天的旨意，就可能成功；若违背天意，便可能失败。所以我们只可以随机应变，千万不要投机取巧。

◎如何有效发挥调节力？其要点如图所示，分述如下：

调节六要
- 预见力必须正确发挥。
- 时时要具备改善意识。
- 能进即进该退就要退。
- 微调整可避免大变动。
- 随时要配合原定目标。
- 调节得当样样都成功。

◇预见未来的可能变化

成事在天，谋事则完全在人。

人调整自己的计划，以符合天的旨意，难道这不是"宿命论"吗？当然不是。

关于"天和人的关系"，中国人和西方人有很不相同的看法。方东美先生说过："西方人好把整个人分作心灵、身体两边；整个的国家分作统治、受治两边；整个宇宙分作真相、假相两边，交相敌对。"这种"一分为二"的态度，养成了习惯，拿来解释天人关系，自然把天和人看作最不调和的"敌对系统"。

中国人的天人关系，则十分圆满。天与人交相感应，不但不敌对，不仅不冲突，反而非常和谐。我们知道"天人合一"，天与人的关系，乃是"分中有合，合中有分"。

荀子指出：天是没有意志的。只是遵循着一定不易的自然法则而生成消长。天不但不能降祸福于人，也不会由于人的好恶，而改变其生成消长的自然法则。陈大齐先生曾经推崇荀子对天人关系的看法，认为是十分接近自然科学的精神。“天意”其实就是“天所秉持的某些自然法则”。

天不能降祸福于人，我们心目中的“天公”，应该是属于大家公有的，不可以特别保佑某些人，否则就是“有意制造特权”，容易引起不平之鸣。

天既然不能降祸福于人，为什么天对人的影响仍然很大，足以为祸，也足以为福？只是天约为祸为福，完全出于人的是否善于遵循天的自然法则，所以“成事在天”之前，依然“谋事在人”。

庄子提醒我们：知道哪些是属于天然的，知道哪些是属于人为的，这就是洞察事理的极境了。

谋事在人。但是谋事的时候，有两种可能性：一是“顺天”，亦即顺着天的自然法则去计划。一是“逆天”，也就是不顺着天的自然法则而盘算。顺天的谋事，容易成功；逆天的谋事，多数趋于败亡。

天的自然法则，是一种“常道”，所以荀子说：“天行有常。”然而这种常道，并非固定不变，却是有所变化的，天道变化构成宇宙生生不息的过程。

所谓，“祸福无门，唯人自召”，即指“人心顺天，召福；人心逆天，召祸”。人心决定自己的祸福，并非“天定”，所以不是“宿命论”。

具有判断力才能顺应未来的变化。

天道尚变，未来会变化，才是自然的法则。顺天与否，必须顺应未来的变化，所以“预见力”十分重要。

对于“顺天”与否，如果未经缜密考虑，不详加研究，或者拘泥于一方的偏见，便贸然加以判定，乃是不折不扣的“独断”。若是详加研究，有确切的依据，了解是非利弊，才加以判定，那就是“判断”。

但是面对变化的未来，不可能完全了解。例如“人必有死”是常道，然则死于何时，死于何地，如何死法，即使计算机也无法解答。不过依据某人的过去和现状，大概可以推知其死的时、地与死法。这种“盖然率”，就是“预见力”的根据。

判断离不开盖然率，所以判断包含了预见力。把“偶然”尽量减少，将“必然”全力提高，这就需要正确发挥预见力。

有规律可循的，叫“必然”，否则为“偶然”。可循的规律，就是自然法则。中国人的商店，只有取名“顺天堂”，绝无命名为“逆天堂”的，也只有一些江湖人物才自号“逆天使者”或“欧阳逆天”的。可见顺应天的自然法则，才是最可靠的预见力。

◇时时要具备改善意识

因循苟且容易导致失败。

温柏博士(Dr. Ceorge Weinberg)说:“你每做一个行为,就加强了你做这个行为背后的意念和动机。”

我们在日常生活当中,把某些信念或感觉,付诸实际的行动之后,自己就会更加相信这些信念,或者更为加深这些感觉。

中国人常说:“习惯成自然。”我们每做一次,就增强一些,久而久之,养成了习惯,就会自然而然地重复去做。

习惯成自然,一切遵照往例办理,往往很难应对未来的变化,以致“成功会变成失败”,证实了“成功为失败之母”的道理。

人在不断重复某些行动的过程中,塑造了自己的人格,也建立了自己的一些原则。

然而,随着未来的变化,我们必须依据自己所建立的原则,做合理的调整,产生一些有效的应变措施。

不是毫无原则地应变,也不是习惯性地一成不变。而是“持经达变”,也就是“有原则地应变”,才是中国人最拿手的功夫。

持经达变,就是原则有所不变,而措施则有所变。换句话说:“不可不变,却不可乱变。”

不可乱变,意指“要求愈变愈好”,所以变的时候,最需要“改善意识”。每一次改变,都要变得比上次更好,不容许变得更糟。《大学》说:止于至善。便是愈变愈合理,愈变愈符合天的自然法则。

王阳明认为善就是良知,一切凭良心,便能止于至善,成功的人,“无不择善固执”,见不善而迁过改善,可见改善意识是多么地重要。

自我创造才能日新又新。

很多人一直保留着自己小时候的样子,力求证明“三岁看大,六岁看老”的真实性,却丧失了“自我创造”的良机。

小时候的环境良好,家教也很好,一直保留美好的样子,并没有什么不好。小时候的环境不好,家教也不理想,为什么要一直保留这些阴影,使自己终生受害呢?

这时候改善意识,可以促使我们重新塑造自己的新人格,变成更为美好的新人,摆脱童年的阴影,有什么不好? 完全不敢改变,就是“宿命论”者;勇于自我创造,才是真正的“造命者”。

温柏博士说:“人格不是固定的,也不是僵化的,不管是在童年,还是在未来,只要凭自己的自由意志和行动,我们每天都可以创造,并且再创造自己的人格。”

成功的人,不可以完全依照往例办事,应该以合理的改善意识,来自我创造,以“日日新,又日新”来塑造自己的成功大道,确保生生不息。

一切秉持过去的成功经验,由于未来的情境变化,可能产生若干“原来有利的因素,变成不利的障碍”,因而从成功的巅峰,掉入失败的深渊,殊为遗憾!

◇能进即进该退就要退

时时要求自己变得更好。

凡遇着一件事,究竟应该先想变呢? 还是先想不变? 我们的建议是“先想不变”。

“不变好不好?”如果不变很好,那就不要变。因为不变很好,一变可能反而不好。这时候“一动不如一静”,暂时维持原有的状态,比较合理。

“不变不好。”那就要变。这时候进而思考“怎样变才好?”意思是,找出不好的原因,再来加以合理的调整,目的在求“变得更好”。

钱穆先生指出:人生有三种路向。

印度人采取“无限后退”的向内展开;西方人喜欢“无限前进”的向外展开;中国人则秉持中庸的态度,不向外,同时也不向内,“当进即进,当退即退”,毅然走出中间路线,可进可退,能进也能退。

钱先生认为:向外,有无穷的外展在面前;向内,又有无穷的内展在面前。向外的人生,不免要向外面之物上用功夫。而向内的人生,则是求向自己内部之心上用功夫。然而这里同样有一个基本的困难点,摆脱外面一切物,遗弃外面一切事,便可能觅不到心。

中国儒家的人生,不偏向外,也不偏向内。只依着一条中间路线而前进,但随时随地都可以停止。

全心投入，尽力而为，但不能过分勉强。

一方面要科学，一方面却不愿意战胜自然，克服自然。一方面有一个辽远的向往，一方面却肯定当下既是的情境。两方面“兼顾”，既不远离现实，也不沉溺、迷醉于现实。

现代中国人，盲目追求西方向外推进的人生，以致倾向于权力崇拜。倾向于无限向前，却掉入了眼前享福的陷阱。因而急功近利，只求眼前的利益，毫无长远的打算。

一个人应该有理想、有目标，但是不能一味“只能进，不能停”。请问：为了将来，牺牲眼前的一切，合算吗？若干成功者心胸狭窄，容不得人，便是“当年过分辛苦，才养成这种偏颇的心态”。

不错，吃得苦中苦，方为人上人。但是，过分勉强自己吃苦，更需要培养宽恕的心情，以免成功时，“怀恨整人”。

全力投入，尽力向前，却不必过分勉强。因为兼顾眼前的实际情况，保持身心的健康，才能走出更长远的道路。人生是长期的竞赛，暂时的落后，并不注定永久的挫败。休息，为了走更远的路。偶尔停顿一下，有时落后一点，只要不折不挠，终究有赶上去的一天。果真赶不上去，已经尽力，当下的成就也是最好的果实。只要问心无愧，便是成功。

◇微调整可避免大变动

警觉性高才能见微知著。

能进即进，应该退就要退。有一个先决条件，便是“尽人事”。已经尽人事，进固然可喜，退也问心无愧，同样可喜。

怎样才算“尽人事”呢？主要的因素，在“随时提高警觉，能够见微知著，因而及时采取合理的微调整，以避免产生大变动，使自己的进退受到重大的影响”。

譬如“自己和别人的关系”。我们最好明白“人与人的关系，是动的，不可能静止。人与人的关系，不是愈来愈亲密，便是愈来愈生疏；不是愈来愈信任，便是愈来愈怀疑”。如果能够注意细微的变动，及时加以合理的调整，应该可以掌握动向，达到预期的希望。“冰冻三尺，非一日之寒”，证明任何事情，都有其先兆。只不过这种警告的象征，往往微而不显，以致大多数人，根本看不出来。

一般而言,世界上的事情,大概都是"必然",很少是"偶然"。但是看不清楚事情的先兆,事前无所警惕,无从准备,就觉得十分偶然。

《易经》坤卦初爻,告诉我们必须保持"履霜,坚冰至"的高度警觉性,希望我们"当脚上踩着霜的时候,就要注意预防马上会来临的寒冷坚冰"。

事缓则圆,结果比较圆满。

事情既然大多是必然的,而且循序渐进地发展。那么,警觉性高的人,当然能够及时看出先兆,逐渐加以调整。由于事缓则圆,才能获得比较圆满的结果。

譬如开汽车,公路的转弯大多是小角度的改变方向。我们顺着它的角度,轻微地调整方向盘,即可和缓而安全地前进。如果不轻微调整方向盘,等待发现路已转向,这才急速转动方向盘,恐怕不是自己撞上路旁的护栏,便是拉不回来,冲上路中央的安全岛。

微调整才可以避免大变动,无论为人处世,都能够得到较佳的效果。

当然,微调整不是不调整,因为不调整不能适应环境的变化。但是微调整也不是限定于轻微的调整,如果情况许可,一次做出幅度较大的调整,等于提前反应即将发生的情况,以免多次调整引起诸多麻烦或抗拒,也是很好的办法。

我们最好采取"合理的调整",做出合理的反应,以求取合理的效果。问题是合理不合理,实在很难讲,所以用微调整来尝试。一次微调整之后,赶快看效果,不够,再次微调整,还不够,再来一次。

最要紧是事情的先兆,有如人体的初次生病,往往比较容易诊治。这时候毫不迟延,及时加以治理,易收事半功倍之效。

◇随时要配合原定目标

遵守停、看、想的原则,实时检讨目前的成果。

无论怎样调整,都要配合原定的目标。方向变来变去,最后必须安抵目的地,才是合理有效的调整。

刚开始的时候,目标十分明确,方向也把握得很准。然而,东调整、西调整的结果,可能弄乱了方向,搞不清楚目标究竟在哪里。这时就应该暂时停下来,做好"停、看、想"的动作,确实弄清楚方向,才继续向前行进。

人生的历程中,“停、看、想”是非常必要的。及时停下来,仔细看一看,认真想一想,也就是切实检讨目前的成果,然后找出合理的方式,再往前推进,才不致一路猛进,却迷失了方向。

“停、看、想”不止做一次,要有意识地在合适的阶段或必要的时刻,重复这种动作,以确保安全顺利。

有些人调整再调整,终于调整出趣味来,变成“以调整为乐”,竟然忘记了调整的目的是为了达成既定的目标。于是“为调整而调整”,调整到偏离目标而不自知。这样的调整,已经到了喧宾夺主的地步,毫不足取。

詹君为了做好与贸易相关的文书工作,到打字补习班勤练打字。字没有打好,却对办补习班深有兴趣。和几位好友合开一家打字补习班,在采购打字机的过程中,发现即使是名牌的打字机,也需要计算机来配搭。于是他把打字补习班的业务,交给请来的班主任去处理,自己则移转目标,去贩卖个人计算机。

他这样变来变去,不知道下一步还要调整到什么地方?这种态度,正是一般人所说的朝秦暮楚,不能达成原定“成为诚信贸易商人”的目标。同时显现见异思迁的毛病,被人家讥评为“到处擦拭的桌布”。

时常变换工作,如果是为了扩大自己的经验,当然是有利的举动。但是扩大经验,必须有明确的目标,为了既定的目标,在相关的范围内扩大自己的经验,乃是可喜的现象。否则世界上的事物,广大无涯,而自己的生命,却有一定的期限,拿有涯的人生来体验广大无涯的事物,恐怕会耗尽体力,却一事难成吧!

目标不能变,过程可以变。

成功的人,必须有“取之于社会,用之于社会”的理念。一切的转换,都是为了达成这样的理想,才能够“持经达变”,不致由于一时的调整,而迷失了自己的目标。

持经达变的人,目标不能变,过程时时在变。这种方式就叫作“以不变应万变”。拿不变的既定目标,来调整万变的过程,当然不会变到乱掉了根本。

现在有些人不明白“以不变应万变”的道理,居然异想天开,提倡“以万变应万变”。其实,“以不变应万变”乃是“有原则的应变”,其中,“不变”的就是“原则”。而“以万变应万变”根本是没有原则的应变,因为原则万变,就等于没有原则。弄清楚两者之间的差异,不知道还有什么人会主张“以万变应万变”呢?

中国人最自豪的,便是“自己很有原则”。几乎找不到任何中国人,会自己承认“没有原则”。我们都明白“不可不变,也不可乱变”,所以必须依循自己所订的原则来应变。

一个人变来变去,变到偏离既定的目标,已经是乱变,大概不可能成功。即使侥幸获得成功,内心也十分茫然,不知自己究竟是对是错。

谁都希望自己所定的目标是正确的,因而努力来证明自己的梦想并非幻想。每当美梦成真,就会十分快乐。如果偏离目标而成功,至少证明自己的梦做错了,或者忘记了自己所做的事。无论如何,总有一些迷惘,有一点茫然。

◇调节得当样样都成功

四十岁是合理的成功年龄。

成功就是在任何事情的上限和下限之间,找到合理点。凡事没有过与不及,便是成功。四十岁成功,提醒我们,不要成功得太早,也不要成功得太晚。

太早成功,自己的身心都未臻成熟。一方面不容易充分体会成功的滋味,一方面也不曾珍惜成功的果实。这时候受到大家的哄抬,很容易骄傲自满,产生不正常的心理,表现不正常的行为,导致很快到来的失败。

四十岁以前,与其早成功,不如晚成功。四十岁以后,若是尚未成功,那么,颠倒过来:与其晚成功,不如早成功。如图所示:

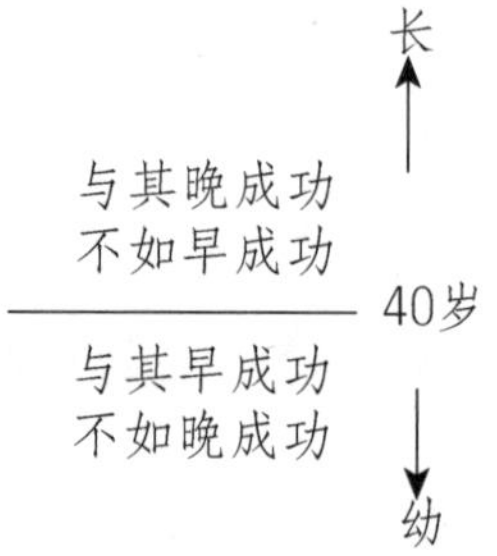

中国人最令人痛心的,莫过于“晚节不保”。意指年轻时成功,而年老时失败。由于年老气力渐衰,而且时日不多,万一不能恢复成功,势将饮恨而终。

为了避免晚节不保,四十岁成功之后,必须步步为营,小心谨慎,以期确保长期的成功,直到老死为止。

八、第八步:补救力——不怕过失勇于补救

从错误中学习,必然成功。

人非圣贤,孰能无过?过失不是失败,却能提醒我们注意和警惕。

不做不错。只有不做事的人,才不致发生错误。因为没有任何动作,不可能产生什么错误。但是不做不错,却也不可能成功。因为没有作为,当然也没有成功的机会。

少做可能少错,这是概率问题。多做很可能多错,同样是比例的增加。所以错不在多少,重要在于"是否重复出现"。

同样的过错,一再重复,便毫无疑问会导致失败的恶果。若是不一样的过错,则是带来不同的经验,累积起来,就十分可观,对于成功有很大的贡献。

人不必害怕犯错,只要知过必改,不再重复同样的过错,就具备成功的条件。从这个角度看来,多做才好。

如果再进一步,做错了赶快设法补救,做到"善补过",那就更有保障,必然成功了。因为能够善补过,就等于无过。有过失而不想补救,才算是犯过。

知过而犯过,最不可原谅。

但是,过失的发生,有两种可能性。一种是无心的,不知过而犯过,这是可原谅的,也是能够用善加以弥补的。另一种则是有意的,那就不可原谅,即使想补过,有时也得不到机会。

补过的先决条件,在知过。如果连过失都不自知,哪里有想补的可能?补救力包含三大要件,如图所示。分别为"反省""知过"与"悔改"。三者连贯起来,构成知过必改的补救力,成为功的良药,兹说明如下:

补救三要
- 养成每天自我反省的好习惯,反省的目的主要在预防犯过。
- 万一防止不了就要勇于承认,不与自己妥协才能知所悔改。
- 过失的根本原因在不良习惯,不良习惯要从今起连根拔掉。

◇养成每天自我反省的好习惯

二十六条反省法则,要逐步自我检讨。

人生短暂,不过拥有数十寒暑。时间不知不觉地流逝,而且一去不复返。在这种情况下,浪费时间或者空叹时间流逝,不如缅怀过去,常常反省,以策励未来。

反省是一种自我检讨。成功的人,大多养成每天反省的良好习惯。反省的项目,各人不同。美国巴比龙成功研究中心(babvlon success institute)提出二十六条成功的法则,若是依照这二十六个项目,逐步自我反省,应该可以顺利地迈向成功的大道,其要点如下:

(1)我是否明确地知道自己所要达成的目标?

(2)我是否在脑海中勾画出自己成功时的情况,以增强自己成功的欲望?

(3)我是否拟订周详而具体的计划,并随时评估自己的执行成果?

(4)我是否决定了,就马上去做?毫不迟疑,也不找借口拖延?

(5)我是否充满热忱,而且能感染四周的人,把他们也带动起来?

(6)我是否心胸开放,有容纳异见的雅量?

(7)我是否常常乐于请教别人,吸收别人的智慧和经验?

(8)我是否努力吸收专业技术和知识,而且永不自满?

(9)我是否加强创意和想象力,以提高并扩大自己的思考层面?

(10)我是否经常利用潜意识的神秘功能,帮助自己解决某些难题?

(11)我是否喜欢自己、肯定自己、重视自己?

(12)我是否了解自己的长处和短处,并且全力发挥自己的长处?

(13)我是否不断改善自己的思想、谈吐、仪态,使人人乐于亲近?

(14)我是否注意并改善人际关系,以增加和谐的效果?

(15)我是否运用沟通、协调,集合众人的力量,达到众志成城的效果?

(16)我是否以积极肯定的心态,面对所有的事物?

(17)我是否意志坚定,绝不向困难、挫折低头?我是否绝不放弃自己的理想?

(18)我是否心无旁骛,绝不三心二意,也绝不推三阻四?

(19)我是否随时注意,并且培养各种良好的做事方式和生活习惯?

(20)我是否乐于多付一分心力,绝不斤斤计较报酬?

(21)我是否能够排除私心、偏见,而保持客观冷静?

(22)我是否把工作看成自己的最大乐趣,甚至达到忘我的境界?

(23)我是否懂得充分利用时间?知道时间是最宝贵的资源?

(24)我是否了解金钱的功能?懂得用钱的艺术?

(25)我是否很节俭,而且固定把所得的一部分储蓄下来?

(26)我是否留意吸收营养、保养身体、锻炼身体?

以上二十六题,每一个“是”获得一分。零至五分为“亟待醒悟”级,六至十一分为“急起直追”级,十二至十七分为“力争上游”级,十八至二十二分“可圈可点”级,而二十三分至二十六分,则为“大有成就”级。建议每天晚上,利用睡前二十分钟,确实做一番反省。最好不要间断,以养成良好习惯。

其中第十题所称潜意识的神秘功能,与坐禅、静坐相近,是要完全放松自己,闭目冥想。

◇反省的目的主要在预防犯过

反省的目的在预防犯过。

为什么要每日反省呢?主要目的在逐日提高警觉,预防犯过。补过固然是良好的态度,但是最好的补过方法,即是在过失尚未发生之前,设法使自己不犯过。

能够防患未然的人,并不是不犯过失,而是由于及时反省,在过失尚未发生,或者已发生尚不明显的时候,就把它补救起来,好像没有过失一样。

成功的最大障碍,大概就是“得过且过”。这种颓废的念头,使人萎靡不振,懒得自己反省。而且“有错又怎么样?”“哪一个人没有?”“何必要求自己太多?”“为什么要跟自己过不去”等理由,都支持自己继续混日子。等到有一天猛然醒悟,才发现一切都已太迟,早已变成不可救治的失败者,岂非“老大徒伤悲?”

日本矢引晴一郎先生把“母体诞生的我”,看作“第一人生”,将“自己创造的我”,视为“第二人生”。如图所示:

- 人生
  - 第一人生
    - 母体诞生的我。
    - 受祖父母、父母的影响。
    - 受老师的影响。
    - 受上司、同事的影响，
    - 受课本、杂志、报刊、媒体的影响。
  - 第二人生
    - 自己创造的我。
    - 由无师出发，
    - 从零开始，
    - 由外行着手，
    - 创造出自己的特色。

他指出第一人生所产生的行为，常会受到父母，甚至祖父母的影响。即使自己故意要和父母相抗衡而持反对意见，也已经受到反影响的影响。入学之后，从幼儿园，小学、中学乃至大学，十几年的学校教育，老师的影响力也十分重大。此外，尚有来自上司、同事、部属、同学，以及书本、报纸、杂志等的影响，真正属于自己的思想，实在并不多。

自我创造有三个原则。

要想自我创造，塑造出自己的特性，开创自己的第二人生，必须掌握下列三个原则：

(1)从零开始，在痛苦中独创出来。

(2)绝对适合自己的个性。

(3)不受制于其他人、事、物，可自由发挥。

他建议我们“从无师出发”，把“无师”当作人生哲学之一。

他说：“事师，则难超越师。因为跟着老师学习，所得到的，乃是老师的价值观、思考方式及顺序，而这些对我而言，都不过是别人的东西，并没有我自己的想法在内。每一个人的个性，本来就不相同，而每一个人的善恶，更不可能一致，所以有自己独特的想法，才最重要。”中国人常说“无师自通”，大概就是“从无师出发”的效果。

不自我反省，也不以父母、师长或朋友为师，怎么提升自己？以父母、师长或朋友为师，始终局限在第一人生，很难有所突破。唯有自我反省，不论“从零出发”或者“由外行开始”，只要努力不懈，终有一天，可以开创出属于自己的第二人生。

自我塑造并不是我行我素。

自我塑造，如果仅凭一己的观点，胡乱去闯，可能创造出来的第二人生，比第一人生更糟糕，更杂乱无章，这种失败的塑造，实在不如以父母、师长或朋友为师，一辈子生活在第一人生的影子里。社会上有一些不三不四的人，却自以为是地沾沾自喜，就是这种类型的产物。

有理想，有目的地自我塑造，才能够“日日新、又日新”，创造出比第一人生更为美好的第二人生。这样，我们就需要抱着“一日一人生”的心态，以“今天是人生最后一日”的想法，告诉自己“今天再不做，就会来不及”，促使自己不但切实自省，而且要有“不让过失产生”的防患需求，加强自己的塑造意识。

矢引晴一郎先生说：“每个人都知道‘自己将会死亡’，每个人都晓得长命永生是不可能的事；但是，很少有人乐意去面对死神的到来。”

由于“明天我还在，下周、明年也不可能死”，以致凡事都可以“明天再做也不迟”，就很难“今日事今日毕”，因为今天做不完，还有明天，当然不必用心了，也就很不容易成功。

◇万一防止不了就要勇于承认

死不认错的人，不敢面对事实。

有些人死不认错，任何过失，都拒绝承认。然而，过错的存在，是事实。就算死不承认，过错仍然存在。反而让人家看不起，增加一条“不敢面对事实”。

有些人见错就推，赶快推给别人，以免自己承担过失。这种方式，看起来十分聪明，也显得很机灵。但是，别人也不笨，会推过来。其实，过失推来推去，大家都逃不掉，有什么好处？

还有一些人，发现过失就伤心透顶，好像天塌下来似的，灰心绝望。这种人多半是完美主义者，见不得丝毫差错。真正的完美，不过是心目中的长远理想，现实不免掺杂瑕疵，又何必如此耿耿于怀？

缺失最好不要让它发生，所以必须用心防患未然。万一不幸产生，就要勇敢面对它，这时候坦然承认，应该是最好的方法。

王生有一次捡到一张钞票，仔细一看，原来是美金一百元。他马上想到：应该交给警察先生。

忽然之间，他告诉自己："我怎么这样傻瓜？交给警察先生，谁知道他会不会私下拿去花掉？不行，我幸运捡到，反而不敢用，还要辛苦送给他，让他轻松地享用？"

找到好的借口，王生迅速把钞票放进口袋里。时而心中不安，想送还遗失的人；时而理直气壮，到哪里去找失主？于是，一念之间，钞票就据为王生所有。防患不成过失终于产生。

不久，王生的好友李君告诉他："我哥哥寄了一张百元美钞给我爸爸，祝贺老人家生日快乐。谁知道我爸爸拿来拿去，竟然拿丢了，伤心得很！"

王生听罢，想到自己有三条路可走：

第一，叫李君安慰老人家，财去人安乐，一百元美金算不了什么，大可不必放在心上。自己则绝口不提捡到钞票的事，反正我不说，谁也不会知道。

第二，表示对老人家的关心，向李君献策，要他写信告诉哥哥，再寄一百元美金，补偿爸爸的遗失。在美国有工作，一百元应该不算什么；有了补偿，老人家就不致耿耿于怀，于是自己也可以放心花用那一百美金。

第三，同李君诉说今天上午无意中捡到一百美金，由于一直忙到现在，还没有交给警察先生。既然是李老先生的失金，那就劳烦李君完璧奉还。

在现实社会中，第一条往往有想象不到的效果。李君的讯息，正好提供王生判断的方向，只要避开李君一家人可能触及的范围，王生死不承认，却把那一百美元花掉，很少会有什么后遗症。

然而在良心上，王生就必须背负一辈子的悔恨。当花掉一百美元成为事实之后，在王生心灵已经烙上一个永远去不掉的烙印。以后每当忆及此事，都会难过不已。若是不当一回事，就会变本加厉，愈陷愈深，终于造成万劫不复的憾事，更是不堪设想。

第二条看起来颇具人情味，实际上添加很多变数。哥哥可能写信给父亲，告诉他年纪大了，记忆力减退，所以不敢再寄钱给他。爸爸可能因为把儿子寄来的钱丢掉，又让儿子知道事实而更加不安。李君可能由于听从王生的献策而弄得两面不讨好。事情复杂化，对王生而言，不但没有好处，反而增加泄露捡钱机密的可能性。因为更多的人知道这件事，就会有更多的人来察觉这件事。

至于第三条，严格说起来，并非最好的对策，但是自己拖延时日，不能立即交给警察人员，也只好硬着头皮，坦诚承认自己捡到一百美元。由于不知道失主是谁，所以还放在口袋里，如今找到原主，自己也松一口气，总算解决了一个难题。

◇不与自己妥协才能知所悔改

成功的人,必须坚决不与自己妥协。

许多失败者,都是因为对事拖延迟误,不能迅速想出解决办法,以致很多宝贵的机会,都在他左思右想,东考虑、西猜测的时候,平白消失掉。

不错,凡事应该三思而行,不可唐突、鲁莽,但是三思而后行,绝对不是拖延时日,或者自我妥协。成功的人,必须迅速想出答案,并且坚决不与自己妥协。

当我们遭遇难题,拼命反复思考,却苦无良策时,最好的办法,是暂时停止思考,让脑筋休息一下。有时头脑思索久了,会呈现硬化状态,经过休息调整之后,就逐渐恢复敏锐的反应,来应付艰深的推理思考。

然而,人最大的难题,在于"不能够理智地面对自己",却经常感性地与自己妥协。

中国人主张"严以待己,宽以待人",并没有苛求自己的意味。因为人会宽容自己,原谅自己。要求严以待己,也不过达到合理的境地。人会苛求别人,折磨别人,要求宽以待人,充其量也是合理而已。

人当然应该原谅自己,否则跟自己过不去,没有什么好处。但是,我们可以原谅自己的过失,却实在不应该纵容自己随便找理由搪塞。

不要使自己变成理由专家,放纵自己。

原谅自己的过失,是因为过失既然发生,自怨自责也无济于事。不如原谅自己的过失,却牢牢记住所带来的教训,要求自己彻底改过迁善。

要达到这种地步,就不能接受自己所编造的理由。特别是我们中国人,由于历史悠久,典故丰富,信手拈来一些,当作借口,更是易如反掌。

中国人是理由专家,喜欢找理由下台阶。如果完全是为了顾全面子,嘴巴上说一些理由,心里头知道自己不对,那还比较可行。最怕的是,原来想骗别人的,结果骗了自己。编造出来的理由,别人为了面子宽恕了我们,我们竟然认为这些编造出来的理由是真的,以致自己深信不疑,于是原谅自己的过失,同时接受自己的理由。这种妥协的结果,往往造成下一次同样的过错甚至累犯。

自我妥协,很容易导致"尽量主义"。意思是"我会尽量改过,尽量使自己不再如此”。

尽量主义使自己失去严格的控制。反正我会尽量,至于达到什么程度,自己并没有把握,好像也没有责任。

不妥协的人,对自己的过失,抱着“只此一次,绝无下回”的决心,不宽容自己发生第二次同样的过失,也不原谅自己胡乱编造理由,或者用理由骗别人却连自己也一起骗。

彻底断根,必先知道自己所犯的过失,以及造成的原因。所以犯过之后,要好好检讨,究竟是什么原因造成的?找到真正的原因,毫不保留地向自己招认,下决心永不再犯,这才是不妥协的改造精神。

◇过失的根本原因在不良习惯

良好的习惯会使成功早日到来。

当我们追究过失原因时,往往发觉是不良习惯在作祟。

广义的不良习惯,包括不正当的观念和不正当的行为。观念和行为,常常互相影响。有时先获得不正当的观念,才形成不正当的行为;有时刚好相反,先产生不正当的行为,然后才形成不正当的观念。

特别是现代多元化社会,各种言论纷纷出笼,什么行为似乎都能够找到适当的辩护。

四十岁就要成功,首先应该肯定“自己的时间宝贵”,没有时间可以浪费在“试试看,不对再改”,却必须“在最短的时间内,做好正当的事”。

希望在最短的时间内,做好正当的事,最有效的办法,便是“第一次做,就要做得正确”,也就是“凡事一起头,便要养成好习惯”。

在大学修木工,遇着一位好教授。他严格规定:凡是老师没有教过的工具,一律不准自行拿用。

理由十分清楚:第一印象相当重要。第一次使用工具,如果用错了,想要改正过来,非常困难。不如在使用之前,先弄清它的用途,学会它的正确使用方法,然后第一次使用,就学好正确的姿势和方法。

我们观察一般木匠,使用工具经常发生错误。主要原因,便是“虽然知道这样做是不对的,但是多年来已经养成习惯,实在改不过来”。再追根究底,真正的病源仍在“第一次就做错了”,养成了坏习惯。

坏习惯经常是不求甚解的恶果。

有的人很聪明,任何事情,似乎一看就会,一听便懂,因而养成“不求甚解”的恶习,坏习惯好像特别多。

最好养成“多看、多听、多想、少说”的习惯,以免由于喜欢多说,影响了多看、多听和多想。尽管有人担心少说也会带来一些不良的后果,但是比较起来,多说的后果,实在比少说严重得多。

人都有相当的表现欲,鼓励多说,就会形成“对也说,不对也说”,“懂也说,不懂也要说”,甚至“只要有机会,抓住麦克风不放手”,以致“管他听不听,反正我就是要说”,弄得整个社会,吵闹不停,却不明白究竟在吵些什么。

少说绝对不是不说,先多看、多听、多想,对的才说,真正懂的才说,自己要说也应该让别人同样有机会说,并且进而养成“让比自己更合适的人来说”的好习惯,不断地扩大自己的视野,充实自己的本领。

四十岁就要成功,不但要养成自己这一代的好习惯,而且要将上一代的好习惯,发扬光大。不但要革除自己这一代的坏习惯,而且要以上一代的坏习惯为借鉴,及早加以避免。

成功的人,兼具两代人的优点,去除两代人的缺点。仅仅具有这一代人的优点,不足以领先;仅仅去除上一代人的缺点,也不能保证必然胜利。

◇不良习惯要从今起连根拔掉

对外来的影响,要善自选择。

一般而言,我们很容易受到上一代人的影响,不是盲目跟着他们,便是盲目地反抗。这两种态度,不论是顺从或抗拒,都不适当。

最好的方式,是学习上一代的良好习惯,同时抗拒上一代的不良习惯。例如,父亲勤劳、负责,母亲任劳、任怨,我们当然应该学习;父亲抽烟、酗酒,母亲爱买便宜货,我们大可不必跟着养成同样的习惯。

上下两代之间,由于环境的变迁,往往产生不同的习惯。例如,上一代多半具有强烈的责任感、刻苦耐劳,在金钱方面精打细算;下一代人则大多缺乏强烈的责任感、逐渐好逸恶劳,在用钱方面也常粗心大意。这种现象,正是“富不过三代”的最好表征。成功的人,必须明察同一代人的优劣点,发扬优点而且避免缺点,才能够在同辈之中脱颖而出。

幸运的儿童,便是父母能够明智地指出自己的优劣点,辅导其学习自己的优点而去除自己的缺点。

但是,事实证明:能够对自己的缺点有清楚认识的人,并不多;能够坦承自己的缺点,并且辅导子女不要跟着走的人,更少。

子女的幸运,决定在父母能不能及早分析自己的优劣,同时子女能不能体会父母的用意,学习优点而避免缺点重现。

每个人都有缺点,刻意隐瞒,不过是自欺欺人的行为。对父母这一代没有好处,对子女这一代却有很大的害处。若是坦白说出来,明白上一代人的优点,努力学习;了解上一代人的缺点,极力避免。这样人类就可能一代比一代更好。

能否革除坏习惯,完全操之在我。

从这个角度来看,命运的好歹,其实就是"能不能发现父母的优点,加以发扬光大;能不能明白自己的缺点,努力改善"。

命运操之在我,意思是"我可以察觉自己的缺点,并且逐一加以改善"。革除不良习惯,命运就会趋向吉顺;保留不良习惯,命运自然不好。

知道自己的缺点,却希望以后再改,等于好运唾手可得,却懒得把手举起来。

许多人都期待"明天再改",哪知道"明天之后,永远还有明天",就这样因循苟且,一直拖延下去,把自己的好运都拖掉了。

今天就开始,命运马上会变好。拿这种积极的态度,来革除不良习惯,才是"善待自己"的唯一途径。如图所示:

善待自己:
- 时常反省,
- 找出不良习惯,
- 下决心马上就改,
- 命运立即变好,
- 改命此当其时。

九、第九步：实践力——实现即知即行的成功途径

唯有在行动中才能印证成功。

孟子说："劳心者治人，劳力者治于人。"劳心者即知者，劳力者为行者。孟子早就觉察劳心者贵于劳力者，知识比行为更加可贵。

但是，近代生活，很难区分劳心者和劳力者。科学家劳心研究，免不了劳力调查、实验或探索。农夫劳力耕种，也不免要劳心改良品种。

知识的确定与精神的安定，乃是人类普遍的要求。然而确定或安定，并不能在抽象的理论、主观的想象中获得，必须从实际的行为中求取。唯有在行动中求安定，人类才会进步。

知道很多成功的法则，却迟迟不去实行，充其量只能获得想象中的成功，无法得到真实的结果。

我们所知道的成功要领，到底有没有效果？必须切身去实行，才能印证。

《书经》记载，傅说对武丁讲"知之非艰，行之惟艰"。大家听到这两句话，总以为"知道一件事情很容易，而做起来实在十分困难"，因而强调"事非经过不知难"。

这种知易行难的心理障碍，使得一些人普遍怕"行"，重视劳心而轻视劳力，旧时代的读书人则更是动口议论却不能动手操作，有的成为百无一用的寄生虫，而使得科学界缺乏真正格物实验的精神。

力行一定成功。

其实，傅说并没有说什么"知之非艰，行之惟艰"。他当年所说的话，乃是"非知之艰，行之惟艰"。意思是"劝告武丁重视笃实践履"，想不到后人为了上下两句的对称，调动一下次序，改成"知之非艰，行之惟艰"，这才弄成大误解，产生"多做多错，少做少错"的错误心理，以至国势衰弱，民生凋敝。

现代人由于中山先生的倡导，逐渐体会"知难行易"的重要性，明白"能知必能行，不知亦能行，行以求知"的道理，深信"力行一定成功"，却无法完全摆脱往昔"知之非艰，行之惟艰"的错误解释，迄今多少仍有"知之非艰，行之惟艰"的错觉，使实践的力量，未能发挥到理想的境界。

真正了解"实践"的精神，掌握"力行"的道理，则任何奇迹，都能够创造出

来。实践力无疑是成功的可靠途径。循着即知即行的道路,必能获得成功。

实践的要领,列举如图所示:

- 实践六要
  - 一步一步走出成功的道路。
  - 知之为知之而不知为不知。
  - 有计划的实践能确保成功。
  - 要有完成大志的真实本领。
  - 边做边修订计划比较可靠。
  - 成功要靠经年累月的努力。

◇一步一步走出成功的道路

不要害怕成功。

人一方面盼望成功,却又一方面害怕成功!

旅美学人邱连湟先生指出:"人的情绪反应很复杂,既怕失败,又怕成功,真是患'得'患'失'!"怕失败很容易体会,怕成功却必须费一点心思来加以体认。

人为什么怕成功呢?

邱先生认为有三大原因,兹分述如图所示:

- 害怕成功三大原因
  - 会增加心理负担
    - 一次成功,
    - 好像便不能失败,
    - 心理负担很大。
  - 会带来更大责任
    - 成功的人,
    - 要照顾其他人,
    - 责任当然更大。
  - 会引起众人注目
    - 人怕出名,
    - 成功引人注目,
    - 增加自己的种种不方便。

成功需要一步一步,怀着无比的毅力去完成。如果心里害怕成功,就会犹疑不前,不愿意拿出全副精神去实践。于是,明明能够成功的人,也因为害怕成功而失去成功的可能。

邱先生提醒我们:“要时时自省与警惕,是否具有怕成功的心理,横亘着我们的前程,阻碍着我们的去路。假使有,我们就该当机立断,勇敢地一脚踢开这块绊脚石,满怀信心地步入成功之途!”

克服害怕成功的心理,有以下要点。

首先,一件事做得成功,不见得就要样样事情都应该成功。

人有长处也有短处,很难十全十美。只要发挥自己的长处,在某些方面获得成功,并不必进而要求自己在各方面都成功。同理,成功之后,也不必时时以成功为念,以免增加自己心理上的负担。

其次,才养不才,有能力的人应该照顾没有能力的人。

能者多劳,乃是一种荣誉,并非完全是自讨苦吃的责任。自动发挥自己的能力,就会轻松愉快。被动地居于自找麻烦的心态,愈多做愈觉得自己是个大傻瓜,于是疲惫、苦恼、忧郁,就逼得自己透不过气来。

◇知之为知之而不知为不知

智能通过知识,才有影响力。

不害怕失败,一步一步走上成功的大道。最要紧的,便是秉持知之为知之,不知为不知的态度。

“知”这个字,包含“智能”和“知识”。智能固然重要,知识更加要紧。因为成功贵在实践,而智慧的效果,必须通过知识,才能发挥其影响力。

前面谈到学识要灵活运用时,曾经说过陈大齐先生所举的例子:“一个智慧高超的人,未学得有关机械的知识,不能制作机械,亦不能修理机械。一个智慧高超的人,未学得有关会计的知识,不能从事审计,亦不能处理账目。所以对于效果,智慧只能有间接的影响。智能加上学习,产生了知识,才能产生直接的影响。”

“小时了了,大未必佳”的原因,多半指自以为聪明的人,喜欢依凭天才,而忽视知识的追求。以致智能虽高,却缺乏知识,因而不能成功。

知识为什么重要呢?陈大齐先生分析说:“要把事情处理得合理中肯,第一步须先认识对象的性质,及其所处的环境。对象的性质不明,无从着手处理,盲目处置,便没有收到良好效果的把握。对象的性质认识清楚了,又须观察对象所处的环境。因为同性质的对象,若其所处环境不同,处理方法就不能不有所改变。认清对象的性质，及其所处的环境，都是知的作用，都有赖于知识的指导。”

“第二步，要设想各种可资采取的处理方法，且须设想周到，务期无所遗漏。各种可资采取的方法都想到了，更须就诸种方法预测其可能引致的后果，并就各种后果比较其得失，然后择取其中可能收效最大的，定为处理方法。必须经过这样的努力，然后处理事情才能中肯。这一阶段所含有的设想、预测、比较、选择，又无一不是知的作用，无一不依靠知识的指导。”

成功的基础，在清楚的洞察力。洞察力的发挥，表现在处理事务合理中肯。而处理事务合理中肯，则有赖于知识。要实践有效，必须增广自己的见识，扩充自己的知识。知识是实践力正确有效的保障，也是实践力的源头，为实践力之所出。

正确的知识，才能帮助成功。

陈大齐先生继续指出：“知识必须正确。”正知和邪知，应该明辨。必须以真切知道为知道，以不真切知道的为不知道，才是真知。

“知之为知之”好像比较容易，“不知为不知”似乎相当困难。因为一般人多喜欢认为自己知之，却很不愿意承认自己不知。

既然“以知为荣，以不知为耻”，就会“勉强把不知当作知”，因而误人误己。

知有正知也有邪知。真切了解，而且有事实根据，属于正知。一个人正知愈多，愈能了解问题，并进而分析、研究、比较，来解决问题。以正知为荣，是正确的态度。所知不够真切，而且缺乏事实根据，便胡乱说道，势必误人。以邪知为荣，是不正确的。

陈先生研究“知道得不甚真切而自以为知”，有两个主要来源：一为自己的想象，一为他人不负责任的传述。想象的知，不能保证必然合乎事实的真相，不是正知。他人不负责任的传述，不管是出自传述者自己的想象，或者是传自第三者的谈论，大都不合乎事实的真相，更不是正知。一般人喜欢凭想象，又喜欢道听途说，所以到处都可能有邪知，必须注意“过滤”，才能做到“知之为知之”。

要想成功，应该拿事实做依据，以经验为方法，不要随便猜测，也不要不经证实就胡乱相信。

因为“知”是“行”的根据，一个人认真实践，如果所依据的是错误的知识，就会导致不良的结果。一个人认真实践，必须依据正确的知识，才能够获得良好的效果。

◇有计划的实践能确保成功

有计划的实践包括八个阶段。

我们说拿事实做依据，以经验为方法，意思是正确地吸收新知，以他人既有的成就，当成自己前进的踏脚石，善用别人的经验，为自己的成功铺路。唯有踩在巨人的肩膀上，才能事半功倍地爬得更高、更快。

很多人喜爱阅读成功人物的传记，便在于他们的经验，有许多可以借鉴的地方，减少我们尝试的错误。

可见从自己或他人的经验，找出若干成功的事实，作为自己计划的依据，再从实践经验中，记取挫折、缺失的教训，反过来修正自己的计划，重新出发，这样有计划的实践，能够确保自己的成功。

成功的历程，其实就是“有计划的实践”。包含下述八个阶段：

(1)理想的假定。对自己的人生提出若干梦想。

(2)理想的持续。随时随地将自己的梦想放在脑海中。

(3)类推的思考。在日常生活中，发现和自己的梦想有关联的信息，就要加以注意和收集。

(4)深入的探讨。多方收集有关信息，还要深入地加以分析、比较和归纳，使自己的梦想更加明确可以实现。

(5)逐步的尝试。一步一步，有计划地尝试。发现缺失或遭受挫折，要逐一记载、检讨。

(6)适度的调整。明白自己的梦想，有哪些缺点、优点之后，经过认真的反省检讨，并且请教可以信赖的长辈或朋友，做出合理的调整，使梦想更能顺理成真。

(7)有恒的实践。以不折不挠的态度，有恒心地实践自己的梦想。

(8)阶段的适应。梦想实现，知道自我调适，在美梦成真之后，生活得十分愉快。否则成功之日，才发现盛名之累，多财之祸，恐怕会更加不愉快。

这八个阶段，无不包含计划和实践。理想的假定，固然偏重于计划，而丝毫不实践，根本不可能假定自己的理想。理想的持续，类推的思考，深入的探讨，也都需要计划和实践合一。逐步的尝试，适度的调整，以及有恒的实践，则是计划中的力行，非实践不可。至于阶段的适应，说起来也是知行合一的产物。

实践理想要注意以下五点。

实践的时候,要注意这样几点:

第一,弄清楚自己的目标。

第二,看清楚自己的优点和缺点。

第三,进一步发挥优点,检讨缺点,并采取补救的措施。

第四,决定实践的优先级,并且立即付诸实行。

第五,时时检讨实践的成果,及时调整补救。

将人生的理想加以假定,例如工作方面的成就,要达到什么程度?在成家方面,什么时候结婚?找什么样的人做对象?结婚后是不是继续工作?如何养儿育女?在立业方面,要不要自己创业?最喜欢从事哪一种行业?……这一连串的思考,逐渐获得具体的答案,便是计划。

有了计划,配合分段达成的时间表,有恒地逐步去实践,即是有计划地付诸实行。

如何实践?思考中的行动,叫作策略;真正的动作,才是策略行动。

策略加上策略行动,使自己的想法获得具体的成果,这就是成功的历程。

◇要有完成大志的真实本领

有本事才会成功。

西方社会主张“能力本位”,有能力而又尽量发挥,便可以逐步获得成功。

中国人喜欢“有本事的人”,有本事自然会成功,似乎比光有能力,要稳当得多。

什么叫作“本事”?一般说来,具有六个方面的内涵,分述如下:

本事:
- 合理的态度。
- 自主的觉醒。
- 人际的技巧。
- 专业的知识。
- 自我的定位。
- 合作的心理。

(1)合理的态度。认清自己的见解,未必全对;而他人的意见,也不一定完全错误。凡事抱持“大家好商量”的心态，尽量先听听别人的意见，以集思广益。

中国人主张“在圆满中分是非”，绝对不可以不分是非，也千万不要分是非分到大家都没有面子。既不为求表面的和谐而没是没非，也不盲目相信上级或长辈的是非。每一个人都应该合理地坚持自己的意见。坚持的程度，与自己的把握成正比。有几分把握，做几分坚持。用结果来证明自己的判断，以合理的坚持来树立自己的信用。

(2)自主的觉醒。不盲目顺从，不做乖乖牌，也不喜欢别人把一切细节都安排得妥妥当当，使自己失去“自作主张”的机会。喜欢自己寻找答案，并且对自己找来的答案负责。

(3)人际的技巧。与人相处，绝对不可圆滑，却应该圆通。圆滑和圆通从表面上看起来，完全相同，都是“推、拖、拉的过程”。然而从实际上来省察，完全不同。用推、拖、拉来面对问题，不想解决，也解决不了，叫作圆滑。推、拖、拉来面对问题，并且合理地加以解决，便是圆通。推、拖、拉一旦成为和稀泥的手段，那就是圆滑。推、拖、拉如果是在和谐中真正解决问题，便成为众所欢迎的圆通。

(4)专业的知识。受过相当的教育，修习专业的课程，具备初步的专业知识之后，还要时时留意最新的发展，收集合用的情报，使自己的专业知识，得以赶上时代，永不落伍。

学历是专业知识的基本证明，学力才是不断进步，合乎时代潮流的表现。有了学历之后，必须不断充实，以提升自己的学力。

(5)自我的定位。一个人充分了解自己应尽的责任，而且拥有恪尽职责的决心，才能够说到做到，甚至先做后说，或者多做少说，真正用心把工作做好。

(6)合作的心理。中国人并非一盘散沙，有时也能够密切地合作。主要看自己愿不愿意率先伸出合作的双手，而不是一味等待他人首先表现合作的诚意。

大家都等待，合作成为“可遇不可求”。从我开始，他人就会有所响应，因而彼此合作，发挥组织力。

兼顾各方面的能力，才是有本事。

有本事的人，能够以合理的态度来顾全大局，自动自发地自主觉醒，富于有效的人际技巧，具备确保做好工作的专业知识，了解并确守自己的本分，以及愿意自己跨出第一步以求与人合作,可以说拥有完成大志的真实本领。

用真实本领来执行既定的策略,必能产生有效的策略行动,使自己的目标早日达成。

有决心、有策略,加上有本事,对达成目标具有挑战力。这样的实践,才是有实力的表现。

◇边做边修订计划比较可靠

观念改变,带来必要的修订。

大家都知道现在是快速变迁的时代,每个人的观念,会不断受到各种层出不穷的影响,而产生变化。

例如"男女平等"的观念,逐渐取代以往的"男尊女卑"。"男主外、女主内"的分工价值观,变更为"男女互助合作"。

诸如此类的变更,主要来自观念的改变。在实践的过程中,观念的改变经常带来行动的变化,通常最容易发生的结果,便是修改原先的计划。

王君的生涯规划,是考入医学院,毕业后当一位外科医生。

高二那一年,他被学校推选为代表,参加全市作文比赛,获得冠军。领奖的那天,他十分兴奋,把奖牌和奖金从颁奖先生的手中接过来,一不小心,竟然掉落在地上。旁边一群男女记者,抢拍这个镜头,弄得王君既不安又愤怒,不晓得这些人为什么要拍摄他的窘状,难道真的要出他的洋相?

从此王君恨透了记者,却不断地发觉记者不但活跃在各种场合,而且善于虚构事实,或者揭露人家的隐私。

于是他变更计划,不考医学院,改填入学志愿为新闻系。顺利进入之后,这才明白"狗咬人不是新闻,人咬狗才是新闻",从此一改初衷,专门以快照拍摄他人的窘迫、倒霉,而引以为荣。

一连串的错误观念,使得王君边做边修改,以致"十分有信心"地走上偏道。这样的边做边修订,显然并不理想。

王君的缺失,很明显地,是由于缺乏正确的辅导。如果能够及时请教,解除心中的疑惑或怨恨,王君就算真的修习新闻,也不可能养成如此恶习。

现代年轻人,有一种普遍的误解,认为"年龄的差距,必然产生代沟",而且向尊长请教,容易被教训,等于自找没趣。于是转而“和同年龄的朋辈商量”,形成“不懂的请教不懂的”,虽然不至于“问道于盲”,却常常得不到正确的答案。

“代沟”是人制造出来的东西,自己认为与尊长有代沟,它就会明显地存在;自己认为根本没有,它立即消失。养成自动向尊长请教的习惯,在边做边修订的过程中,获得正确的指引,才会可靠。

修订计划的基本态度必须确立。

修订的基本态度,应该是“先考虑不变”,然后才“考虑改变”。

凡事先想不变,一切照原定计划去实践。如果决定如此,而又意志坚定,那就不必修订。

若是不变不行,甚至认为非变不可。那就自动请教:“在这种情况下,怎么修订才合理”?

一种意见觉得不妥,可以另行请教。听来听去,总可以找到比较合意的答案,于是据以修订,并且从实际行动中考验其合理性,这才是边做边改的有效方式。

◇成功要靠经年累月的努力

从劳苦中找出快乐。

任何事情,计划起来好像比较容易,实践起来觉得相当困难。因为每一步的完成,都离不开奋斗,总有许多难题必须克服。

常听人说:“我十分辛苦”。很少有人说:“我非常轻松”。人生除了睡觉以外,四肢五官都要动用,一动用就会费力、劳神,所以辛苦是免不掉的。

成功是长期的努力,永恒的奋斗,那岂不是永久的辛苦?

这时期我们最好想起梁启超先生的劝告:“苦乐全在主观的心,不在客观的事。”

梁先生主张“会打算盘的人,只有从劳苦中找出快乐来。”他认为“天下第一等苦人,莫过于无业游民,终日闲游浪荡,不知把自己的身心摆在哪里才好,他们的日子真难过”。第二等苦人,“便是厌恶自己本业的人,这件事分明不能不做,却满肚子不愿意做。不愿意做,逃得了吗?到底不能。结果还是皱着眉头,哭丧着脸去做,这不是专门替自己开玩笑吗”?

快快乐乐地在岗位上奋斗。

怎样从劳苦中找出快乐呢？依据梁先生的经验，可以归纳出下面三种方法：

第一，从过程中寻找乐趣。有些人过分重视结果，一心一意等待良好结果的出现，以致忽略了工作的过程。其实每一件工作，总有许多曲折，倘能深入其中，看它变化进展的状态，自然十分亲切有味。

第二，在竞赛的气氛中获得快感。漫长的奋斗过程中，常常要和一些人竞赛，若是得到胜利，当然有成就的快感。万一落后，也可以同自己的过去相比较。发觉自己是进步了，只是进步得不如别人那么快。于是用心检讨，找出真正的原因，再不断增进，也是一种乐趣。

第三，专心投入后工作即能产生乐趣。有些人不够专心，经常想东想西，结果工作做不好，更加游移不定。如果能够专心投入，把许多游思妄想杜绝了，省却无限烦闷。这样一来，渐渐从工作中领略出趣味，有时真的会“发愤忘食，乐以忘忧”。

专心不专心，自己最清楚。不需要做表面，真正对自己负责最要紧。因为经年累月的努力，终究是为了自己，而不是为别人。

十、第十步：忍耐力——走向成功的保证

坚忍是成功的最大保障。

中国民间流传“做人十要”，分别为：一表人才，两套西装，三杯酒量，四圈麻将，五方交游，六出祁山，七术打马，八口吹牛，九分努力，十分忍耐。

一表人才是指“自己诚心诚意，由内而外，让人家获得良好印象”；两套西装指“穿着衣物要配合身份及场所，务求得宜”；三杯酒量指“社交活动，饮酒适量以维持礼节”；四圈麻将指“培养若干技艺或参加某些活动，以期拓展社交，赌博性交际消遣已不合时代，应予革除”；五方交游指“交友不必局限于特定范围，以增广见闻”；六出祁山指“遭遇困难要不折不挠，并且愈挫愈勇，全力以赴”；七术打马指“适当的尊重长上，实在有其必要，最好以正道来博得上级的赏识”；八口吹牛指“人不免自我吹嘘，只要不过分，当属人之常情”；九分努力指“纵然资质再高、背景再好、机会再多，如果不努力，也不可能成功”；十分忍

耐指“一切修养，都赶不上忍耐的重要。若是不能忍耐，以上九项修养，都将枉费心力”。

成功的因素，百分之九十属于性情态度。包括爱、欢愉、乐观、信仰、坚定、镇静、信心、勇气、想象力、主动、容忍、诚实、谦让、热心和坚韧。这一些要素，以坚韧为成功的最大保障。因为成功者无不是勇往直前，不怕失败，不颓丧，不甘心让眼前的挫折影响了长期的目标。为了超越艰难的挑战，必须坚毅进取，十分忍耐。

现代人生活在一片求好、求快的呼声中，几乎忽略了忍耐的美德。有些人遇到一点困难，就不堪忍受；有些人稍有挫折，便伤心气馁；有些人甚至遭遇点失败，就萌生自杀的可怕念头。

面对困难和挫折，愈忍耐愈坚强。

完全没有困难，丝毫没有挫折，从来未曾失败，当然求之不得。然而，事实上却断不能如此，因为人生不如意事，十常八九。人生始终摆脱不了忧虑、恐惧，唯有十分忍耐，面对这些威胁，时刻企求安然度过，人生才有意义，也才有价值。

任何事情，都不可能一蹴而就。必须按部就班，一步一步做去。在过程中，不断会出现变量，造成诸多障碍，产生许多困难。

做一件事，只要认清是好的、对的，就必须忍耐，面对各种变量，解决各种问题，克服各种困难，持之以恒地奋斗下去。因此无论做什么事，都需要有耐性。虽然事与愿违，也要坚强忍耐，愈挫愈勇，达到预期的目标。

忍耐是一种美德，也是成功的最大保障，兹列举其要点，如图所示：

忍耐六要：
- 要让好人说好也要让坏人说坏。
- 忍耐能够使人的白发变成黑发。
- 心上一把刀不可求逞一时之快。
- 随遇而安并不是盲目随波逐流。
- 见小官大视之见大官则小视之。
- 不进步就退步要坚持赶上时代。

◇要让好人说好也要让坏人说坏

忍耐并不是为了讨好他人。

有些人反对忍耐，主张“有话就要直说”。他们认为中国人长久以来，一直忍耐，弄得人间没有是非，社会缺乏公理。似乎大家忍耐，就必然带来和稀泥的不良结局。

其实，任何人仔细想想，都不难发现：我们从忍耐获得的好处，比有话直说还要多。

忍耐的目的，如果放在“让大家说好”，存心讨好所有的人。那么忍耐的结果，便会变成不明是非，不分好歹。忍耐的目的，若是摆在“让好人说好，也让坏人说坏”，就不可能糊里糊涂地变成大家厌恶的乡愿。

社会上有好人，必定也有坏人。好人说我们好，我们未必好；坏人说我们坏，我们也未必坏。必须好人说我们好，而坏人也指责我们坏，这才是真正的好人。

担任警官的人，如果老百姓说他好，而地痞流氓也称赞他好。请问：这样的警官可能好吗？

税务人员，逃税漏税的人骂他不好，而奉公守法的民众也骂他不好。请问：这样的税务人员，我们会认为他好吗？

好警官，必须善良老百姓称赞他，地痞流氓咒骂他，才是好警官。

良好税务人员，应该是逃税漏税的人讨厌他，而奉公守法的人称赞他，才算是良好的税务人员。

一个人的所作所为，看在别人眼里，产生不同的评价。因为各人立场不同，所以看法也不一致。

我们的所言所行，既然无法获取大家一致的看法，势必舍弃坏人而重视好人的评价。不介意坏人的抨击，却需要好人的肯定。

不忍耐很难看出谁是好人、坏人。

缺乏忍耐的修养，经常把“与我意见相同的人”，以及“没有声音的人”，当作好人，同时把“和我意见相左的人”，以及“喜欢标新立异的人”，看成坏人。这种评量标准，常常冤枉好人，却无意中亲近了坏人。

成功的人，必须十分忍耐，先不把对方界定为好人或坏人，冷静地研判对方的态度，做出合理的响应。

◇忍耐能够使人的白发变成黑发

忍耐对自己有很多好处。

从小就时常听母亲说:“忍耐能够使人的白发变成黑发。”长大后才了解:原来忍耐可以减少很多烦恼,使人老得慢些。

愤怒的时候,大声叱骂、拉头发、撕衣裳、摔椅子,无论哪种表达方式,最后必定伤害了自己。

对方能够忍受,冷静地等候我们发过脾气,再提出合理的解释。我们愈听愈觉得自己乱发脾气,又该怎么办?恼羞成怒,等于不讲理。反过来自己低声下气,会不会后悔刚才为什么那样鲁莽?

不论对方能否忍受,也不管对方有没有道理。自己发脾气的时候,血压升高,肝脏受到伤害,已经是自己整自己了。

成功的人,必须维持喜、怒、哀、乐的平衡。凡是喜怒变化得特别激烈的,遇着一点小事情就容易流泪,或者突然地动怒,表示肝脏的气力低落。依据中医的研究,情感的表现如果过于激烈,喜伤肾脏,怒伤肝脏,忧伤心脏,悲伤肺脏,笑伤关节,恐惧伤脾脏,惊吓伤胃肠,都会造成重大的影响,也会在各部位产生不同的疾病。

善用正确的泄愤方法。

愤怒发而中节,才是正当的处理方式。完全压抑在心里,也会造成伤害。下面有几种泄愤的方法,可供参考:

(1)把怒气发泄在无关紧要的小事上,养成处理大事镇定冷静的忍耐力。

对于某些微不足道的小事情,如果有不愉快的感觉,不妨尽量发泄自己的怒气,直到心境完全恢复舒坦为止。这样不会把小小的不愉快压抑在自己的心里,以免愈积愈多,一旦遇着大事情,反而忍不住爆发出来,失去自制。

怒气发泄后,马上把心情宽松下来。已经发过了脾气,就要把它忘掉,不要记在心上。否则发是发了,仍旧累积在心中,依然是一颗不定时炸弹,十分可怕。

(2)大事小事很不容易区分,不如把怒气宣泄在书信上。只要写好之后,暂时不要寄出,就会怒气全消。

不理性,小事可能变成大事。为了谨慎起见,遇着胸中愤怒时,找个比较安静的地方,坐下来把自己满腹的牢骚写在信上。要怎么骂就怎么骂,想怎样发脾气便照实写在信纸上面。写完之后,人像放了气的皮球,轻松得多。这时候把信收藏好,告诉自己过两天才寄出。两天以后,再翻开来看,自己都会觉得可笑,撕掉算了。如果仍旧要寄,就应该仔细衡量一下,后果如何?多半的结果,都是用火把信烧掉。一方面烧掉愤怒,一方面也烧掉秘密。

(3)觉得愤怒时,赶紧找借口跑出去。换一个场所,让自己冷静下来,解除愤怒的情绪。

有些人马上回到自己的房间,静静地听一曲自己心爱的音乐,看一看自己欣赏的字画或古董。有些人跑到野外,深呼吸,散散步,与大自然合一。有些人走进弹珠房,打打弹球,或者干脆摔摔它。有些人玩计算机,也有些人打乒乓球,借着环境的转换,来改变自己的心情,直到心旷神怡为止。

当别人大发雷霆时,我们最好利用机会,观察他因兴奋过度,所显现的种种弱点。这种印象,不但有助于自己保持冷静沉着的态度,而且能够针对他的弱点,一一加以有力的反击。

忍耐对自己的身心健康,有相当的好处。忍耐对于事情的进展,目标的达成,也有很大的助益。

◇心上一把刀不可求逞一时之快

忍耐并不是压抑自己。

有一次,当作者说完一大堆忍耐的益处之后,某些年轻人跑来告诉我:"忍耐当然有好处,可是我自己十分忍耐,别人却老是嫌我不够忍耐,这怎么办?"

不错,忍耐的限度,各人并不一致。现代年轻人比较少吃苦,更不容易体会"到底什么样子才叫作忍耐?"

"忍"字"心上一把刀",凡是觉得自己的心上插着一把刀,那般的难过,还要不发脾气,才叫作忍耐。

忍气吞声如果是为了讨好他人,博取对自己有利的好处,就显得有损自己的人格,并不高尚。

若是为了追求合理,而唯恐自己有不合理的判断,纵然觉得对方没有道理,却能够首先忍气吞声,以冷静的态度来衡情论理。这种忍耐,不但不软弱,而且对自己十分有利。

有些人追求痛快，甚至逞一时之快，结果弄得自己下不了台，或者蒙受更大的难堪，显然不是明智的抉择。

我们主张“慢快”，亦即“慢慢得到长期的快乐”。长痛不如短痛，痛快不如慢快。快而不痛，才是真快乐。

心上插着一把刀，当然要设法拔掉，才能减除痛苦。所以忍耐并不是压抑自己，勉强忍受。因为长期压抑，势必形成身心的疾病，反而有害。最好的办法，就是找出一种对自己适当有效的泄怒方法，以资排解或转换。

中国人喜欢说“吃亏就是占便宜”，对于忍耐或者不忍耐的人，都有很好的警惕作用。

看远一些，看大一些，比较容易忍耐。

假使我们把眼光放大一些，看远一点，不把所有鸡毛蒜皮的事情都看成大事，也不将眼睛局限在眼前的一些小事上，我们就会在情况发生的时候，先衡量一下情势，当自己要发脾气时，先考虑一下后果，大概许多怒气会因此而消失，用不着压抑，也不会有痛苦的感觉。

中国人严格说起来，是属于阴阳家。我们都明白“有阴就有阳”的道理，对于“明得暗失”或“明失暗得”，具有良好的洞察力，如果“明的吃亏，就是暗的占便宜”，那还有什么理由，一定要大发脾气呢？

我们常常觉得，对中国人而言，宁可和他打架，不要骂他。

和他打架，因为没有太大的把握，所以轻易不敢动手，可以减少许多动粗的可能。何况“不打不相识”，有时打出交情来，又是一番新的气象。

最好不要骂他，因为一些人“报复心很强，报复期很长”。你打他，他不一定敢打你；你骂他，他一定会骂你。再者说，有些人还有一种十分奇怪的心理：“就算我做错了，你凭什么骂我？”

最好不打架，也不吵架。这就需要十分的忍耐。忍到心中有一把刀插在那里，仍然不会发火，实在很不容易。我们常常彼此劝解：“看开一些”。意思便是“要计较，根本计较不完。看开、看淡，反而轻松愉快”。

◇随遇而安并不是盲目随波逐流

让自己随时随地都觉得十分幸福。

“看开”绝对不是“看破”。一个人若是看破一切，就会失去成功的动力，亦即无法获得成功。

日本的矢引晴一郎倡导“瞬间幸福”的观念，意思是“每一瞬间都觉得很幸福”。

他举例说：“早晨起床时，对自己说‘又是一个新的开始，好运将降临在我身上，今天充满生机，好幸福！’中午时分‘我给自己一个最美好的上午，没有不满、牢骚！’到了睡前，‘今天一整天都很努力工作，明天继续加油吧！’”

这种“时时全力以赴，随时拥有幸福的感受”，其实就是“看得开”的最佳批注。

有人问作者早晨醒来的第一件事做什么？

早晨醒来，应该先醒心，后醒目。有了醒心，把五脏六腑逐一唤醒，轻微运作，然后才睁开眼睛，看看清晨的美景。

第一件事最好是谢天谢地。感谢老天爷，今晨醒过来，还活着，当然值得感谢。

就凭着这一点感谢的心，一早起来就充满了喜悦。好好把握这新的一天，这多得的一天，这难得的一天。

这种生活态度，便是看得开！

培养看得开的生活态度。

清晨感谢，整天喜悦。拿这样的心情，来面对一整天可能产生的问题，会比较轻松愉快，也会充分忍耐。

喜悦的心情，帮助我们从积极面、从光明面来看问题。喜悦的态度，带动周遭的亲人、同事、朋友，让大家都接受感染，同样地喜悦起来。

看见什么都会喜欢，任何情境都很高兴，自然可以随遇而安。一个人随遇而安，表面上看起来好像毫无主见，似乎是随波逐流。

然而，“随遇而安”和“随波逐流”表面相似，实质却大不相同。

无论身处任何情境，都能安下心来，不忘原来的目标，不抛弃既定的原则，能够体谅他人，不折不挠，设法达成自己的目标，这种以忍耐的心情来扭转不利的情境，叫作随遇而安。

缺乏根本原则，一味适应外在的环境，为了生存，可以放弃自己的主张，叫作随波逐流。

成功的人，应该具备随遇而安的修养，绝对不可随波逐流。换句话说“识时务固然重要,择善固执也十分要紧。不择手段地顺时势,可能获得利益,很难成功”。

忍耐是有原则地顺应情境的变化,忍耐到失去原则,盲目地随波逐流,那已经不是忍耐,而是“无条件投降”了。

◇见小官大视之见大官则小视之

不要欺弱怕强。

忍耐的具体方法,最要紧的,是“见小则大,见大则小”。

通常我们最容易发脾气的场所,不是上司的办公室,而是部属的办事处。为什么?心里认为上司比我地位高,不怕他就不错了,还敢跟他发脾气?!部属比我地位低,在他面前施展威风,发发脾气,谅他也不敢把我怎么样!

买票时对售票员发脾气,因为看不起他。若是一票难求,抱着求他卖一张给我的心情,必然十分客气。

看见比自己职位低微的人,容易发脾气。遇着比自己瘦小的人,常常有欺侮他的念头。不能忍耐,不是因为自己没有忍耐力,而是由于自己存有轻视对方的心理。

若是事先防患未然,看见比自己职位低的人,就赶快“大视”他。心里想“他虽然职位低,但是事情是他在办。他如果不好好办,结果还是我吃亏”。再想想“人家也是父母生的,不过运气没我好,我凭什么看不起他”?于是发现“他办的事,我未必比他内行”,因而尊重他的人格,重视他的办事能力,当然不致轻视他,也就不会乱发脾气。

反过来说,遇到比自己大的人,往往害怕得连话也说不出来,徒然显得自己有所畏惧,使对方看不起自己。

这时候要“见大则小”。心里想“他和我一样是两个眼睛一个鼻子,有什么了不起”?再想想“他的运气比我好,不见得就会一辈子比我强,实在用不着自卑,更不必怕他”,于是情绪稳定,谈话充满自信,使对方不得不刮目相看,相对地尊重我们。

不卑不亢,主要是自己调节得宜。基本的念头,即在“你比我大,我会尊重你,但是人生是长期竞赛,有朝一日,我会和你一样,所以不必怕你”。

发挥平衡思想的效果。

中国人最擅长“平衡思想”，如图所示，见大官则小视之，见小官则大视之，以期求得平衡点。拿合理的态度，来对待不同身份的人。如图所示

平衡思想	看见大官	要小视之
	看见小官	要大视之
	事情复杂	要简单化
	事情简单	要复杂化
	容易的事	特别小心
	困难的事	轻松一些

同样，遇见比自己成功的人，不必羡慕；遇见不如自己的人，不可骄傲。

简单的事情，必须加以适当的复杂化，才不会“大意失荆州”，造成“阴沟里翻船”的惨剧。

复杂的事情，就应该简单化，以免无从下手，根本找不到切入口，造成“一拖再拖”的不良后果。

容易做的事情，要更加小心，难解决的事情，要轻松一些，才能集中心力。

遇到快乐的时候，应该谨防产生不快乐的因素，事先加以适当的防止。实在不快乐的时候，也要想想自己曾经快乐过，并且回想一下当时的快乐情境，以免愈想愈想不开。

有了这种平衡思想，凡事不致“过与不及”，想进想退，容易养成忍耐的习惯，不致乱发脾气，从而获得很大的助益。

◇不进步就退步要坚持赶上时代

不进即退的时代，非进步不可。

现代知识爆炸，各色各样的信息，使人忙不过来。但是时代进步，自己却停顿下来，很快就会落伍，一下子变得样样都不如人。

不进即退，主要在环境快速变迁，自己不得不加快调整的脚步。

正因为如此，弄得现代人盲目追求信息，盲目求取进步，反而忙得“亡了心”，失去了自己的“心”。

其实，任何知识，若是只存在于人的脑中，不可能产生智慧，也就很难活

用。一切知识，必须通过自己的心，才能产生智慧，获得正当的运用。

用心想的意思就是拿自己的良心来判断，看看自己获得的知识，合不合乎自己的良心标准？合用就拿来应用；否则便加以扬弃。

任何人都可以制造言论、知识，这叫作多元化社会。我有自己的选择标准，构成坚强的免疫力。透过自己的独立思考，选择自己所合用的信息，才能够在多元化社会中，找到真正的自我。

赶上时代，并不是随波逐流。

出淤泥而不染，便是有目标、有计划地赶上时代。一方面不使自己落伍，一方面不让自己随波逐流。

成功的人，听到什么言论，看到任何信息，都不会抱有成见，一口气就拒绝掉。

当今社会的崇洋风气，使得很多人盲目接受西方的信息，却拒绝与自己的祖先、传统交谈，这是他们的损失，因为“成见”使他们“入宝山，却空手而还”。

听到任何信息，应该“不排斥，也不接受”，抱着“学则不固”的心态，仔细听一听，看一看，然后再想一想。反正多一样参考，多一样选择，并无大碍。

努力学习，寻找更多的参考答案。

学则不固的意思，是“学习的目的，只在增加一种可供参考的答案，将来选择的时候，多一样可以代替的方案”，千万不可一听就相信，一看便记得牢牢的，一下子便固执下来，对自己的独立思考和良心判断，实在交代不过去。

学习的时候，多看、多听、多问，不必马上把答案固定下去，这才是正确的学习方式。

学则不固并不是永远不固，否则始终拿不定主意，究竟要怎么办？

要用的时候，必须从“学则不固”所获得的答案当中，以“择善固执”的态度，慎选其中最合适的，加以应用。这种由“学则不固”到“择善固执”的历程，正是独立思考与良心判断的充分发挥。如图所示：

成功的历程

学则不固 → 学则不固

多一种参考
多一种选择
有更多代表

因人因时因地因事
做合理的选择
务求制宜

成功的定义,说起来也就是"从学则不固顺利转化为择善固执的历程"。成功的方法,各人不同;成功的滋味,也各有差异。然而成功的过程,几乎是一致的。凭良心、走正途、不断努力、奋斗不懈。

学则不固,需要充分的忍耐。因为各种论调都有相当道理,诸样学说都有某些根据,不耐心听,不用心想,哪里分辨得清楚,又哪里听得完整?

择善固执,同样需要耐力。善是什么?实在不容易拿捏。若非耐心、用心和良心,常常隐而不现。

求进步,不可忽略良心;学新知识,必须用心过滤。这样的进步,才是循正道而前进;这种新知识,才是有益世道人心的好智慧。

成功的因素很多,天分、努力,还要加上忍耐力。唯有十分忍耐,天分才会充分发挥,努力才会继续不断。唯有坚毅忍耐,成功才会获得保障。九分努力,还需要十分忍耐,否则功亏一篑,令人惋惜。

结　语

一、写下自己的阅读心得

现在，暂时把书合起来，回想一下，自己对成功的认知，究竟有多少体会？想好之后，再继续翻开书，看下去。

相信没有人会断定，自己完全了解以上十篇所提出的"成功十力"——洞识力、归纳力、包容力、组织力、分析力、感应力、调节力、补救力、实践力、忍耐力的内涵，更不容易认定，自己在十力方面，究竟能修养到什么样的程度。

没有关系。像这一类的书，原本就是随着读者的经历与体验，各有不同的认知和感受。由于背景不同，经历不一样，读起来的感受，一定不相同。

同样一个人，每隔一段时间，翻阅本书，都可能产生不同的观感。白纸印上黑字是死的，自己不断成长，却是活的。活人读死书，结果应该是活的。

信手翻阅两下，就认为自己已经具备成功的十力，这是十分危险的信号。有些成功的人，逐渐失去群众，便是因为"自己认定成功，也觉得大家接受自己成功的事实"，因而自我膨胀，几乎到了"神"的地步。

一旦变成神，就已经不是人。失去"人"的味道，怎么可能是成功的人？

这些人在成功的道路上，走得相当舒畅，也深得众人的肯定。然而，曾几何时，成功的人已经变为不成功的神。人不喜欢，恐怕神也不会欢迎，因为他毕竟不是真正的神。不属于神的世界，却要"神"秘兮兮，谁会喜欢？

仔细阅读，并且逐一自我考察。觉得成功十力要求过高，自己做不到。这时候需要自我心理建设，告诉自己："天下无难事，只怕有心人。"只要自己用心，有什么不可能？如果抱着"人一能之，己十能之"，比人家更加努力，当然做得到。不自暴自弃，在这个时候，实在十分要紧。

常常告诉自己:“成功十力,我会逐渐具备,并且不断增进实力。有一天,在三十六岁以前,一切都会实现。”三十六岁是拟订的期限,各人可以自己斟酌,不必求同。

最怕的是:认为自己做不到,便从此罢休,不肯去尝试,也不敢去想象。那就否定了自己成功的可能。对自己十分不利,也非常不公平。

随便翻一翻,看到书中有若干中国人的传统道理,便认为“又是老一套”,因而觉得“不看也罢”!这种人也可悲,自己用成见把自己绝缘起来。

有一次,在书店中。两位年轻人站在旁边翻阅书本,其中一位拿起一本有关中国人生哲学的书,介绍给另一位观看。那位年轻的中国人,一看书名,就说:“我最讨厌看中国人的伦理道德,还不是那一套?”

誓死不和祖先的智慧打交道,难怪成为典型的“数典忘祖”,除了寄予无限的同情,夫复何言!忘本欺天的人,自古以来,便是天地难容。

对于本书的见解,最好的态度,是“不信也不不信”。没有成见,把成功十力的内涵,仔细思虑一番,想想自己应该怎么做。中国人主张“尽信书不如无书”,便是每个人的背景、志趣、性格和愿望,都不尽相同,若是一味勉强自己,百分之百按照书中所说来要求自己,岂非强迫自己,要做这本书的奴隶?不如看了之后,自己心中有数,找出自己所要走的道路,拟订自己所要达成的目标,考虑自己所要采用的方法,确立自己所要秉持的原则,然后贯彻下去,以求获得自己所想要的成功。我们提出三种原则,如图所示,供大家参考:

- 不信也不不信
  - 不要轻言失败
    - 兵败如山倒,
    - 很难反败为胜,
    - 承认有错误却不能承认失败。
  - 不要轻言成功
    - 成功并无止境,
    - 而且可能一下子败下来,
    - 所以不要认定自己已经成功。
  - 有信心会成功
    - 有信心上天会保佑,
    - 自己全力以赴,
    - 不计较成功的果实。

◇不要轻言失败

人人都害怕失败,主要原因在失败之后,很可能心灰意冷。如果加上世态炎凉,遭受大家的冷讽热嘲,那就更为难过。甚至可能一时想不开,走上自绝的穷途末路。

但是,人生的过程,多半呈现循环往复的曲线,依着螺旋状前进。这中间起伏交替,得失相连。成功一定要经过持续不懈地努力,在奋斗历程中,并没有永远的成功,也不会永久都失败。

老子说:“祸兮福之所倚,福兮祸之所伏。”世间事很少祸福分明,却大多祸中有福,福中有祸。

《淮南子》中记载的大家熟知的《塞翁失马》的故事,主要在安慰遭遇不幸的人,说不定不幸的事情反会带来好运,使心情得到宽解。“塞翁失马,焉知非福”,和老子所说“祸兮福之所倚,福兮祸之所伏”,互相印证。古人说:“江东子弟多才俊,卷土重来未可知”。更进一步勉励大家遭遇失败时,不必气馁。

梁启超先生的看法,则是“成功与失败,本来不过是相对的名词”。他认为“一般人所说的失败,不见得便是失败;一般人所说的成功,不见得便是成功。天下事,有许多从此一方面看,说是成功;从另一方面看,也可说是失败。从目前看,可说是成功;从将来看,也可说是失败”。明得暗失,或者明失暗得的例子很多。

有人喜欢强调“失败为成功之母”,因而倡导“反败为胜”的观念。我们认为失败固然为成功之母,但是不能过分强调,也不必倡导反败为胜,以免对失败失去警惕,反而不用心防患于未然,导致常常失败的恶果。

对已经获得成功的人,回忆当年失败的历程,感慨“失败为成功之母”,乃是痛苦之后的一份甜美,说说无妨。换句话说,成功的人才有资格鼓吹“失败为成功之母”的道理,能够毫无愧色地面对大众,侃侃而说自己失败的经验。这时不但不痛苦,而且深觉自豪。

相反地,失败的人,简直就没有资格说什么“失败为成功之母”。请问,有什么人肯浪费时间,去聆听一个失败者,描述自己的惨痛经验?

已经有了反败为胜的成就,他的传记有人阅读。彻底失败的人,有谁敢替自己的失败史写传记,又有哪些人喜欢去欣赏?

有一位成功的企业家，坦承他遭遇过重大的失败。他说："当时我承认自己是失败了，因而兴起了某些念头：一是远走他乡，迁到完全陌生的地方，远离失败的伤心地。一是借酒浇愁，希望酒醉时忘掉一切的痛苦。一是闭关自守，用足不出户来避免外界的鄙视。一是干脆自杀，一了百了。"

他徘徊在这几条失败的道路上，终于想通了一件事："我并没有失败，为什么要让自己走上这些失败的道路？我只是方法错误，遭遇到一些挫折，根本就没有失败。"

既然没有失败，何必远走他乡？既然没有失败，为什么要借酒浇愁？既然没有失败，何必自我封闭？既然没有失败，哪里需要自杀？

于是，凭着"根本没有失败"的信念，他勇敢地面对现实，并且坚毅地克服困难，终于获得很大的成功。

这一番话，重点在"承认失败，就会不由自主地走上失败之路；唯有不承认失败，才有可能走上成功之路"。

我们常说中国人是"永远不认输"的民族，不认输就是不承认失败。一旦承认失败，整个壮志雄心毁灭破碎，可能从此再也抬不起头来，很难重建成功的信心。

某些人被"失败主义"所困，长久不得解脱，便是"太容易承认失败"的后遗症。

不认输并不是死不认错，因为死不认错的人，不会从错误中获得经验，不可能成功。

勇敢地承认错误，却不必因此就认为自己失败，以免被"失败主义"所套牢。

方法错误，可以重新来过。方向错误，可以及时调整。任何错误，都有改过自新的机会。只要不承认失败，就可以鼓起勇气，认真检讨自己的缺失，更加警觉地再出发。要认错，却不必认输。

能认真检讨，就种下了成功的幼苗。轻易承认失败，等于把成功的可能完全排除。

做任何事，先想怎样才能够避免失败？这叫作防患未然。

事先防止失败，便可能立于不败之地。万一遭遇困难，受到挫折，要自我进行心理调整，"我没有失败"，只有一些错误，好好检讨，重新来过，成功还充满了希望。这时没有失败的心理负担，自然有勇气：再来一次，再试一下！

◇不要轻言成功

梁启超先生进一步分析:宇宙间的事,绝对没有成功,只有失败。他说:“成功这个名词,是表示圆满的观念;失败这个名词,是表示缺陷的观念。圆满就是宇宙进化的终点,到了进化终点,进化便休止;进化休止,不消说,连生活都休止了。所以平常所说的成功与失败,不过是指人类活动休息的一小段落。”

按照梁先生的观点,这本小书印行问世,就算是作者的成功。而各位读者先生、女士读了这本小书,也就算是各位的成功。

梁先生接着又否定了所有的成功,他说:“人类在这条无穷无尽的进化途中,发觉正在蹒跚而行:自有历史以来,我们不过沿着这条路走了一点,比到宇宙圆满时候,还不知差几万万年哩,现在我们走的只是像体操教员刚叫了一声‘开步走’,想要得到多少万万年后的成功,岂非梦想?所以谈成功的人,不是骗别人,简直是骗自己!”

他举例说:“就事业上讲,说什么周公致太平,说什么秦朝始皇帝统一天下,说什么释迦牟尼普度众生。现在我们看看周公所致的太平到底在哪里?大家说是周公的成功,其实是他的失败。‘六王毕,四海一’。这是秦始皇统一天下了,但仔细看看,他所统一的到底在哪里?并不是说他传二世而亡,他的一份家当完了,就算失败。只看从他以后,便有楚汉之争,三国分裂,五胡乱华,唐之藩镇,宋之辽金;就现在说,又有督军之割据,他的一统之功算完成了吗?至于释迦牟尼,不但没有普度了众生,就是当时的印度人,也未全被他普度。所以世人所说的一般大成功家,实在都是大失败家。”

梁先生这一番话,其实不在全盘否定成功。因为梁先生若是全盘否定成功,他用不着苦口婆心,说这一番话。

他的真正用意,在劝告大家,一方面不要轻言成功,一方面也不要过分强调自己的成功。

正如梁先生又指出的:“在无量数年中,无量数人,所做的无量数事,个个都失败,照数学上零加零仍等于零的规律讲,合起来应该是个大失败。但许多的‘失败’加起来,却是个‘大成功’。”

如果他彻底否定成功,就不会告诉我们,许多许多失败,加在一起,竟然是大成功。

曾子说:“死而后已。”一个人活着,就要做事。一个人失败了,死掉了,别的人继续去做,不断的失败,就会累积成世界上的大成功。

成功者不能骄傲,失败者不必气馁,这才是合理的表现,良好的修养。

完成工作之后,应该产生成就感。这种观念,和成功不能骄傲,完全没有抵触,丝毫不会矛盾。

但是,成就感是完全属于自己的感受,与至亲好友,可以分享。若是向外人宣扬,就很容易被认为骄傲,而招致不好的后果。

成就感加上谦虚,可能产生巨大的力量,以反击别人的恶意中伤。

同事之间,随时都有人进行恶意中伤的丑剧。自己工作满意,有了成就感,又把它表示出来,正好切合恶意中伤的描述:“某人自认有功,以致不把上司看在眼中。”只要我们自己有成就感时,能够保持应有的谦虚,就算有人恶意中伤,上司听到中伤的描述,自己也会留意观察。如果发现并没有所描述的状况,自然会反击那些闲言闲语,而不予置信。

高怀民先生指出:由文王到孔子的五百余年间,是中国人最讲求“谦德”的时期,也是中国文化最积极建树道德人格的阶段。孔子称赞文王、周公,重在他们的“谦德”,所以:“文王三分天下有其二,还在服侍殷商。周室的德,实在是至德了。”又说:“一个人就算有周公那样好的才能,假使犯了骄傲和鄙吝的毛病,那么,他的才能也就不足观了。”

现代中国人,口口声声“自我推销”,低落到把自己当作商品看待。而自我推销的时候,又往往自我吹嘘,好像不灌水、不吹气,就对不起自己,一点“谦德”也没有,实在不是什么好榜样。

谦虚不是虚伪,虚伪的谦虚很容易被识破,不具谦虚的美德。

谦虚可以去除自满,避免自大,使自己长久保持成功。不轻易认定自己成功,即是合理的谦虚。

◇要有信心走上自己的成功大道

中国人喜欢说“盖棺论定”,意思是一生的成功与否,盖棺才可以论定。

青、壮年成功,可惜晚节不保,落得失败,不能算是完全的成功。

孔子说:“未知生,焉知死”。他比较不喜欢谈论死后的世界,便是希望大家注意生时的奋斗,确保求得好死。

要求得好死而成功,必须具备下述三个信念,如图所示:

三个信念
- 当功利与道德冲突时,以道德为优先。
- 当应该与喜欢冲突时,以应该为优先。
- 当独吞与分享冲突时,以分享为优先。

第一,当“功利”与“道德”相冲突时,以“道德”为优先。

功利并非完全是坏的。合乎道德的功利,基本上属于真功、正利,值得我们用心去追求。

但是,虚假的功,邪恶的利,往往违背道德良心。这时候必须坚持自己的信念:“有所不为。”

勿因恶小而为之,也不可抱着“只此一次,下不为例”的念头,以免“尝试一次,就停不下来”,养成坏习惯,必然害死自己。

愈是成功的人,愈应该“有所不为”。因为伴随成功而来的权势,会令人腐化,若是尽力扩张“有所为”,势必增大为恶的概率。某些人奋斗一生,却败于成功之日,便是不知自制,认为“我这么成功,表示做任何事都具有十分的把握”,因而入深渊,后悔莫及。

第二,当“独吞”与“分享”相冲突时,以“分享”为优先。

整个世界,愈来愈息息相关。英国文学家韦尔斯(H. G. Wells)说:“一个社会,不可能一部分快乐,一部分不快乐。如果不能通盘考虑到,那么,宁可暂缺。不能永远头痛医头,脚痛医脚。”

中国人一向认为“四海之内皆兄弟”,倡导“有钱大家赚”,“有福同享”。

成功要靠“大家一起来”,掌握更多人的智慧与财力,必须诚恳地与大家共享所得的成果,大家才会心悦诚服地长期共处,不致“见好就分散”,徒然削弱了实力。

凝聚众人的力量,最主要的因素,在分享。

独吞利益等于欺骗众人,大家一旦觉察,立即掉头离去。独吞不仅是愚蠢,而且是不道德。

第三,当"应该"与"喜欢"相冲突时,以"应该"为优先。

我们再三申明,绝对不要用"喜欢不喜欢"来抉择自己所面临的问题。

"只要我喜欢,有什么不可以?"这是害人害己的念头,千万不要这样想。

一件事,先想"应该不应该"?不应该做,依照第一信念,将它排除。应该做,再问"喜欢不喜欢"?喜欢表示自己有兴趣,会做出趣味来。不喜欢,就要培养兴趣,设法让自己愉快地去完成。

不应该做的事,自己再喜欢,也要克制自己,改变念头,不可以做。

应该做的事,自己再不喜欢,也要勉强自己,用行动来改变自己的观念,这才是"择善固执"。

"我喜欢"是一句天真却相当幼稚的话。成功的人,必须把"喜欢"放在"应该"的后面。如果应该,我会喜欢。若是不应该,喜欢也要变成不喜欢。

人之所以为人,恐怕就在于此。

有了以上三个信念,再加上三种认识,说明如图所示:

三种认识	学历不如实力	实力是真实的本事, 学历不过是证明的文件。
	看刺不如看花	看人家的长处, 不计较别人的缺失。
	泛泛不如知心	泛泛之交很多, 也不如少数知心的好友。

第一,学历不如实力。学历只是证明自己受过什么教育,不能证明自己具备何等实力。

进入社会之后,往往发现在学校所学的,大多派不上用场,必须随时随地自我充实,才能够把事情做好。

社会大学是磨炼实力的最佳处所,从工作中学习,虽然没有学历,却真正拥有学力。

第二,看刺不如看花。"刺"象征坏的一面,"花"象征好的一面。

当你欣赏玫瑰花时,看刺还是看花?

一味重视他人的缺点,会使自己逐渐孤立起来。事实上人人都有缺点,要求别人完美的人,就会陷入"无人可用""无人可共事"的困境。

把别人的长处，放在自己的眼睛里；把别人的短处，放在自己的肚子里。这样，人人各有所长，大家都可以共事。学习他的好处，人人都是益友。

第三，泛泛不如知心。我们常发现，有许多朋友的人，往往没有一个真正的朋友。

人不可以没有朋友，然而，人更需要知心的朋友。

交朋友要从小信开始，不要从“不信任他”出发。不信任他，他也同样不信任我们。小小地信任他，经过考验逐渐增加信任度，这样由小信而大信，可能交到知心的朋友。

最重要的是：由自己开始。不要等待对方先相信我们，要从自己做起，先相信别人。有了这三种认识，再确立三个原则，分述如图所示：

- 三个要则
  - 自我成长
    - 命由我造，
    - 由不断成长来造命。
  - 充满希望
    - 有希望才有活力，
    - 乐观进取最愉快。
  - 认清目的
    - 目标坚定不移，
    - 此生必然成功。

第一，自我成长的原则。“命由我造”，表示我可以创造自己的命运。成功的道路，必须由自己一步一步走出来，所以我要不断地经得起考验，用自我成长来走出自己的成功大道。

命运其实就是性格，我要改善自己的性格，依靠自己的力量，来克服自己的缺点。性格不好改，那就先改习惯。改变习惯是改变命运的有效方式，也是获得成功的大道。

自我成长最具体的表现，莫过于按照本书所说的方法，逐渐增强自己的成功十力。

成功十力日益增进，便是自我成长最明显的证明。

第二，充满希望的原则。人活着，必须充满希望，才会愉快。

毫无希望的人，活得十分痛苦而无奈。生活在不安的感觉中，就是因为缺乏希望。

任何时机，是危机也是良机。常常创造机会，时时充满希望，下定决心，好运就会降临。

下决心发挥自己的成功十力,对前途充满希望。这样,乐观进取的结果,就会成功。

第三,认清目的的原则。人的地位,只是副产品而非产品。从工作当中获得相当的成就感,才是真正的产品。

人的成功,也是副产品而非产品。临终时得以好死,毫无愧怍,才是真正的产品。利和名,同样是副产品而非产品。自己能安,又能安人,才是真正的产品。

认清目的,充满希望,坚持自我成长,还有什么可以犹豫的呢?

不要犹豫,不要等待,从现在开始,勇敢地朝向自己的成功目标,发挥自己的成功十力,走上自己的成功之路!祝福你,有生之年必能成功。

二、用行动改变命运

我们再回想改命学基础篇所说的,人一生下来就有命,有些人的人生计划,是固定的。这一辈子能不能成功,好像在出生之前,就已经决定好了。这一生的努力,只不过在证明,我们自己的命,究竟有没有设定成功的情节?

但是,大多数人的人生计划,具有相当的弹性,也就是可以变动的。对这大多数人来说,这一生的努力,固然在证明自己有没有成功的命。却也同时证明自己的人生计划,到底有多大的弹性。可以做出什么样的改变?

从知命的角度来看,真正知命的人实在不多。因为不试试看,怎么知道自己具有什么样的命。既然有心试试看,那就需要改变命运。可见改变命运也是知命的一种方式。

我们以追求成功的方式,来改命,也是一种知命的方法。成功改命,表示改命获得成功。同时也等于知命,终于从成功的果实,证明自己这一辈子有成功的命。就算改了半天,还是不能成功,至少也是知命成功,真正知道自己的命。

我们常说上天有好生之德,只要我们的所作所为,合乎天理的要求,上天大多乐于成全。我们知命却不认命,其实就是“抗命”,好像我们对尊长的命令,难免有阳奉阴违的时候。但是抗命得不合理,下场多半很惨。抗命得合理,有时反而获得尊长的赏识,认为有骨气,富于正义感,敢于适当地坚持,比起那些唯唯诺诺的人,好得多。借改命来求取成功,便是合理的抗命,也就是不把焦点放在不好的方面,却能够设法发挥既有的长处以及良善的潜能,扩大优点,以补足我们所不满意的缺陷。

孔子一生,遭遇过幼年丧父,中年丧妻,老年丧子三大悲哀。一般人只要受其中一种打击,往往就站不起来。但是孔子并没有因此而挫败,他把心思转移到拯救文化、拯救道德、拯救社会这三大工作上面,竟然乐而忘忧,到了不知老之将至的地步。

我们生存在世,没有一个人十全十美。这些个别差异,告诉我们各有所长,也各有所短。但是,只要我们注视优点而不埋怨缺失,站在接受不完美的事实上,放手用心去追求完美,就算原本缺陷较多而完美极少,也可能以小博大,在极小的利基上面,创造出极大的成就。按照本书所说的,一步一步去实现,一点一点去完成,相信知命、改命、抗命,只要合理,结果都能够成功!祝福大家,也请相信上天的保佑,永远赐福给这些不折不挠的勇敢、力行、善心的人。

三、以成功来证明自己

成功是存在的吗?答案是很难讲。首先,每一个人对成功的感觉,都不太一样。其次,自己的感觉也和别人不相同。还有,暂时的成功,很可能变成日后的失败。在尚未盖棺论定之前,谁也不知道自己是不是成功。而盖棺论定之后,自己也不知道别人所论定的,是成功还是不成功?可见成功与否,不过是自己一时的感觉,也是片面的认定。就算孔子这样伟大的人,历代也都遭遇很多质疑和挑战,有人说他成功,也有人极力加以否定。我们拿心安理得地死去,当作判断是否成功的标准,其实也相当主观,并不容易获得普遍的认同。

但是,话说回来。对绝大多数的人来说,成功与否,只需要自己认定,并不一定需要他人的认同。因为,心安理得纯属个人的感受,别人实在无从查证,也无此必要。一个人既然承受自作自受的法则,就必须为自己负起所有的责任。在这种情况下,自己的感觉,也就十分重要。自己认为心安理得,便是一种非常难得的成功。至于别人的看法如何,应该用不着介意。

我们追求成功,如果是有意获得别人的赞美和推崇,则是虚荣心在作祟。

人不能够离开群众，却也不完全为别人而活。在群众中成全自己、造就自己，才是真正的人生。我们追求成功，不过是为了改造自己，提升自我，证明自己这一生没有白来，已经尽人事、听天命了。

现在我们知道人的天命，其实是自己所修订的。

我们自己下达的命令，依据"人对自己的承诺，必须全力以赴"的诚信法则，去努力实践，追求成功。

把求得好死当作人生的最终目标，以心安理得作为最后离开人世的假想情境。我们的成功，如果设定在这样的基础上面，而且自愿地承受，心甘情愿地把它转化成为自己这一生的唯一使命，那么，真正的成功，便会自然地展现。

人为什么活着？因为我们负有自己订下来的使命，必须全力以赴。

生命的意义究竟是什么？既然生下来就有命，带着既定的命来过这一生，就应该用心把这一生所要扮演的角色，把它演好，演得满意，自然心安理得。

第三部分

进　阶

真正的笑，就是对生活乐观，对工作快乐，对事业兴奋。

——爱因斯坦

第一章　拥抱生活

人生来快乐，这一句话，可以有三种不同的解读。

◇人生下来就应该是快乐的

不管人从哪里来，既然来了，就应该安心地做人，快快乐乐过一辈子，不但不怨天尤人，而且以合理的方式，自得其乐。

往昔的说法，人生下来就开始受苦，而且必须苦修，来世才能够过快乐的日子。

现在时代改变，科学昌明，使我们的生活获得很大的改善。何况快乐与否，不过是一种感觉。依据心想事成的原理，想要快乐，应该就可以快乐，并没有太大的困难。

快乐包括肉体和精神两个方面，实际上肉体的快乐，往往不是真正的快乐，反而带来很多不快乐的后遗症，精神方面的快乐，发自内心，才是我们所重视的快乐。

◇人生的目的是来享受快乐的

我们的一生，所有的起伏过程，从某种意义上说，其实也是自己所决定、规划的。但是无论如何，我们今生今世，不管所为何来，都是为了享受我们自己所规划的一切，用心扮演，细细品尝，享受各种变化的乐趣。

我们最好明白，自己的各种经历，包括所有的苦难，必定有它的用意，也有它的需要。只要本着自作自受的基本心态，那么乐固然是乐，苦也便是乐，用不着强调苦中作乐，就已经乐在其中了。

人生的目的之一，在求得好死。只要心安理得，怎样死法，都属于好死。明了整个人生的来龙去脉，当然可以用享受快乐的心情，来安度一生。

◇人一生下来就十分快乐

婴儿呱呱坠地，在一片祝贺声中诞生，表示新生儿带来新希望，当然是快乐的开始。我们的身体，用了好几十年，已经破旧损坏之时，借着寿命的大限，把它抛弃，也应该高兴才对，因为人生大戏演完，一切俱皆圆满，为什么不能够快乐地下台？

因此，人应该生时高兴，死时快乐。高高兴兴地来，快快乐乐地走。这样的人生，既幸福又有价值，当然值得我们追求。

我们所说的“命”，其实很大一部分是由我造，原本就是我自己在决定，当然不能怨天尤人！既然出于自己的意愿，必须高高兴兴，快快乐乐，按照自己的人生规划，一步一步去实现，并且以愉快的心情，来欣赏自己的精心规划，享受其中变化莫测的乐趣。

所以最有智能的人，莫过于知命而又认命。然而，知命很不容易。自己的命是什么？如何认？好像也有很大的学问。

因此，以下章节中，分别从生、信、愿、行、灭五个层面，来探讨“为什么活”“相信什么”“哪些愿望”“要怎么行”，以及“该怎么走”等问题，把“善恶报应”“修造自己”“天人合一”“自作自受”“不了了之”“求得好死”“德本财末”“慎始善终”“视死如归”乃至“俱皆圆满”等，做一详细说明。相信对于人生来快乐会有助益。

第二章　生:为什么活

一、人生的必修课程:认清事实

真相大白,往往大快人心;认清事实,才不致自欺欺人。

人从哪里来？要到哪里去？这是人生的根本问题。

这种问题,知道不知道答案,初看起来,似乎没有什么关系,但是,只要稍有脑筋,或者喜欢动脑筋的人,迟早都会关心这些问题。

人从哪里来？如果说从母亲的肚子里生出来,未免太现实,难以满足我们的好奇心。母亲从哪里来？母亲的母亲又从哪里来？这样追究下去,答案就愈来愈模糊了。

通常问人家"从哪里来？""到哪里去？"问的都不是根本问题,而是现实情况。可见我们的思维,往往深度不够,只能够浅尝辄止。然而,一辈子都弄不清楚根本问题的答案,毕竟是一种遗憾。哪一天超越现实情况,追溯到根本的层次,那才是大突破、有成就!

人类有认知的能力,却不能够什么事情都弄得清清楚楚。宇宙间没有什么神秘的东西,但是知识有限,似乎永远有未知的部分。科学再发达,宇宙的未知部分愈来愈缩小,却不可能缩小到零。可见人类的认知能力,是有限的,只能够拥有相对的知识,有已知部分,也就有未知部分,如图所示:

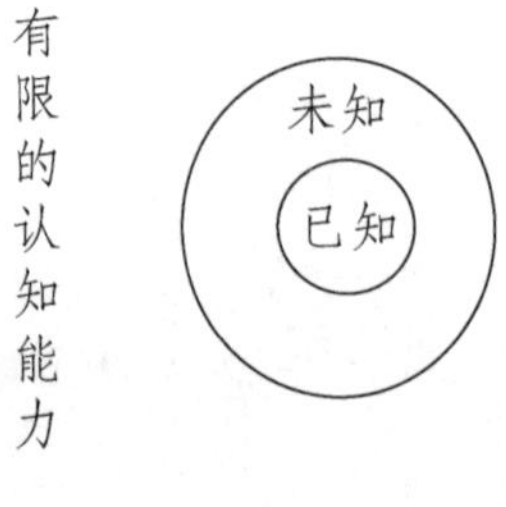

认知的能力有限,并不表示我们永远不能够突破。持续成长的结果,若是不能认清真相,把人生做一种透彻的了解,岂非白活一辈子?只有吃喝、工作,谈不上具体的成果。就算是大科学家、大艺术家,又如何?

一般的社会现象,只要真相大白,大家都觉得大快人心。何况这种与自己切身有关的人生真相,若不认清事实,终生都在自欺欺人,实在不是好现象。

往昔科学不够发达,各式各样的人生真相,披上神秘的色彩,符合以神道设教的原则。如今科学昌明,就算不能够完全揭开人生的谜底,至少可以知之为知之,不知为不知,尽量把科学和负科学合起来看,认清人生的真相,而不掉入怪力乱神的陷阱。

人生的起点在哪里?最后的结局又如何?是怎样的一种历程?主要的任务是什么?怎样去完成?这些根本问题,不能够为了糊口而置之不顾。因为人的真相,终究还需要自己来揭露,才更符合自作自受的不易定律。

虽然孔子说"未知生,焉知死",希望我们既来之,则安之。但是孔子并没有禁止我们探讨这些问题的意思,他只是希望我们,先弄好一些生活必需的事情,再来研究这些问题。我们不能够置日常生活于不顾,一心一意追究这些问题,却应该在好好过日子的时候,拨出一些时间,想一想自己的根本,想一想自己的未来。

二、人生的唯一使命:修造自己

这一辈子不改变,下辈子依然如此,早修早好!

人生的开始是个别差异,那么多婴儿,居然每一个都不相同,不能不赞叹十分神奇!居然那么会拿捏。

人生的结局不过是不了了之,最大的成就,莫过于心安理得地求得好死。追求的目标,其实相当一致。

人生就是由个别差异走向不了了之的历程,一切都是自作自受,可以说是人人都很公平的一种过程。如图所示:

人生的历程

个别差异 —— 目标在求得好死 / 人人都自作自受 → 不了了之

不论起点是什么样子,总希望结局能够同样地求得好死。无论多么大的个别差异,最后能够圆满地心安理得,几乎是一模一样的灵与肉的和谐分离。

把不一样修造成一样,将个别差异修造成同等圆满,应该是人生的唯一任务。这样说起来,人生的唯一任务,就是修造自己。把自己从个别差异的不圆满状态,修造成求得好结局的圆满境地。可惜大多数人,方向搞错了,不知道修造自己,却花费很多心力时间,用以改造别人。舍本逐末,依然要自作自受。

换一种角度来看,人生是修己安人的历程。修己就是修造自己,而安人的最佳状态,莫过于求得最终的好结局。

只是人,除非自己改变,别人永远不能真正改变他。改造别人,不过是一种自欺欺人的说法。改造自己,才是人生唯一的任务。最好及早省悟,调整方向,少去管别人,多反省自己,修造自己。中国人对这些道理,好像特别了解,也实践得很好,我们十分不喜欢被人家管,也不喜欢去管别人。在这种情况下,我们特别需要自律,也就是自己把自己管好。人人自觉,时时自律,社会才能够安宁,大家也才有办法相安无事。安分守己,各尽其分,成为做人做事的良好基础。

教育是一种启发,让受教育的人,自己去改变自己。管理不重管而重理,也是尊重他人,让他自己合理调整的表示。

早日改变自己的方向,不管别人而管好自己。用理他来促使他自己调整,才是迈向幸福的大道。

不管他,要理他。因为人都不喜欢被管,往往愈管愈糟,愈管愈不能达成预期的目标。理是看得起的意思,理他便是看得起他。给足了面子,让他自己想办法管好他自己,大家都省事。

三、人生的共同原则:求同存异

人同此心,心同此理,指的是无形面相同。人心不同,各如其面,指的却是有形面,人人都不一样。

上天希望我们每一个人,在世界上都是独一无二,各不相同。一方面是方便辨识,才不会常常认错人。一方面也是自由意志的发挥,产生高度自主性的尊严。

父母如果要求子女和父母一模一样,那就是自我中心的过分扩张,使子女的自主性受到过度的压抑。父母和子女既然同时存在,已经证明子女也是独立的个体,并不是父母的分身。父母和子女个别独立,便应该各自生长,发展成不一样的人。

老师若是要求学生表现出高度的一致性,同样是不合理的。穿同样的制服,已经十分勉强。考出同样的成绩,根本就不可能。依学业成绩论断一个人的前程,成为大家长期不以为然的文凭主义。

教育如果只做到表面,在形式上求大家一致,其实是错误的。不但没有必要,而且会阻碍应有的发展,有时候埋没了旷世的天才,也未可知。差异性受到压制,创造性便遭受破坏,若是扭曲成为情绪上的反动,则更可怕。

合乎人性的教育,应该是实质上的调理,要求每一个人,不论其外在如何,都必须重视人之所以为人的基本素养。天理是相同的,良心的标准也是一致的。在这些看不见的无形面上求其相同,才是教育的真正目的。

人同此心,而心同此理,指的便是这些无形面的天理良心应该是一样的。将心比心,很容易深切体会。

人要群居,在社会上求同存异,也就是各人有不同的特质,却应该保持同样的良心。外表不一样,内心则要自己修造,尽量合乎天理。把不一样的外形,修造成尽可能一样的心灵,便是求同存异。

心灵相同,因为良心是一样的。只要凡事凭良心,心灵很快就会相同。人人将心比心,自然很方便沟通协调,建立共识。

形体不一样,哪怕长得再丑陋,甚至于奇形怪状,只要凭良心,就十分可爱。这就告诉我们:人不可以貌相,不能够依外表来评断人,应该多多探索内心深处,才能够判断人的好坏。

四、人生的真正根基:自我责任

人必须为自己的所作所为,负起完全责任。

人生既然是自作自受的历程,我们就无可逃避地要为自己的所作所为,负起全部的责任,而难以推诿。

我们对于别人的决定,顶多尽力而为。我们对于自己所做的决定,当然应该全力以赴。我们的一切言行作为,既然由我们自己决定,所产生的后果,自然要由我们自己来承担。

一般人喜欢说尽义务,其实应该是尽责任。凡是应该做的,都属于一种责任。如果称为义务,就含有原本不应该如此,却由于种种原因,不得不接受的委屈。

人生是一种责任,并不是什么义务。我们自己来到人世,一切过程由自己安排。这是一种自动的抉择,而不是被动的无奈。

我们这一生的最终目的,应该是平安地回老家。我们的责任,便是约束自己,不受内心欲求的驱动,不受外界层出不穷的诱惑,始终能够自我把持,时时反省,将自己安置在正道上。稍有偏离,立即设法把自己拉回。所有内心的欲求和外界的诱惑,实际上也是我们必然要遇到的。因为人只有在这样的情况下,才能够不断地考验自己,向自己挑战。如果不出现种种关卡,经不起考验,通不过挑战,我们就不可能成长。只有持续地通过考验,经得起挑战,才能获得预期的成长。

无论求学、就业、成家、休闲,都应该有助于自己的成长,才有真正的效益,而非浪费时间。

自我责任和自我中心不同,可惜很多人只知道以自我为中心,而不能善尽自我责任。

凡事只想到自己的权利,只想到自己的重要性,只知道自己的需求,却不顾虑别人的存在,便是以自我为中心的意识所造成的现象。这种人比自我义务还要自私,可以说是人生的最大祸害,我们在后面还会有进一步的说明。

五、人生的修炼方向：自我纯净

心灵可以向上或向下，完全由自己的智能来决定。

向上提升或是向下沉沦，应该是心灵的事情。

我们常说人欲可怕，便是由于它的无穷无尽，愈陷愈深，而且深不见底。

学业固然有阶段，却也应该终生学习。修德更没有尽期，必须活到老修治到老。

人死的时候，因为盖棺论定，总要把这一辈子的账，拿出来总清算一下，才能够论定。审判若是由别人主持，未免冤枉。只有由自己清理，最为真实。

自己的良心，在大限来到的时候，对自己一生的思维、言语、行为，做一次最后的审判，殊有必要。

但是，如果等待最后的自我审判，才来后悔，要求更改方向，实在是太迟了，无济于事。最有效的方法，应该是活着的时候，就要小心谨慎，时刻运用智能来规范自己的言行，甚至于任何一个小念头，都不应该轻轻放过。业绩并不是世俗所说的好坏，重要的是纯净与否？纯净的为善，不纯净的即为恶。善有善报，恶有恶报，其实就是心灵向上或向下的描述。说是由业绩来决定，实际上追根究底，还是由智能来决定。

纯净的善念，就算缺乏具体付出的实力，也能够获得好报。恶念一动，即使并没有真正的行动，也会在心灵上留下污点。

勤动善念，是向上提升的最佳法门。减少恶念，是避免向下沉沦的最佳保障。

六、人生的修己基础：认清本我

被身体囚禁在内的灵魂，才是真我，即为原本的我。

人有手足，便利我们做出很多事情。万一遭遇伤害，无论断手断足，就成为比较不方便的残废。为求残而不废，借助科学的功能，装上机械手臂或脚腿，也就是我们所说的义肢。

义肢和原有的肢体，一是假的，一为真的。功能也许相近，性质相差甚远。

人的灵魂,即思想、真我(灵魂)被义我(身体)囚禁起来。义我的用意,在帮助真我。

学习重在启发,便是把本我的功能,尽量启发出来。

人生以修己为目的,必须及早认清本我,赶快深入研讨,务求明白。

需要特别明确的是,修己并不以修身为限,我们常说的修身,也不是以身体作为修治的对象。我们所说的修身,包含心灵在内。身、心、灵三者,都全盘照顾,才叫修己。

七、人生的修持态度:求真求静

天下本无事,庸人自扰之。今天绝大多数人不相信这种事实,搞得天天忙、盲、蛮,退化得和动物一样。

忙、盲、蛮三个字,音同而意义不一样。忙是心的功能丧失掉,不知道为什么而忙碌,也不明白为什么会弄得如此忙碌,更搞不清楚这样忙碌有价值吗?盲是眼睛的功能丧失,盲目相信或排斥。蛮则是不知为谁而忙,因何而忙。

有一位哲学家瓜尔地尼(R. Guardini)曾经说过:企业家和工程师每年至少应该抽出几天的时间,去参加灵修活动。譬如,找一个清静的场所,过几天没有尘世喧嚣的平静生活,最好再有一位极具人生经验的长者,来指点迷津。希望长期以来,深受科技知识爆炸影响的现代人,透过静坐默想,体认一下中国人有关"天下本无事"的智能,但是,他这一番话,有如一粒小石子抛入大海,根本激不起一丝浪花。因为"赚钱都来不及,哪里有时间做这种傻事"的念头,一下子就把这种建议淹没了。

大家追求世俗的成就感,自以为有很大的贡献。殊不知这种忙、盲、蛮,不过是庸人自扰的举动。

真正伟大的人,并不需要这些世俗的成就感。依据供需原理,凡是需要成就感的人,表示没有什么成就,所以很需要成就来满足自己对于成就的需求。很有成就感的人,已经对成就感没有什么需求,因此不需要那么费心费力去追求成就感。这时候,会转而寻求灵魂的解脱,而不是世俗的功名利禄。

人类原本应该悠闲过日子,才叫作享福。如今弄得整天忙碌,还要各种机械帮忙。有钱也不能享清福,究竟为什么?

悠闲并不是偷懒,是为了留下更多的时间,可以修己安人。

常听人说,年轻不可留白。这句话基本上并不正确,因为年纪轻轻,就把自己弄得整天不得清闲,哪里有反省的时间得以检讨改正?我们认为,无论年纪大小,都应该留白。每天留下一些时间,不看、不听也不做事,用来反省自己。人生不应该空白,却务必常常留白。唯有时常反省,才能够了解自己。

兵法说:知己知彼,百战不殆。现代人对自己愈来愈不了解,以致把自己当作工具,当作手段,因而不能完成此生的任务,枉走一生,居然还大言不惭地告诉人家,自己很有成就,而写出来的传记,竟然也有人看。

八、人生的自由之道:安于贫穷

能够安于贫穷的人,比较容易安于富贵。

孔子当年已经觉悟:富贵是可遇不可求的。他甚至于直率地承认,若是可求,他也会勉强自己去追求。

假设孔子当年既富且贵,能够成为至圣先师,像现在这样,一直活在我们的心中吗?

孔子当年求官不得,求财不得,这才明白安于贫穷说不定有更大收获的道理,把他的思想观念,透过弟子的整理,世代相传,令人钦仰不已!

我们现在更进一步认知:这一辈子的贫穷,原来也是由自己一手规划的。我们应该运用逆向思考,想一想为什么自己要这样安排,找出真正的原因,并且好好地安于贫穷,来寻求自己所预期达到的目的。

我们可以假设,有很多原因,使自己这一辈子希望尝试一下贫穷的滋味。譬如,这一辈子自己过贫穷的日子,看看能不能从中磨炼出坚强的斗志,享受安于贫穷的乐趣?这一辈子尝试一下贫穷日子,让自己在亲身体验中,领悟到勤俭度日的价值,同时也养成一些俭朴的习惯。有了这样的觉悟,便不会怨天尤人,反而以欣赏的心情,把贫穷日子过好,以丰富自己的人生经验。虽然很贫穷,内心却十分快乐。安于贫穷,并不是压抑自己,以自我欺骗的方式来麻醉自己,而内心却很不快乐。任何形式的伪装,都不能安于贫穷。

通常人生有苦有乐,主要来自有时富裕而有时贫穷。若是富裕时快乐而贫穷时不快乐,终究有所缺失,不够圆满。如果贫穷时快乐,富裕时也快乐,当然可以称为快乐的人生。能够以快乐的心情来面对贫穷的困境的人,通常比较容易以快乐的心情来面对富裕的情境,所以安于贫穷的人,当然也能够安于富裕,终生处于安宁的状态,应该是十分自由的人生。自由之后,再求自在,自然更能够快速而有效地达到自由自在的理想地步。

人的自由,主要是内心不受到限制。富贵时快乐,贫贱时也快乐,才是真正的自由。有条件的快乐,也就是富贵时才觉得快乐,毕竟受到很大的限制,并不是自由的人生。

九、人生的进取之道:自我成长

要不要成长,是自己的事情,最好由自己来完成。

人生必须进取,才能够自我成长。这是一生努力的不二途径,否则这一辈子算白活了。等于演过一出戏,却没有累积一些宝贵的经验。下一次登台,还是如此这般,当然不长进。

一般人所说的进取,若是翻成英文,应该是 develop。如果是这样的话,人生真的没有什么进取不进取。我们建议翻成 remember,也就是好好想一想,自己的原定计划是什么?把它好好地完成,才叫作进取。

人生如戏,把自己的台词和动作记忆好,用心扮演好自己的角色,恰如其分,便是良好的自我成长,也就是有效的进取之道。

自我成长既然是扮演好自己的角色,第一步就应该认识自我,知道自己这一辈子要扮演的,是什么角色。第二步才是用心揣摩自己所要扮演的角色,怎样才能够把这个角色演好。也就是充实自我,使自己有本事把角色扮演好。然后第三步则是不断调整,使自己愈演愈逼真,自己固然有成就感,观众也获得无比的满足感。这种自我提升,才是真正的进取。以上三个步骤,构成人生的进取之道,缺一不可。如图所示:

认识自我——→充实自我——→提升自我

这些,说起来完全是自己的事情,必须由自己一个动作、一句台词去实现,但是,还要和同台演出的各种角色互相配合。可见自我成长,是透过别人来完成自己。看起来是自己的事情,却不得不和他人互动,由彼此的配合来完成自己的成长。

十、人生的求取之道：取之有道

道不离人，人却离道日远，结果自作自受！

君子爱财，是人之常情。而取之有道，却各有不同的说法。

在德本财末的时代，君子比较容易取之有道。一方面由于君子的界定比较容易，而品德的标准也相当明确。一方面则因为大家对道比较熟悉，也更为重视。当今工商时代，经济挂帅，大家向钱看，满脑子想赚钱，几乎到了不理会什么取之有道的地步。士君子碰到钱大爷，既穷酸又自卑。一片"赚钱都来不及，还管什么道不道"的呼声，证明现代人离道日远，已经很难知道、行道了。

钱本来是帮助我们行道的，现在却倒过来，为了钱而离道日远，也在所不惜。原来是为了行道而赚钱，满脑子"如要做善事，手中先有钱"，后来被金钱冲昏了头，只记得赚钱，却忘记了行道。

道并不因为人这样想而不见了，也不致因此而远离人们，或者不向大家招手。道依然存在，只是大家听而不闻、视而不见，偶尔闻道也不觉得珍贵。说起来是人出了问题，而不是道自身有问题。道的功能和效果，丝毫不因人的重视与否而有所改变。我们从自作自受的现象，可以看出自古迄今永远如一的事实。许多人在缴出惊人的学费后才痛心悔悟，为什么不能及时反省，使自己早日和道靠近一些，依道而行，恢复取之有道呢？

道是永恒不变的，始终如一的。人却是时常变动的，前后很难一致。在这种情况下，我们还高呼求新求变，岂非和自己开玩笑？变应该是大家所要做的，只不过合理与否，必须严加把关。变得合理，大家都欢迎。变得不合理，人人都厌恶。奉劝大家，使自己走上正道，而不是把道向自己的身上拉。

十一、人生的配合之道：宠辱不惊

必要的不快乐，也是一种快乐，无损于幸福。

人生的结局是圆满的，每一个过程的细节都是自己精心安排的。既然出于自愿，快乐固然是一种快乐，不快乐其实也是一种快乐。套用现代的话，是一种另类的快乐。快乐与不快乐，都等于快乐，当然是幸福的人生。人生要求幸福,而幸福在于快乐,时时都觉得快乐,人生就很幸福。当我们觉得不能快乐的时候,想办法转动念头,让自己改变观念,觉得很快乐,才是最好的配合之道,使自己常常快乐,给自己一个幸福的人生。

我们所要做的是,首先改变自己的观念。想清楚,我们这一辈子,是来享受人生的。由于每一个过程的细节,都是我们自己精心安排的,所以要以欣赏的心情,来接受考验。看看对于自己所安排的历程,能不能尽心尽力把它做好。如果答案是肯定的,我们还有什么不快乐?就算历经千辛万苦,也应该细心品尝。毕竟这是自己这一辈子,必须经历的过程。既然逃不掉,也改变不了。为什么不以快乐的心情,来享受这一切呢?

所以在不能快乐的心境下,把不快乐转化为快乐,才是人境的最佳配合,也就是为自己谋求幸福,使自己能够真正尝试到转化的快乐。

转化的过程,其实十分简单。用相反的角度来看当前的不快乐,以逆向思考来重新体认眼前的处境,很容易改变原有的看法,跟着变更现有的感觉,不快乐马上变成快乐。原来不快乐的感觉很快消失掉,便是转化成功。若是还有一些不快乐的感觉,不妨持续加以转化。一转再转,不快乐的气氛逐渐降低,快乐的感觉不断增高。何况转化的功力,也会逐次提升。刚开始也许有些费时费力,慢慢会加快省力。只要抱持不能快乐的心情,把所有不快乐都转化成为快乐,人生就充满了快乐。

原来不打算快乐的,遇到快乐的事情,当然更加快乐。遇到不快乐的事情,也会想起,本来就没有这种期待,所以不致失望。

自己培养转化力,把不快乐转化成快乐,而且时时有效,马上能转化,那才是天天都快乐。

十二、人生的开慧之道:八方周全

把错综复杂的现象合起来想,自然整体融合。

许多人盼望能够早日开智能,经常寻找机会,到处拜访高人,却免不了失望。有时候认为已经找到了法门,而且全心投入一阵子之后,又失去了信心。

其实,开智能并不难。只要秉持合起来想的原则,凡事都加以包容,很快就能够开智能。举例来说,把是和非、对和错、美和丑、善和恶、好和坏、利和害、吉和凶合起来想而不分开来看。

把是和非合起来想，当然不是装糊涂，更不能够是非不明。因为是非不明和是非分明，实际都是分开来看的结果。合起来想，应该是处于是非难明的状态。只有体会到是非难明的人，才能够慎断是非，以谨慎的态度和周全的心态，来分别是非，才是明智的判断。

合起来想的时候，分别心最小。以最微细的分别心来慎断是非，比较容易接近事实。我们喜欢说全方位思考，便是合起来想的意思。凡事站在整体的立场，再分别从各种不同的角度来审视，面面俱到的结果，当然更加周全，不致顾此失彼，只看到一端、一隅、一面、一角，产生偏颇的念头，导致失真的结果。开智能的目的，在认识真实而减少虚幻，所以最好凡事合起来想。

试试看，只要合起来想，就已经开了智能之门。

第三章　信:相信什么

一、人生的不易定律:自作自受

所有事情都是自己做出来的,休要怨天尤人!

很多人的心态是,总是觉得很不满意。尤其是和别人比来比去之后,更觉得十分委屈,好像自己样样都吃亏。这时候,会埋怨老天爷,根本不公平。

怨天,怨了半天,天老爷还是没有响应。于是目标转向父母,转向老师,尤人也是十分自然的事情。

其实,怨天尤人都没有用。因为老天不言不语,最高明;而所有的人,都不会由于我们的埋怨而有所改变。

既然没有用,为什么不改变一下自己的思维?认为一切都是我们做出来的,大可不必怨天尤人。及早面对事实,接受自作自受的道理,好好调整自己的心态,以求有所改善。

有人说:一个人到了五十岁,回头一看,似乎所有的事情都是被设定的,简直就身不由己,毫无自主性。

表面上看起来,一切都有定数,都是被设定的。

只是这个定数,并不如我们所想的那样,由别人来设定,而是由我们自己设定的。而且这个既经设定的定数,可以改变,也可以不改变。如果想要改变,就称为改命,创造出新的定数。若是不想改变,那就是认命。认定这个定数,遵照着去实行。

一个人实际上从一开始,就已经有了完整的计划,若非逐步修整,必然终其一生。

有些人终生不修整自己的计划,有些人刚开始一切遵照计划,长大后才改变习惯,致力于修改计划。也有些人从婴儿时期开始,就喜欢变来变去,可以说一生都在改变自己的计划。

但是,无论怎样改变,所有事情都是自己做出来的,都要秉承自作自受的不易定律,为自己的一生负责,不能稍有差错,以免后悔!

二、人生的最佳借口:听天由命

一切有定数。真正的意思是任何事情都能够改变!

若是听到"定"数,就把它当成"固定""一定"来看待,一切有定数,便成为典型的宿命论。凡事都是一定的,有固定的原因、过程和结果,不能够改变。果然如此,人生就不需要努力,没有奋斗不懈这一类的话,更不可能有志者事竟成。一切听天由命,自由意志完全丧失,更谈不上什么自主,真的变成天主了。

一切有定数的这个"定"字,真正的意思是"不一定",含有不一定的成分。一切有定数,就是说:"如果不想加以改变,它便固定地按照原订的计划去实施,产生一定的必然结果。若是有心想要改变,那么任何事情,都是不一定的,可以改变成各色各样不一样的结果。"

听天由命,实际上也应该把它当作最佳的借口。得意的事情归于听天由命,比较不容易引起他人的嫉妒。让别人由妒成恨,也是自作自受。失意时借口听天由命,便可以收到自我安慰的效果。

最好的办法,是口中说命好,心里则十分清楚,必须十分忍耐和努力,命才会好。口说命运不济,心中则必须承认:自己的努力不够,忍耐也不够。

真正的听天由命,是顺从上天旨意来调整自己的命运。因为天的命令是可以改变的,只要我们有心改变自己的命运,天老爷就会天从人愿,给予天助。

上天既然给人以高度的自主性,也提供机会,让人们自行做好生涯规划,也就容许我们适度地加以调整,以求自我提升,达成这一生的任务。我们改得愈好,上天给予的助力愈大。天助己助者,我们必须自我激励,多多顺天理来改变自己的命运。

三、人生的无奈结局:不了了之

再伟大、再有钱、再了不起,最终都是不了了之!

人生的结局为何?相信很多人都会不约而同地表示:死亡。因为人必会死,迄今尚无例外。但是这种反应显得有些粗俗、短视而笨拙。

人生的结局,可以有很多种说法。我们的建议,则是想一想这一种观点:人生的结局,便是不了了之。

凡事有始必有终,人生也不例外。无论多么认真、努力,不管怎样功成名就,人生的结局,可以说人人如此,并无例外,那就是无可奈何地不了了之。

这样说来,人生不是很无聊吗?还什么人生的价值呢?不了了之,既令人失望,也让人产生消极的念头。反正不了了之,为什么要那么认真?过一天算一天,还不是一样?

幸好不了了之有两种可能:一种是张大眼睛,俗称死不瞑目。另一种则是双眼轻合,心安理得地离开。

死不瞑目,当然很不好。心安理得地走了,却十分可爱。一方面使大家安心,用不着多么恐惧。另一方面表示这一生相当圆满,自己很满意,大家最好也跟着产生圆满的感觉。

人生所追求的,大概就是这种心安理得的不了了之。因为没有人有把握能把所要做的事情圆满结束才放心地离去。

不了了之看似消极,实际上十分积极。因为无所为还是要为,总比有所为才肯为,要有为得多。

真正的不了了之,其实并不在于上述这些看得见的种种因素。换句话说,任何形式都可能不了了之,但是心安理得的不了了之,必须心理状态十分健全,着实觉得上无愧于天地父母,下无愧于子孙同仁。一个人能够做到这种地步,不论任何形式的不了了之,都值得庆幸,也都十分有价值。可以说一生的辛苦劳累,都没有白费,非常值得。

只要能够心安理得,不了了之不但没有什么不好,反而是一种看得开的表现。不了能够安心地了之,何等不容易!不了而放不下心,那才是不幸的死不瞑目。

四、人生的共同戒律：莫枉此生

旷日怠时，浪费生命；时时修炼，终身受益。

今生之所以短促，主要目的，即在彰显它的重要性。

可笑的是，大家都知道生命短促，却放纵自己在浪费生命。口口声声寿命苦短，日日夜夜不知道自己在做什么。就算心中珍惜，行为上和态度上根本表现不出来。空过一生，到临终才后悔，当然来不及了。

忙碌并不是珍惜生命的象征，忙些什么，才是我们应该深究的对象。方向正确，忙起来才有实际的功效；若是方向出现偏差，只算是盲目忙碌，并无助益。

忙于重要的事情，人生才有意义，也才有价值。但是，什么才是重要的事情？

我们提出莫枉此生才最重要，供大家参考。因为生命难得，必须充分把握，好好活用。一分一秒，对我们短暂的人生来说，都是十分珍贵，不容许轻易浪费。

时间往坏的方向流逝，人愈来愈接近死亡，物愈来愈接近损坏、毁灭，而事情也愈来愈糟糕。只要稍为放松，让时间平白流逝，我们就会遭受很大的不利。

如果时间往好的方向流逝，我们就不必担心。随着时间的流动，人愈来愈健康、物愈来愈好用、事业愈来愈成功、家庭愈来愈美满，岂不是十分美好？然而，我们放眼望去，刚好都是相反的情况。这才叫作“人生不如意事，十常八九”。

珍惜一分一秒，并不是时时都应该忙碌。做应该做的事情，而不是做喜欢做的事情，是莫枉此生的基本守则。弄清楚此生应该做些什么，再秉持凡应该做的，就用心把它做好，就不致浪费生命。

五、人生的小事法则：人定胜天

人定胜天只限于小事，不必因此而沾沾自喜！

究竟是人定胜天，还是天定胜人？历来有不同的看法，各有见地。

近几百年来，自然科学突飞猛进，人定胜天的呼声，日趋高亢。认为人力可以胜天，甚至可以不必敬天、事天，当然更不一定要顺天。偶尔有人提及天定胜人，大多被视为落伍、不长进，引来笑声不断。

事实上，就算人定胜天，也可能是天的谦让。采用成全的方式，让人获得一些成就感。有些人明白这种道理，因而十分谦虚。当然也有一些人，稍有成就，便沾沾自喜。

人当然定可胜天，不过只限于小事。

小富由人，大富由天。这是我们很熟悉的一句话，表示小事由人决定，大事则由天做主。我们常说人只有相对的平等与合理的自由，就算拥有自主性，也有其限度，不可能样样都由自己来决定。

请问：人力能够改变或阻止台风的侵袭吗？人力足以预测地震的发生吗？人力有办法挽回某些患有重大疾病的生命吗？人力可以防止飞来横祸的产生吗？

就这几项来看，人力终究是有限度的，很难如人所愿地达成我们的期望。这就是心想事成却又事与愿违共存的原理。告诉我们人固然可以胜天，而天也能够胜人。这两种看起来十分矛盾的现象，都有存在的可能。过分强调其中的一种，便会偏离真相而以偏概全。

我们最好把人定胜天和天定胜人合在一起想，不要分开来看。我们常说的谋事在人，成事在天，其实都是一些小事，尚且需要天的玉成。如图所示：

六、人生的大事法则：天定胜人

大事由天不由人，只能说谋事在天，而成事在人。

大事与小事的区别，在于所能够影响的范围。一件事情，若是影响范围广泛，属于公共的事务，应该都是大事。如果影响的范围很小，属于私人的事务，都是小事。

为公的,称为大事。为私的,是小事。做小事的时候,由于牵涉到自己的利益,通常会小心翼翼,生怕做错,也会努力不懈,以免有所损失。

做大事的人,一定有一股看不见的力量,拉着往前走,丝毫不放松。就算心灰意冷,打算放弃,一阵子之后,又会奋起直追,比以往更加积极。

小事由自己决定,要不要做,做到什么程度,怎样做,什么时候做,要不要和别人商量,需不需要请人帮忙,自己小心斟酌就好,用不着惊动天地,因为本来就不是惊天动地的大事情。

大事由天筹谋,交给合适的人去完成,天交给人做的事情,当然是大事。我们所说的天命,指的便是天大的事,是自然界在前进发展中必须要解决的事。人承受天命,必须好好去做,不辜负天的命令,才是大众的福气。

人在做大事、执行大计划的时候,应该公而无私,以免由于偏见、成见、主见而有违天意,导致误了大事。公正而未必公平,是天定胜人的标准,不能够拿小事的尺度,来衡量大事。所以做大事的人,必须有不一样的胸襟、不一样的涵养以及不一样的气魄。

七、人生的坚定信心:人性本善

性善是一种信心,把它当作一种假说,有何不可?

人性是善是恶?同样是孔门大弟子,孟子主张性善,荀子认为性恶。一字之差,弄得孟子占很大便宜而荀子吃尽苦头。其实,按照中国人“阴中有阳,阳中有阴”的易经思想,我们很容易明白“性善之中含有性恶的部分,而性恶也含有性善的意思”,性善论和性恶论基本上并没有太大的差别。只不过孟子站在性善的立场来看性恶,荀子则站在性恶的立场来看性善,如此而已。用不着大惊小怪,看成极端的不一样。

人性是善的吗?真正的答案应该是很难讲。但是,为了增进对人的信心,我们主张人性本善。希望借以唤起人们的善心,发扬大家的善端,更符合激励的原则。

即使缺乏善心,至少也有一些善端。只要把这些微小的善端,激发出来,使其获得发扬,善心就愈来愈明显,而性善的信心,也会愈来愈坚定。我们常说心想事成，想久了善心就会发扬，善性便会完成。

心想事成，要想鼓励自己或他人向善，最好激发内在的善心。一心为善，比较容易成善事。人人坚定信心，相信人性本善。大家都发出善心，而又心想事成。这个社会就会充满善事，对大家都有助益。

我们无法证明人性本善，却很容易把它当作一种假说，假定人性是善的。事事站在善的立场来观察，往往会认为人性果然是善的，至少善多于恶。同时，以性善的观点来待人，发出一种善的期待，对方也大多会以善来响应。以善引善，总比以恶引恶来得好，不是吗？

我们要坚定信心，认为人性本善，由自己的善性来引发他人的善性，这时候就需要拿出修己的功夫，使自己平心静气地，由自己做起。

八、人生的进步动力：苦中作乐

现在的好，可能只是眼前的好。现在的坏，也可能成为未来的好。一切往好处看，才能够苦中作乐。

有人说：苦字写在我们的脸上，如图所示：

脸上有苦字

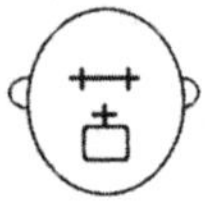

眉毛、眼睛构成草字头，鼻子好像中间的十字，而嘴巴正好呈现口字。合起来是一个完整的苦字，表示“人生不如意事，十常八九”。

苦酒满杯，常用来描述人生。吃得苦中苦，也常用以激励人生。可见人生和苦字，有十分密切的关系。

其实，苦和乐的感觉，同样在产生变化。当时的乐，很可能造成事后的苦。而眼前的苦，反而成为以后的乐。自己觉得很乐，看见众人的苦，有时会受到影响，也跟着苦了起来。自己认为很苦，发现众人比自己更苦，心境一转变，马上减轻了苦的感觉，有时竟然转而成乐。

一般人太过短视，以为眼前的好，就是永远的好，而现在的坏，又是难以改变的状态。因此见好就心喜,见坏便悲伤。凡事以情绪来反应,当然苦乐参半,有苦有乐。

若是眼光看长远一些,提醒自己:眼前的好不一定是长久的好,很可能转瞬变成坏,最好不要乐得太快,还是谨慎一些比较保险。现在的坏,说不定很快就会获得转机,带来好的结果,用不着立即反应,而在沉着中妥为响应,反而容易化凶为吉,很快就如愿以偿。

简单说,苦和乐都是自己的感觉。觉得苦,就愈来愈苦。认为乐,也就愈来愈乐。但是这种感觉,是装不出来的。装苦,有时候反而好笑。装乐,也可能愈装愈不像。必须发自内心,才是真正的感觉。

我们最好建立苦中作乐的观念,把苦的也看成乐,可以形成进步的有效动力。

感觉苦的时候,立即告诉自己:没有苦哪里有乐?多吃一些苦,乐才会出现。于是,对眼前的苦,不但不会排斥,不但不会埋怨,而且乐于承受。这种把苦转成乐的作用,便是苦中作乐。

一般人求痛快,不能够苦中作乐,所以常常愁眉苦脸,花费很多时间和精神在抱怨、愤怒和恐惧上面,根本无济于事。假若能够改变过来,不求痛快,但求苦中作乐,人生就能够在稳定中求进步,自然立于不败之地。

九、人生的莫名障碍:逃避自己

现代人借着电视、电话、计算机来逃避自己。

说起来好像是笑话,e时代的特征,是不习惯和自己相处。一天到晚,借着电视、电话、计算机来舍弃自我。

一进家门,就赶忙把电视打开,其实并没有什么重要的事情,也不是急着想看什么节目,只是借助电视所发出来的声音,来解除眼前的寂寞。手里拿着遥控器,按个不停,实在找不到想看的东西。于是拨通电话,随便找个人聊天,以填充现在的空白时间。聊完了,或者找不到聊天的对象,打开计算机,大玩上面的游戏。这就是e时代的生活写照,完全被电化,还不能自觉。

e时代的人从小被电视、电话、计算机包围,很少有时间和自己相处,以致不了解自己而害怕自己,当然要逃避。

人必须接触、反省自己，才能够充分了解自己。真正和自己在一起，才能够充分把握自己，做一个能够自主的人，也就是做自己真正的主人。

花一些时间，让自己单独一个人，既不做事，也不看电视、打计算机、通电话，让自己真正地面对自己，和自己相处。

慎独的意思，原本是独自一个人的时候，应该特别谨慎，以免做出不正当的事情。现在把它扩大范围，表示单独一个人的时候，必须能够保留一段时间，和自己的内心沟通，看看自己是不是真的接纳自己，认同自己的所作所为。

对自己不了解，和自己相处得不好，当然不可能和别人处得好。人际关系不好，反过来觉得可能是自己不好，因而更加害怕和自己接触，尽量想办法逃避。

要改变这种情况，最有效的方式，是从今天开始，至少每天保留二十分钟给自己，什么事情都不做，好好面对自己，反省自己，逐渐养成和自己接触的习惯。

十、人生的最佳动态：不动脑筋

脑筋要常用，但是不能乱动，以免害己害人！

用脑筋和动脑筋，形式相似而性质完全不同。

用脑筋，是用心思虑的意思。现代人喜欢说“思考”。这和“思虑”相比较，少了一个心。用心思虑，其实是凭良心想一想，一切应该顺天理来做出决定，当然是好事情，值得大家多用。

至于动脑筋，和用心思虑有一些不同，反而和现代通用的思考比较接近。思考，表示动脑筋，这时候经常是人自己在做主，开口便是“我个人的看法”“我以为”“我想”，自我中心意识高涨，还说是自信的表现，甚至认为是负责任的态度。满脑子人定胜天的人，常常胡思乱想，今天把它称为创造力高强，时时求新求变，弄得天下大乱。心中只有人而没有天的存在，正是乱动脑筋的表征。

用脑筋比较凭良心，以人为主，却敬天、事天，知道依据天理来思虑。是天人合一的运作，想的人心中有天理，自然会顺着天理用心去体会。说出来的话，大多是“我们”而不是“我”的意见，因为不能代表我们，就很难合乎天理。我们不完全代表人，同时含有天的成分，所以是天人合一，天意透过人的嘴巴把它说出来，当然是我们的看法。只有不动脑筋，常用脑筋的人，才做得到。

人生的最佳动态,应该是不动脑筋,却能够常用脑筋。换句话说,尽量不要站在我的立场来思虑,避免自我中心意识高涨。凡事站在我们的立场来思虑,自然更为周全。

试试看,多说我们少说我。大家受到感染,同样多以我们少以我来反应。把个人的意识降到最低,将天人合一的力量发挥到最大。于是人人凭良心,事事顺天理,当然呈现人生的最佳动态了。

十一、人生的生存环境:能量变化

宇宙活像一个表面有一些皱纹的肥皂泡,可以说是经常变化的不定型连续区,是一个能量场。

我们所赖以生存的地方,称为宇宙。宇宙是能量变化的产物,称为能量场(energyfield)。太阳能是地球上所有生命的能量来源。

地球上常有台风、洪水、地震、火山爆发、泥石流等天灾地变,甚至还有流行病细菌残害人类生命,实际上都是由于能量变化所产生的效应。

这一个巨大的能量场,一方面不停地经常变化,另一方面却生生不息地持续而不中断,和钱穆先生对于中华文化的描述“持续中有变化,变化中有持续”相当吻合。可见我们对于宇宙的体认,十分深入而正确。

宇宙是大太极,人人都是小太极。宇宙既然是大的能量场,人体便是小的能量场。

抱朴子曾经把人身和天地做比拟,指出天地的景象,全部出现在人的体内。头部呈现圆形,像天那样。足部呈现方形,有如大地。天圆地方,和人的头圆足方,十分相像。胸肋好比宫室,四肢有如郊境,左目为月,右目为日,发为星辰,齿为金玉,大肠和江河一样,小肠和川流很类似。两乳脐膝为五岳,肝胆脾肺心为五行,所以在未毁之前,要多加修葺。在没有生病之前,要善加保养。

如果用计算机的概念来比拟,宇宙是一个巨大的计算机,而人人都是一个小计算机。我们这一个小型的个人计算机,如何和宇宙大计算机取得联机?使个人的能量与宇宙能量合而为一,应该是现代化的修身方式。

这当中的阻碍,不在天地而在我们自己。因为人生下来之后,便产生分别心、自私心和贪婪心，以致自以为是而不容易悟道，就算能够和宇宙大计算机联机，也很难获得周全而合乎中道的信息，仍然无济于事。

我们的生存环境，既然是变化的能量场。我们所要做的，便是从持续变化中，寻找此时此地合理的信息，做出合理的决策，产生合理的行为。因此早日减少分别心、自私心和贪婪心，便成为我们每一个人修己安人的当务之急。

十二、人生的堕落依据：生色权群

人的欲望，以生色权群为主，形成杀盗淫妄四恶。

欲望是人类与生俱来的，人人皆有。

然而，这并不表示欲望都是坏的、恶的。实际上人一生下来，就想吃、要喝，一连串的欲望，禁不住出现，而且无善无恶、不好也不坏。欲望自身是中性的，可善可恶。

欲望的产生，实际上是为了帮助我们成长。我们的问题，其实不在欲望，关键在合理不合理。所以我们常说合理就好，便是保持一种合理的态度，来对待欲望，无过不及。

生色权群是人的主要欲望。生即生存，有饭吃，有衣穿，活得下去，以求维持生活。色即男女关系，男婚女嫁，组织家庭，以期延续生命。先衣食而后男女，属于生理方面的需求。权指权力，可以控制他人，实现理想。群为群体，把大家组织起来，便于领导。有权势还需要群众，属于心理方面的需要。生色权群原是人之常情，人人都有此欲望。可怕的是，有些人自己求生却不让别人生存；为求满足自己的性欲而侵犯他人；争权斗气以致杀人灭口；利用群众破坏社会秩序。由谋财而害命，因贪淫而杀人，为争权而置人于死地，因选票而导致群众暴乱，形成杀人、盗窃、淫乱、狂妄四大罪恶，那就是不合理的欲望。

人生为什么很容易堕落？主要原因，即在具有生色权群的欲望，却又不能够合理地因应。求生存是应该的，否则根本无法演完这一出人生大戏。吃饭、穿衣、娱乐也是一样，权力、聚众更是如此，稍为不慎，便会导致自己更加堕落，最好随时提高警觉，力求自我提升。

十三、人生的自我伤害:自暴自弃

上天有好生之德,有些人却自暴自弃,实在可怜!

做人的根本道理,在明哲保身。明哲的意思,是明白做人的道理。保身的重点,则在保持身体的安全。进一步说,明哲的用意,在明白做人和做事的道理。而保身的要旨,则在保持身心的安宁。

明哲保身,本来是一件好事。然而,有些人却厌恶明哲保身的方式。

反对明哲保身的人,认为太过消极,不可能有所作为,认为这种古老的方式,已经在历史上造成很多负面的结果。大家明哲保身,只顾自己的安危,遇事退缩推诿,彼此推拖拉,弄得国家衰弱,社会反而不安宁。明哲保身,形成自私自利的风气,尤其不可原谅。

实际上,只顾自己的安危,遇事退缩推诿,根本就称不上明哲保身。可以说既不明哲,也不保身。自私自利,更非明哲保身的应有后果。我们应该说:明哲保身的道理没有错,只是我们做错了。错在我们既不明白明哲保身的道理,也不能真正付诸实践,求得良好的效果。

现代人求明哲保身,大多调过方向,反而自暴自弃。

现代人自暴自弃的方式,愈来愈多。譬如吸毒的花样不断翻新,摇头丸满街有人兜售,一个小小的 Pub,可以挤入四五百人,衣冠不整,在那里忘形跳动。

如今若干人类,不守正道,把光明磊落、纯正诚信、大公无私、反省修德、男女有别、力戒贪欲、勿患得失、非礼勿视、非礼勿听、非礼勿动这一类关于修养的至理名言,全当作过时的东西,一概不予理会,其实就是自暴自弃的另一种形式。一旦开始自暴自弃,就会不断增强,很难回头,以致愈陷愈深,终至不能自拔!

人生的自我伤害,莫大于自暴自弃。我们经常把责任推给别人,使自己成为十分委屈的受害者。其实,没有人帮得了我们的忙,除非我们自己争气。也没有人害得了我们,唯有我们自己自暴自弃,才能造成很大的自我伤害!

十四、人生的罪恶来源:放纵自己

只要我喜欢,有什么不可以?这种罪恶的来源,居于自作自受,当然没有什么不可以,各人自决。

往昔的人,当然爱做自己喜欢做的事情。但是,没有人敢公开呼喊:只要我喜欢,有什么不可以!

现代人自认为坦白、开朗、爽直,再加上求新求变的推动,逐渐无所顾忌,终于有人大声说出:只要我喜欢,有什么不可以!殊不知这样一来,很容易放纵自己,成为人生最可怕的罪恶之来源。

应该做而喜欢做的事情,相信大家都乐于去做。通过这样的考验,基本上没有什么难处,也就得不到评量的效果。

不喜欢做的事,却由于应该做而努力去做,并且进一步把原来的不喜欢,转化为喜欢。这种功夫,就很值得赞赏。通过这样的考验,也才有价值。

在这种情况下,人生苦短,必须爱惜光阴;没有时间可以出差错,必须时刻小心,处处谨慎。不需要别人的戒律和警示,自己就应该自我约束,坚守原则。

坚守什么原则?那就是:多问应该不应该,少问喜欢不喜欢!

如果能够进一步,只问应该不应该,不问喜欢不喜欢,就会愈来愈圆满。现代人不明此理,走上反方向的道路:极力放纵自己。还没有工作,就想 relax。周日混过去,周末还要度假。穿衣服要休闲,吃东西要合口味,生活要有浪漫情调。遇有新奇事物,一定要先睹为快。求新求变,完全不顾虑根本。

这样的放纵自己,美其名曰提升生活品质,其实是罪恶的来源。钱财显露到引起绑票、勒索;私生活不正常才怕被曝光。人生的方向错误,难怪价值观反常,社会秩序混乱,放纵自己是主要乱源。

十五、人生的好死之道:培基固本

任何事情:基本的要素必须先掌握住。现代人过分重视速度,一切讲求速成,所以很多事情做不好。

基本的意思,是基础、根本。基础决定上层建筑物的稳固性和安全性,而根本则是所有东西的基准和依据。基础不坚牢稳妥,上层建筑物再宏伟美观,也令人不能安心居住。根本不扎实精准,所延伸出来的东西必然有所偏颇而愈来愈不中不正,终究会出差错。

人生的最终目的在求得好死,如何才能达成?那就必须先求好好生存,好好生活。生得不好,怎么能好死呢?好生是好死的基础,不能不特别注意,以求妥当。

孔子说过:"未知生,焉知死?"意思是生为死的基本,先把生弄清楚,再来研究死亡,才是培基固本的做法。

人生最要紧的是生活。既生为人,就应该好好地生活。

生活最重要的是人情。活得毫无人情味,有什么趣味呢?彼此关心,互相照顾,凡事将心比心,好好商量。有乐同享,有苦难共同分担。由个人到家庭,再扩大到社区,大家由情入理,充分享受人情,才是生活的趣味。

人情最难得的是合理。很多人害怕人情,总认为人情是要不得的包袱。其实,只要合理,人情就不是什么包袱,而是人间十分珍贵的东西。

过着合理的人情生活,便是求得好死的良好基础。从安分守己做起,逐渐培养自己的实力,然后一步一步,做好修己、齐家、治国、平天下的项目。先做好自我管理,再扩大安人的效果,哪里有不得好死的可能?

十六、人生的可悲状态:行尸走肉

不知道自己所作所为的用意,已经是行尸走肉!

身体和尸体,合起来称为肉体。同一肉体,有时候是身体,有时候成为尸体。我们习惯于将活人的肉体,叫作身体;而把死人的肉体,称为尸体。

实际上有些人活着的时候,已经没有什么活着的感觉。一天到晚,不知道在做什么。这种情况,和死人相当接近。可以称为活着的死人,我们通常用行尸走肉来形容。

一天到晚忙碌,却不知道自己的所作所为,目的何在?有什么用意?反正按照命运的规划,一步一步去完成,根本用不着费神思虑,也无所谓调整或改变。一切听命运的摆布,丝毫不运用自由意志,可以说是典型的听天由命。宿命的人生,即是我们常说的行尸走肉。

宿命和认命不同，前者不经过知命的过程，一开始就认命。有时候认错了，演到一半，才知道原来自己的角色并非如此。于是重新来过，浪费了好多宝贵的时间。有时候将错就错，认为错到底就等于没有差错。反正一辈子的时间相当有限，就这样走下去，走到哪里算哪里，演成什么样就是什么样子。临终自我审判时，才知道自己走错了路，演得不成样子，而悔恨不已！后者则是经过知命的历程，花费很多时间，不断探索自己这一辈子究竟为什么而来？扮演什么样的角色？发觉找到了，还不敢贸然停下来，继续探讨和仿真，终于知道自己的所有规划，这才认命去走。

这一辈子行尸走肉，无论出于自己预先选定的，或者临时起意的，以及受到刺激而形成某种程度的行尸走肉，对自己都相当不利。

人生的可悲状态，即在一不小心变成行尸走肉。一失足成千古恨，在这里更显得非特别小心不可。

然而，衡诸现实，我们看到太多的人，都似行尸走肉。芸芸众生，误己又误人，实在是不幸的自作自受。

及时自省，使自己无时无刻，以不行尸走肉为戒，应该可以远离这种悲惨的人生状态。

十七、人生的自残之道：气死自己

利用别人的错误来惩罚自己，就叫作生气。

“生气”一词本有两种不同的意义，一种是朝气蓬勃，富有生机的意思，令人欢欣鼓舞，十分欢迎。另一种则是情绪激动，大发脾气，叫人望之生畏，退避三舍。

人类够不够聪明？当然有很多评量的指标。其中有一种常见的标准，便是这个人是不是时常生气。

如果说聪明的人不生气，生气的人不够聪明，不知道高见以为如何？

生气的原因，固然有一部分是由于自己做错事情，责怪自己为什么这样笨？如此不小心？但是大部分还是源于别人的错误，弄得自己气得要命。别人的错误原本应该由别人自己去承担后果，才符合自作自受的法则。如今却无缘无故，也没有什么补偿或代价，竟然自动转移到自己身上，由自己来承担别人错误的后果,是不是很笨?至少不够聪明吧!然而放眼望去,大多数人乐此不疲,经常利用别人的错误,来惩罚自己,折磨自己,值得吗?

生气对自己所产生的伤害,大家都知道。生气的原因大部分来自别人的错误或缺失,我们也十分清楚。但为什么自古以来,人类又总是不断地生气?是不是与生俱来的自虐狂在作祟?还是不知道或者不相信我们可以改掉生气的坏习惯?气坏了身体,才来改变,实在不如趁早养成不生气的良好习惯,对自己和对别人都更加有益。

生气与性格并没有密切的关系,没有人生性喜欢生气。这是后天养成的坏习惯,是可以改变的。有的人年轻时修养差,动辄大发脾气。到了年纪老大,很少生气,把发脾气的不良习惯改变过来。其实是修养到家,自然如此。

惩罚自己,应该以反省自己来取代。凡事想一想:为什么会搞成这个样子?不后悔也不生气,却能够冷静地找出所以如此的道理,然后做出合理的调整。

生气,很少人会由于我们的生气而改变,有时候反而故意逗我们生气,引以为乐,那就更不值得发脾气。

气死自己,根本是一种自残的方式,跟自己过不去,何苦来哉!

十八、人生的自绝之道:离经叛道

离开中道,立即走入偏道,愈走愈偏,终必自绝。

人类不幸福的原因,在于不认识自己。不知道自己应该走的路在哪里。因而误闯误行,终至走入偏道。

偏道的意思,就是不该走的路。中道的意思,则是合理的道路,也就是应该走的路。人人各有其不同的应该走和不应走的路,然而应该共同遵守的规则,则是:应该走上应该走的路,不应该走人不应该走的偏道。凡是走入偏道,远离中道的人,都被称为离经叛道,似乎已经走上自绝之道。

离经叛道,如果时间许可,还可以回头是岸,重新走回中道。无奈人的寿命有限,所以离经叛道走上偏道的人非常危险,已经走上自己绝灭的道路了。

自绝指自己灭绝,比被他人灭绝更为不智。如果是自愿的,还情有可原;若是非自愿的、出于无知的,或者故意如此的,那就是典型的自作孽不可活了。

经和常同义，表示常道的意思。人可以守经，也就是遵守常道，规规矩矩地做人做事。也能够离经，便是远离常道，不按照规矩为人处世。守经为正，离经即为叛。守经的人，已经走上正道。而离经的人，必然为叛道。

离经叛道和持经达变正好相反，离经就是现在所说的离谱。一件事变得过分离谱，便是离经。离经叛道往往是乱变的结果，也就是在不良范围内做出不合理的应变，偏道走久了，自然愈走愈偏，终于灭绝自己。

人再警觉，也难免走入偏道。必须随时做出合理的调整，以免离经叛道。最好每天自我反省，有没有走偏了？赶快自我调整，回归中道。我们应该及早养成经常反省和调整的习惯，继旧开新、日日新、又日新，使自己的所作所为、所言所行避开因离经叛道而导致的不幸自绝。

第四章　愿:哪些愿望

一、人生的最高目的:求得好死

有生必有死,人不能不死,只好求得好死!

贪生怕死,是人的基本念头。只要维持在合理的程度,其实也是一种善念。人不贪生,稍微不如意,便想自杀,企图用死亡来逃避现实的苦恼,当然不好。人不怕死,大概大家都非常怕他。因为什么事情,都以大不了一死来因应,使得大家的生命安全,顿时失去保障,谁能不怕?

生命有限,所以贪生只能贪到寿数的大限,不可能不死。人必有死,因此怕死也只能怕不得好死,转而寻求好死。

好死并非不生病而死,因为吃五谷长百病。病死仍然能够好死,可见评估的标准,不在有形的身体,却在于无形的内心状态。

临终时的心理状态,对个人和具有血缘关系的亲人,产生很大影响。

临终时的内心状态十分重要,心不甘、情不愿,满肚子怨恨,誓必申冤或复仇,便不可能求得好死。

平日的修持,对临终时的心理状态,产生很大的影响。凡事看开些,不需要那么固执。过去的让它过去,多想想未来。一切原本是空的,何必执迷不悟。

要求得好死,最好先弄清楚自己究竟是谁?知道此生所为何来?也就是所扮演的角色,到底是什么?并且进一步探究怎样去完成自己的任务?找到合适的方法以后,随着时空的不断变化而时常加以调整,以期得心应手做得更好。这样一步一步走下去,由慎始而善终,比较容易获得好死。记住:求神不如求人,求人不如求己。要求得好死,主要靠自己,而不是靠别人。

人生的目的很多,细说起来,简直说也说不完。但是,最高的目的,说来说去,都不如求得好死,这么简要,而且值得用心体会。

好死不好死,固然由自己决定。但是社会的公论,也不能忽视。在盖棺论定的时候,任凭什么样的人,都难逃众人的议论。所以活在他人心中,一直是求得好死的重要准则。只有诚恳待人,凭良心做事,才是求得好死的不二法门。

二、人生的圆满结局:反妄归真

凡看得见的,都属虚妄;不执妄念,即反妄归真。

就算人是上帝造的,上帝也不希望全盘控制人的作为。否则人类自相残害,道德沦丧,以致不得安宁,难道也是上帝的旨意?

上帝造人,用意应该是善的。希望通过人的努力,把环境改造好。最理想的状况,当然是人人都像天使,处处都像天堂。

我们认为,上天提供机会,让人把自己造出来,走出一条人之所以为人的大道,主要让人们通过自身的努力,得以反妄归真。

反妄归真,意思是人生如戏,演完就应该洗净粉墨,恢复原来的真我。须知上台容易下台难,幕布拉开,相当于人一出生,戏就开始上演。只要不夭折,上台真的十分容易。问题是怎么演下去,才能够圆满下台?可见要有一个好结局其实并不容易。必须在台上的时候,便具备正确的观念和妥善的心理准备,知道尽力演得逼真,下台时才能够心安理得。心安理得并不容易,所以要以下台难来自我提升,以期愈演愈好,而问心无愧。演戏毕竟是虚幻的,下台才是真的,时时存心反妄归真,人生的结局才会圆满。

有成必有毁,凡有形象的,迟早会毁灭。功名利禄,不过是眼前的一种假象。但是,人必须求生存,把功名利禄当作生存的工具,也是必需的,至少这对我们有很大的帮助。反妄归真,不反对追求世俗的功名利禄,只要在追求得到时,务须用来充实真我,追求不到时,也毫不感伤,那样全力求取归真。

生时不执妄念,具有随时反妄归真的能力。才可以和耶稣基督、释迦牟尼诸神圣并驾齐驱,成为真正自由自在的人士,岂不快哉!

三、人生的理想状态:得道高人

通情达理,优哉游哉,对未来变化了然于胸。任何行业,各种阶层,都有这种令人称羡的得道高人。

请问求神拜佛的人,您想成神、成佛吗?答案大多是否定的。拜拜就好,何必要成佛?求求便好,为什么要做神呢?要成神,也应该等到死后。人活着,就是活生生的人,把这一出人生大戏演完,死后心安理得,自然成神,获得圆满的结局。人还活着,就变神,那就人神不分了。

我们一般人,如果成为得道高人,已经十分了不起。人生的理想状态,若是定为成佛成神,未免太高远。若是定为圣人,那也太困难。不如定为得道高人,似乎更为恰当。

得道高人,其实就是明白道理而且做得合理的人。

现代社会,人人争着想当高手,又喜欢自称高手。殊不知高手只是手高而已,人还不够高。必须真正成为高人,人才够高。这时候手抬起来,一定比高手还要高。可见高手和高人,毕竟有一大段的距离。

高手不如高人,要紧的是内涵,内在的不一样,眼睛看不见,必须用心体会,才能觉察。凡事得心应手,自由自在,到处随遇而安,不慌不忙,果真得道高人。

道是什么?道就是人生的正道。我们所追求的道,就是这一条人生大道。但是,道又代表我们的生活。换句话说,在人生的大戏中,每一个细节,每一段表演的过程,都是道。

得道的方法,最有效的,莫如亲自走一趟。从"行"中得道,不但认识正道,还要走上正路。

我们生而为人,已经自走上这一辈子的人生大道。我们只要明白自己所要扮演的,是什么样的角色,并且用心把它扮演好,就已经走上正道。

这样说起来,凡事先弄清楚所为何来,再把握达成任务的有效方法,不断反省改善,又能够不折不挠走上正路,人人都有机会,成为得道高人。

每天自由自在,时时平心静气,过着优哉游哉的生活,难道不是人生的理想状态?

四、人生的最高境界：当下自在

我们既不能逃避现实，唯有马上自己转苦为乐！

前面说过，佛教的人生观，是一个苦字，因为人一出生，苦字就写在脸上，活着就有烦恼，过的是苦日子。

但是，我们也可能换一个角度来看。人生是快乐的，嘴笑眼睛也笑，而且是打从心里头笑出来的，丝毫没有虚伪和造作，如图所示：

乐在脸上

苦乐与时空的关系不大，主要是心理上的感觉。自己觉得乐，再苦也是乐。当下就要乐，谁也挡不了。

中华民族自古以来，就拥有广阔的疆土和统一的文字，虽然有很多种文化，却能够互相尊重，彼此包容，没有什么民族仇恨。中国人自古便发展出一种天高皇帝远，帝力于我何由哉的生活方式，借由和乐的家庭关系，浓厚的人情味，追求功名以期光宗耀祖，讲求养生之道，过着安于现实生活的日子，不必寄望于来世。

然而，快乐不能分享。除非自己觉得快乐，否则他人的快乐，不但和自己无关，甚至可能引起嫉妒和怀恨，更增加痛苦。老想把自己的快乐和别人分享，其实也是一种自我中心主义的表现，对别人没有什么好处。

中国人为什么比较含蓄？因为我们知道自己快乐时，别人不一定觉得快乐。有时候自己的快乐，反而引起别人的不快乐。所以不能够尽情地把自己的快乐表现出来，以免惹人反感。但是，快乐虽然不能分享，却实实在在有助于众人，因为快乐的心境，怡人的笑容，当然使人生更为美好。

自己面带笑容，大家都觉得高兴。不必等到明天，现在就可以开始。用快乐的心境面对所有的挫折和痛苦，立刻可以转苦为乐。自己完全控制，当下就能做到。当下自在，马上展现笑容，此刻才是最真实的。

面带笑容，并不是内心的快乐完全展现。和频率相近的人共欢乐，对频率不相近的人，保持和谐的笑容。随时拿捏得恰到好处，便是当下自在。

五、人生的最大愿望:心想事成

美梦为什么成真？因为心想可以事成！

心想事成,和梦想成真,两者有相同的部分,也有不一样的地方。

心想指心里所期望,是白天清醒的时候,凭着某些信息和数据,所做出来的一番盘算,通常比较具体可行,也更加切合实际。

梦想是晚上睡觉的时候,所做的一些梦。通常比较虚幻,增加许多不确定的因素。

我们习惯于把经过细心企划,比较有把握的事宜,称为心想。而把突然产生,充满神奇,觉得比较遥远而不可及的构思,叫作梦想。

梦想成真,就不是梦想,而是能够实现的理想。梦想如果不能成真,那就是令人失望的空想,一无是处。

心想事成,如果是百分之百的概率,大家就用不着努力！只要想、想、想,不需要任何动作,便能够成为事实。人间的活动,就变得很单纯。想的人多,行动的人少。

心想和梦想,都不能百分之百的成为事实,却也都具有相当的可能性。心想事成,好像更能够证明我们的企划能力。

心想事成或心想事不成,其中的主要差异,在于所想的事情,合不合乎天理。合乎天理的心想,应该可能纳入安全范围,而获得事成的结果。不合乎天理的心想,就算完成,也将带来不良的后遗症,最好加以避免。

这样说来,心想的心就含有良心的意思。大凡凭良心的心想,应该能够事成。反过来说,不凭良心的心想,最好不要事成,以免造成祸害。

心所想的合乎天理,自然凭良心。在这种状态下,心想事成的概率很大。心所想的不合乎天理,便是杂有个人的愿望,让它发展得与愿相违,好像也才合乎天理。若是不合乎天理却能够心想事成,最好特别提高警觉。好事心想而成,坏事务求与愿相违,才是洪福。

人生最大的愿望,固然是心想事成。但是,我们仍然盼望,凭良心的才成,否则还是不成比较安全。

六、人生的最佳状态:清澈自在

人生最要紧的是生活,务求活得清澈自在!

人生下来必须依赖父母或他人的帮助,才能够获得生存,而且依赖的时间相当长。现代人和往昔的人相比较,显得愈来愈久。

父母给予子女某些东西,从某种角度说起来也是天经地义的事情。因为既然生了子女,便应该负起责任,把子女教养成人。教和养基本上都脱离不了给予,非给不可。问题是子女年幼无知,以为外来的给予能够长久依赖,养成向外追求,衣食住行都要依赖他人的习惯,甚至于动定行止都不能自决。这样的人生,怎么能够活得自在?更谈不上清澈。

有病就要找医生,有事就要找别人,有问题便求神明,有苦恼即责怪他人。这些普遍存在的现象,证明大多数人,根本不能妥善安排自己的生活,当然不可能保持良好的自在状态。但是,我们也不主张有病不找医生,有事自己承担,有问题不问神明,有苦恼指责自己。因为这样一来,同样不能自在,也不是一种好的生活。

最好的方式,应该是把有病和无病合起来想。将找医生和不找医生也合起来看。发现有病,当然要找医生,让医生诊断之后,就应该忘病,把自己当作无病看待。不需要一天到晚,想着自己的病,反而加重了病情,并没有好处。应该服药,要按时服用。但是服完之后,就要忘掉服药这回事。依照医生的建议,过正常的生活。

人生最要紧的是生活,而生活必须清澈自在。我们就应该在本体和外求之间,求得合理的平衡点。换句话说,凡事尽量靠自己,却不完全排斥外来的助力,岂不更加符合天助己助或者人助己助的原则?不偏向于外,也不执着于内,才是合理的不执着。在本体和外求之间,来去自如,抱持无可无不可的心态,当然清澈自在。

无可无不可,并不是双脚踏双船,抱着投机取巧的心态,随时放弃其中的一艘。无可无不可,是尽量减少人为的思虑,把利害关系放在旁边。任由直觉来决定,可即可,不可便不可。

当我们内心没有得失和成见,情绪上也不觉得紧张,观念上能够不执着,就已经进入空无的状态。这时候灵感非常活跃,自然很快就出现我们所需要的答案。

清澈自在,是人生的最佳状态。有如水缸里的清水,若有任何东西,立即透明可见。

不论能不能成佛,不管能不能成圣,更不必操心能不能成神。我们既生为人,便应该好好地生活,把人的角色扮演好。一切世俗的责任,都应该用心善尽。所有的欲望和心愿,都需要合理地满足。争取时很积极,得失且听其自然,当然清澈自在。

七、人生的得意情境:如有神助

事情进行得十分顺利,便是如有神助!

人生最得意的情境,莫过于万事顺心,一切如意。这时候我们往往特别信神,认为有如神助,才能够获得这样良好的结果。

人生的得意情境,莫过于此,一切都是自己在做,却有如神一般精巧微妙,所有过程都通畅无阻,简直难以想象。

神真的很难为。我们求神,如果不灵验,似乎一点也不神。我们不责怪自己,却怨神不帮忙。幸好我们一帆风顺,事事顺适的时候,还能够心存感谢,觉得有如神助。总比那些得意时把功劳归给自己,不顺时怨天怪神,要可爱得多。

究竟有没有神在协助?我们并不知道。用一个如字,好像有,似乎是真的,等于姑且相信,有何不可?

有神、无神?全凭我们主观的认定。迄今尚未发展出一套科学方法,可以证明神的存在与否。

当我们觉得如有神助的时候,事实上也可以说是自己在帮助自己,由于平日广结善缘,大家乐于配合、支持。计划周至,准备工作也做得很好。再加上十分有把握,自然得心应手。一路走来,样样顺适而心旷神怡。

我们可以认为如有神助,也可以认定自己努力的成果。觉得有如神助的时候,最好不要得意忘形,以免大意失荆州,导致阴沟里翻船的意外。这时候必须感谢上天,更加小心谨慎,以求善终。任何事情都是决胜于最后的五分钟,愈到末了,愈是不能出差错。否则功亏一篑,眼见将大功告成,却差一点点而没有成功,岂非十分可惜?若是觉得有如神助,就要用心维持下去。神助加上己助,当然更加有利。得意时莫大意,神才会持续协助下去。

感觉如有神助,代表对神的一份敬意,趁机对神表达一份谢忱。相信神如有灵,应该十分愉快,就会更加帮助我们。就算根本没有神的存在,心存感谢的人,自己也更加愉快。办起事情来,更加用心而仔细,也可以增进成功的概率。

八、人生的幸福之道:恒久快乐

快乐不快乐,都是自己的感觉,可以由自己控制。

人有精神方面的快乐,也有肉体方面的快乐。通常所说的快乐主义,可以说偏重于肉体方面,很容易坠入纵欲的陷阱。我们所感受到的不快乐,实际也大多由肉体方面引起。

人生的目的,是求得幸福。而幸福的象征,即为快乐。快乐不快乐,其实是自己的感觉。自己觉得快乐,当然快乐。自己认为不快乐,那就是不快乐。比较不容易弄清楚的事情应该是怎么样才能够得到快乐?

稍微用心观察,便不难了解人人都在追求快乐,但是真正获得快乐的人,却为少数。

再深入探究,大多数人并不快乐的原因,在于缺乏选择的能力。大家想要快乐,却大多选择不快乐,所以没有资格称为智者。真正的智者,具有这种正确的选择能力,想要快乐,快乐就来了。

怎么能够想要快乐就能够快乐呢?我们不妨以实证的方式来试试。当我们觉得不快乐的时候,把我们的心境转换一下,告诉自己不要再觉得不快乐,却想要快乐。这时候自己会采取逆向思考,找出很多使自己觉得快乐的理由,来取代先前那种不快乐的感觉。于是,不快乐的气氛,逐渐转换成快乐,使我们觉得相当快乐。可见真的想要快乐就能够觉得快乐,好像丝毫也不困难。相信大家只要想这样改变自己的心境,就做得到。

我们把它细分成三个阶段,说明如下:

(1)选择快乐。我们活在宇宙,一切都是相对的,有快乐便有不快乐。一般人往往只看到不快乐的一面,却忽视了快乐的那一面,所以觉得不快乐。我们只要采取相反的方向,注重快乐的一面,不去注意不快乐的那一面,不就觉得快乐了吗?既然快乐和不快乐同时存在,我们为什么不选择快乐,偏偏要选择不快乐呢?岂不是和自己过不去吗?

(2)享受快乐。选择快乐,就应该享受快乐。不需要一方面选择快乐,另一方面却又不敢享受快乐。我们已经有了人生不一定要快乐的心理准备,便可以享受能快乐便快乐的乐趣。享受快乐,才能够接近快乐,并且持续下去。对自己的选择能力,增加信心,对自己以后的选择,更能提升正确性。

(3)支配快乐。享受快乐的时候,必须记住是我们在支配快乐,而不是快乐在支配我们。我们选择快乐的原则,应该是心灵的快乐优先于肉体的快乐,内在的快乐优先于外在的快乐。我们享受快乐的原则,最好是要能够享受,却没有必要一定要享受。这样,我们才能够真正支配快乐,而不为快乐所支配。因此最快乐的是我们自己,而不是带给我们快乐的东西。

幸福就是恒久的快乐,而恒久的快乐,决定于自己心里想要恒久的快乐。养成时时快乐的习惯,人生就十分幸福。这种由己不由人的事情,原来是自己所能够控制的。不幸的是,很多人方向错误,老是责怪别人,以致偏离了人生的幸福大道,殊为可惜。

现在,让我们扭转过来,重返人生的幸福大道。只要把快乐和高尚的人格结合起来,使自己努力成为一位高尚人格的君子,便能够恒久快乐。

九、人生的快乐之道:公而忘私

人难免有私心,只有以公心来取代,才能消减!

有人只取不予,成为自私主义者。有人则只予不取,成为利他主义者。前者认为人不自私,天诛地灭。为了达到自私的目的,即使牺牲他人的利益,也在所不惜。后者认为个人的行为就算不能牺牲自己以造福他人,也应该顾虑到别人的利益。实际上,真正可能而且可行的方式,应该是公而忘私,至少要做到不因私害公。

我们有了七情六欲,都在增强我们的私心。人不自私,说起来连自己都不敢相信。往往愈是标榜自己绝无私心的,事实上最为自私。不因私害公,已经十分难得。要想公而忘私,实际上是知易行难。说说容易,做起来非常困难。

前已述及,人生的幸福之道,在于寻求恒久的快乐。但是,我要幸福,别人也要幸福。我要求快乐,别人也是如此。我和别人相比,当然以我为优先,所以自私的行为,不但难免,而且确有必要。然而,当我们把快乐和不快乐相对待时,不难发现私心是不快乐的根源,而公心则是快乐的基础。换句话说,出现私心私欲,很快就觉得不满足,因而不快乐。只有以公心取代私心,达到公而忘私的境界,自然没有不满足的感觉,于是充满了快乐。

人有私心,却必须以公心来取代,造成人生最大的矛盾,也是改变自己的重点。要不要去做?做到什么地步?完全自作自受,与他人无关。所有的人生剧本,几乎都有这样的埋伏,也就是处处可能出现私心,看演戏的人怎么办?可以按照戏码一路发展下去,也可以加以改变。我们可以想象得到,当舞台上的角色,人人都公而忘私,以公心取代私心的时候,必定充满朝气而喜气洋洋,人间乐土便是在这种情况下出现的。所有的苦恼势必一扫而空,原先规划好的悲惨场面也将因而改观,演变成快乐无比的场面。

亚里士多德很早就指出,我们一方面要求自我实现,好像有自私的倾向;另一方面又因为我们是社会动物,必须在人群中生活,所以也能够为群体而牺牲。公心和私心,不但同时并生,而且随着人类道德的发展,公心逐渐升高,而私心则有降低的趋势。

韩愈说过:“一人之所需,百工之所为备;一工之所备,百人之所必需。”现代分工社会,为己必须为人,为人也必须为己的连带性,十分明显。公心即包含私心,私心也能够扩大范围,变成公心。居于实际的需要,个人必须限制自己的私心,也应该发扬公心。人人公而忘私,以公心代私心,大家都快乐,就指日可待。

第五章　行:要怎么行

一、人生的最大任务:做好自己

人不一定是上帝造的,也未必由动物进化而来。人从哪里来? 原本人是自己造出来的!

一般人习惯于两种说法,认为人如果不是上帝造的,便是由动物进化而来。尽管这两种说法,都未经证实,也似乎很不容易加以实证,依然为大多数人相信。主要的原因,应该是大家并不是很在乎。反正既来之,则安之。只要好好做人,管他怎么来,又怎么去?

但是,随着年龄的增长,我们逐渐自觉地想起这些问题。人从哪里来? 好像愈来愈重要。

常听人家说:你怎么把自己搞成这样? 言下之意,自己的处境,其实是自己造成的,合乎自作自受的定律。人的样子,是自己搞出来的。人的一生,是自己安排的。人要不要做人? 要做什么样的人? 都由自己决定。我们一辈子都在做人,都在做自己,难道不是事实?

人既然把自己做出来,就应该做好自己,这是人生最大的任务。细分起来,我们一生只需要做好下述三件事,便是做好自己。这三件事,有其连贯性:

(1)搞清楚自己这一生所应该做的事情,究竟是什么。换句话说,此生所为何来? 必须首先找出答案。

(2)寻找完成这一生所应该做的事情的有效方法,务求确实如期达成使命。方法很重要,要用心寻求。

(3)时时反省,阶段性地调整,以期精益求精,不断改善。不必求完美,却应该持续地力求改善才好。

相信人是自己造出来的,就应该依据自作自受的法则,不停滞地改造自己,以求造得更合乎自己的理想。做好自己,便成为人生最大的任务。把自己做好,而不是害怕上帝的惩罚。把自己做好,并不是表示自己高人一等,而是在求得好死的大前提之下,做好自己。

二、人生的宝贵修炼:珍惜过程

重视结果,导致以成败论英雄。不如珍惜过程,更能够体会其中的乐趣,印证时势造英雄的道理。

英雄造时势,接近于结果论。原本不可能的,居然成为事实。个人主义的色彩,相当浓厚。认为世界历史就是许多伟人的传说,包括宗教家、诗人、文学家、政治家、科学家、哲学家等广义的英雄,把丰硕的结果创造出来。由于成者为王败者为寇,所以必须以成败论英雄。

时势造英雄,却近乎过程论。集体主义的色彩,非常明显。认为个人不过是一个抽象名词,只有集体的力量,才最可靠。世界的历史,不应该聚焦于少数重要英雄人物。因为所有的英雄或伟人,基本上都是群众或时势所造成。由于时势决定一切,所以不能够以成败论英雄。

放风筝的时候,刚开始觉得风筝十分笨重,好像怎么放也放不上去,但风筝掉下来却很简单,说掉就掉,丝毫不顾虑情面。几经奋斗,风筝才愈飞愈高,这时候放风筝变得非常容易,就这么一拉一扯,风筝便愈飞愈远。

刚开始放风筝的时候,属于英雄造时势的阶段。只要时势造不出来,风筝就飞不上去,说掉便掉,弄得放风筝的人,完全没有面子,当然称不上什么英雄。等到时势造出来以后,马上变成时势造英雄的状态。这时候时势决定一切,英雄也没有用武之地,所以过程比结果更重要。因为放风筝只有一种结果,就是把它收起来。谁都一样,分不出什么高低。

人生的结果,不外乎把风筝放上去,或者一路掉下来。大家争斗得十分激烈,也不过是成败的不同而已。人生的过程,才是风筝高高低低的变化,看起来惊险万分,实际上乐趣无穷,完全看站在什么立场来体认。

风筝升不升得上去,固然是放风筝的人功夫有高低,而当时的环境,适不适合造出放风筝的时势,也是成败的重要因素。放风筝的结果,可以用尽人事以听天命来描述。功夫再好,放不上去的时候,照样十分难堪。我们就说时也,命也,来找借口下台。功夫并不好,遇到大环境良好,随便一放,风筝就飞上天去。我们就说成皇天不负苦心人,有志者事竟成。反正话都是人说的,怎样说都有相当的道理。

现代人大多重视结果,很容易以成败论英雄,难免势利而乏味。若是转移焦点,不把它锁定在结果,却能够欣然接受过程的起起伏伏,随遇而安,就能够不以成败论英雄,在欢愉中亲自印证时势造英雄的道理,对于修己安人的毕生使命,反而有许多珍贵的经验。

多看过程少看结果,人生的乐趣自然增多。珍惜过程的起伏,享受每一个细节,不论什么样的结果,其实都十分可爱。要修炼,最好珍惜过程,却不必计较结果。

三、人生的主要挫折:事与愿违

天公不作美,就已经不是天公。天亡我也,其实也是自己没有做好。天无言,完全是自己在安慰自己。

我们说心想事成的时候,已经说明,最好把心想事成和事与愿违这两句话,合起来想,而不是分开来看。现在我们讨论事与愿违,当然也应该抱持同样的心态。

在人生过程当中,事与愿违的比率,往往高于心想事成。主要原因,是大家不够自觉,不够自律,却奢望能够自主。因此提出过多、过分、过高的愿望,使老天爷很难处置。

我们常说天无言,是要促使大家能够自觉。天若是开口说话,大家就不动脑筋,一切唯天是问,岂非丧失了自主性?对天老爷来说,是一种最不愿意看到的现象。天无言,可能是有顾虑,那就是面对众人,不知道要怎么说才好。

天老爷面对这么多的人,当然不方便开口说话。否则每说一句话,有人很高兴,就有人很不喜欢。一天到晚要费心摆平这些不一样感受的人,必然忙碌不堪!

天是公正无私的,只能够帮助所有的人,不可以私底下帮助任何人。一旦有所偏私,已经丧失天公的美德。天公不但不能作美,也不应该作美。天助我也，不过是自我激励的一句空话，天也不会承认。天亡我也，也是一句自己认为已经尽了人事，结果却如此不幸的感叹语，事实上也与天无关。天老爷最高明的表现，就是不言不语，让人们自己去揣摩、猜测，并且不予置评。

人生不如意事，十常八九。主要是人愈来愈对自己有信心，美其名曰自信。以致离天理愈来愈远，甚至违背犹不自知。聪明的人，不应该自信，却应该对老天爷有信心，把自信解释并且真正转移为对上天的信心，比较可能顺天应人，发出合乎天理的愿望，当然容易心想事成。否则信自己远大于信天，根本就是自大。心目中只有自己没有上天，常常事与愿违，乃是意料中事。

对老天爷有信心的自信，比较容易心想事成。对自己有信心的人，经常事与愿违。稍有成就的时候，最好冷静想一想，是自己的成就，还是老天给我们机会？若是喜出望外，请问是哪里来的，能够做到这种地步？人生的主要挫折，便会减少许多，不妨试试看！

四、人生的基本态度：真诚待人

真真诚诚，死得很快；不真不诚，死得很惨。

《中庸》说得好：诚是天生的真理。不必勉强，也不经思维，一举一动都合乎道理，就叫作诚。我们可以这样说，宇宙的本质是诚。我们人的本质，也是诚。诚心诚意，不但可以与天地相通，而且也很容易与他人互通。

做人一定要真诚，但是真诚待人，不一定就会产生好结果。往往好人早死，令人觉得老天无眼，很不公平！历代史实大多记载小人当道而君子受害，可为佐证。

小人和君子，向来是不诚与诚的代表人物。小人不诚，却能够当道。君子遇到小人，好像总是吃尽苦头。我们长久以来，一直把这种罪过，推到小人的头上。其实，君子自己，也应该好好反省，调整一番。为什么这样惨痛的教训，还不能惊醒后世的君子？是不是认定君子一定要败在小人的手里，才算光荣？

诚败于不诚，当然令人觉得不公平。但是，不公平固然是事实，却不能够因此而不真不诚，因为果真如此，必然死得十分凄惨，而且没有人同情。

真诚而死，虽然不甘心，至少赢得大家的同情。不真不诚而亡，那就死有余辜，得不到同情，还可能遗臭万年，到处挨骂。

真真诚诚,并不是唯一的良好待人方式。不真不诚,一定不是待人的良好态度。许多人喜欢二选一,基本上都是一种分开来看的结果,很难顾及整体。因为真理不在二者之一,却在二者之中。

真真诚诚是做人做事的基本法则,不真不诚只能用来提防别人的攻击行为。

诚是宇宙的本质,为人不可不诚。但是人心隔肚皮,十分难料。最好防人之心不可无,以不真不诚来测试,看看应该真诚到什么程度才合理。如果认为彼此猜来猜去,很累!请问由于不善猜测而吃亏上当,反而对真诚待人失去信心,不得不走上不真不诚的绝路,累不累?人人都应该经得起考验,也就是人人都需要经过一段相互测试,增进彼此了解的互动过程。中国人对陌生人特别敏感,而对熟悉的人表现得相当不一样,正是交情够不够的衡量,也就是真诚到什么地步的精准拿捏。

对人真真诚诚,所得到的后果,是上当、吃亏、受害。以致对真诚丧失信心,从此不真不诚。这是大家所不乐见的情况,不发生最好。经过多方测试,才小心地真诚待人,这才是人生的基本态度。

五、人生的尤人怨气:如是待我

我对你这么好,你怎么会这样对待我?这句话其实并不存在,因为再怎么看,都不是事实。

每当有人对我们不好的时候,我们大多觉得对方不够意思。因而兴起“怎么可以这样”的疑问,总认为错不在我,而在对方。

人对自己和对待别人,经常采取双重标准。对自己宽松而待别人严苛,看自己是好人而视别人犹豺狼。人与人交往,老觉得自己吃亏而别人占尽便宜。

但是,问题就出在评量标准上面。自己对别人有一些好意,往往加以夸大,认为相当不得了。可是,别人对我们的好意,却常常贬低分量,如果能够更好一些,那就求之不得。

两种方向,产生不一样的评量标准,自然带来不相同的感受。来的轻而去的重,当然有不平的感觉。

遇到不平,常常把责任往别人身上推,气愤地指责对方:我平时对你这么好,想不到你居然如此对待我,你还有良心没有?

这时候最好将心比心,也就是充分了解对方可能的感受,透过知人也知己的过程,互动起来。将心比心,站在彼此的立场来考虑,把来往两个方向的评量标准,调整一下,使其力求平衡。最有效的方法,便是凡事反求诸己,把方向掉转过来,想想别人如是待我,必然都是我这样对他的结果。经常调整自己的态度和行为,不怨天也不尤人,才是善待自己的最佳途径。

从现在开始,凡是觉得对方有令自己难受的言行,都先调转方向,用"一定是我有什么不妥当的地方,你才会如此待我"来取代"我对你这么好,你怎会如此待我?"不一定要责备自己,却应该想一想自己的不是,做好合理的调整,以转化对方的观感,使其自己改变态度,自然能够减少许多尤人的怨气。

六、人生的最大教训:功没过存

做人最应该小心的,是不要犯过错,而不是存心有什么伟大的贡献。但求无过,不必一定要求有功。

古人主张:不求有功,但求无过。乍听起来似乎十分消极,缺乏企图心。但是,阅历丰富的人,看多了世态炎凉的变化,都能够觉察到"功没过存"的事实。

功没的意思,是再大的功劳,到头来都被忘光光。

过存的内涵,则是一点点小过错,必然被记一辈子,永远忘不了。

功没和过存连在一起,便是"人家只记得我们的过失,并不热衷于记取我们的功劳"。因为"功劳只有自己记得,过错只有别人才看得见"。自己记住功劳,记忆十分美好。记住别人的过错,徒然令自己气愤、懊恼。可惜大多数人宁愿折磨自己,很难加以改变。

心中存有功的企图,就会为变而变,为创新而创新。于是稍有眉目,便扩大再扩大;稍有依据,就增强再增强。一不小心,掉入陷阱,仍然自以为是而持续加温,终至乱变而不可收拾。原本可能有功的,也因扩大、增强而形成有过。

但求无过的意思,是小心翼翼,不要产生后遗症。因为任何事情,都可能带来想象不到的负面作用,必须事先周详评估,防患于未然,把可能产生的后遗症,减低到最少的程度。

把功没过存,当作人生最大的教训。时时提醒自己:所有的功劳,都将变成过眼云烟,没有人会记得。不值得为这种虚幻的东西,而耿耿于怀。有人要争功劳,让他。有人礼赞我们的功劳,以谦虚的态度,谢谢他的鼓励,却不能有丝毫的骄傲。心里谨记但求无过,注意每一个细节,却不能够犯错。

七、人生的最大祸害:自我中心

缺乏自我责任的自我中心主义,终必害己害人。

吴王夫差立誓报仇,终于把越国打败,报了父仇。他有意趁胜问鼎中原,所以首先要攻打齐国。大将军伍子胥反对,甚至于愤懑地说:"如果一战而胜,那就是天将亡吴!"

夫差不接受伍子胥的忠谏,亲自挂帅伐齐。两军大战,吴国果然一战而胜。夫差下令,要伍子胥自尽。

不久,越王勾践亲率大军攻打吴国,夫差屡战屡败,求和不得,最后兵败被俘。临终时自己觉得没有面子和伍子胥相见,特别吩咐属下在他死后,用一条薄巾,盖在他的脸上。后人相传成俗,把这条薄巾,称为"千秋盖"。

人生在世,最严重的问题,其实就是自我。夫差的专横,是自我的表现。伍子胥的死谏,何尝不是由于自我的力量。但是,夫差只有自我中心的意识,缺乏自我责任的认知。伍子胥具有自我责任,却不能避免自我中心意识的迫害。两人都自作自受,可以说承担了各自的自我责任。

人的一生,对于自我的认知,具有阶段性的变化。幼童从父母的眼中找到自我:凡能招致父母的奖赏或称赞的行为,就一定是好的;凡是导致惩罚或责骂的,必然是坏的。这时候以父母为中心,而非自我。

儿童的生活范围逐渐扩大,从众人的反应发现自我:凡获得众人赞赏、肯定的,便是良好的行为;合乎团体规矩的,就是善良的表现。以众人为中心,重视社会后果,而不是个人后果,仍然从他人的眼中寻找自我。

长大成人,出现自我价值体系,渐渐不理会父母或众人的反应,反而以自己的评量标准为依据,进行自我判断。即使与外界的价值标准相冲突,也不为所惑。

愈老愈固执这一句话,各人的时间表不太一样。有的人开始得很早,打从二十几岁的时候，就认为我怎样，个人以为如何，显得十分固执。有的人则延后到六七十岁，还持续保留先听听别人看法的良好习惯。

随着年龄的增长，由他人中心逐渐转移为自我中心，似乎是必然的趋势。未经用心学习，多方探索，屡次体验，便贸然订定自己的价值标准，以致自我肯定，变成刚愎自用，而自我实现，也形成实现自我，导致只要我喜欢，有什么不可以？爱怎么样，就怎么样！心目中只有自己，完全无视于别人的存在。

具有自我责任的人，时时刻刻，会自我反省，自我改善，以求妥当完成自己的责任。自我中心，那就是强调自己的存在，膨胀自己的实力，终将害人害己。

八、人生的基本守则：德本财末

人为财死，虽然是一句老话，却博得世代相传！

经常有一些年轻人，坦承自己什么都不想，只想赚钱！我们无意加以置评，因为人各有志，原本是勉强不来的。

社会风气，一切向钱看。个人的观念，也会受到强烈的影响。特别是趋势、潮流、导向这些名词，到处充斥的时代，要大家把道德放在金钱的前面，似乎相当困难。

金钱是人类创造出来的东西，原本为人类所用。不料却时常反过来危害人类，把人类当作它的奴隶。

现代人的一生，几乎成为“年轻时用身体换金钱，年纪大了，再用金钱赎回自己的身体”这种残酷的历程，根本是自残的行为，却被视为奋斗的光荣史，塑造成勇敢的影像。

人类为求生存，当然离不开财富，但是为了财富而牺牲自己的生存，也就是拼命去赚钱，难道不是本末倒置？

同样是金钱，对品德良好的人来说，它是人的奴隶。对品德不良的人而言，人就变成它的奴隶。

换句话说，同样有钱的人，如果品德良好，便不会认为钱是自己赚来的，只能够留下来自己享用。若是品德不良，就会认为钱赚来不易，而舍不得与人分享。

人为财死，原本是一句警语，告诫大家不要贪财。想不到人的脑筋会转弯,一下子想到人不可为财死,而品德可以为财富而放弃。德末财本,很快就深入现代人的心底。只问会不会赚钱,是不是健康,对于品德修养的高低,采取不问不闻的态度。但求合法,不凭良心。那么,恢复德本财末的信念,应该是最有效的策略。君子爱财,必须取之有道。这一句话,才是人为财死的化解良方。

德本财末,一方面促使自己重视品德修养,一方面也才有可能和更多品德良好的人交往。彼此都具有德本财末的观念,互相合作,自然减少很多不良的流弊。这样所创造出来的财富,才有可能更多更持久。把德本财末,当作人生的基本守则。家族中奉为传家的宝贝,公司组织中形成共识,国家把它当作主流观念,有一天世界普遍认同,人类的幸福,便指日可待了。

九、人生的正确念头:互通善能

把好的能量传送给别人,对自己也有好处!

我们通常把舍得这两个字合在一起,却很少去想为什么会这样?按理说舍是放弃的意思,只有损失,怎么可能有所得呢?

舍得当然可以解释为放弃所得到的东西,或者放弃有所得的期待。如果单纯是这样,不如直接指称舍弃,不是更加明了吗?可见舍得的意思,应该是一方面舍弃,另一方面却有所获得。不完全是舍弃,不完全是损失,也不完全是获得。

深一层想,应该是舍弃看得见的东西,以获得看不见的能量。

从无形的角度来看,我们体内的能量,有办法和外界的能量相通,而且可以互动。当我们愈是欣赏对方的时候,很可能由于你心中有我,而我心中也有你,产生你侬我侬的良好互动,彼此善的、好的、美的能量交换,双方都获得增强的效果。互通善能,才是人与人相处的良好途径。彼此互助互惠,而不是像一般动物那样随时随地保持竞争的状态,对能量的修持非常不利。

心中有竞争的念头,立即增强分别心。心中没有竞争的想法,只有互助的观念,那就和合性的能量愈来愈增强,而分别心愈来愈减弱。有利于反妄归真,使真我显现,不再为义我所蒙蔽。

不必斤斤计较于人与人之间的生活细节。有能力的人,当然要无私地帮助不如自己的人,却不是天天高喊同工同酬,多做一些事情就争着多要报酬。儒家"才也"(有才能的人)养"不才"(才能比较差的人)的崇高理想,也自然得以实现。人人不再争权夺利,也不处心积虑,要霸占他人的身体和劳力,要控制别人的思想和行为,整个人类世界,必有一番新的气象。现实的人间天堂,保证在二十一世纪就能实现。

人的才能,本来就有先天和后天的差别。先天比别人高明,固然很好,若是用来欺压别人,吃亏的还是自己。何况一个人的能量增强,一方面靠自己的努力,一方面也需要他人的助缘。

才也养不才,其实是互通善能的有效途径。彼此尊重,互相帮忙,并没有什么用心计较的必要。说起来只有一种方式,那就是只问耕耘,不问收获。凡事立公心,不分彼此,才能够产生这种互通善能的正确念头。

十、人生的不二法门:把握眼前

眼前的一切,十分重要,必须用心把握!

此生所为何来?这辈子要做什么?答案其实十分简单:眼前所做的事情,就是这一辈子所要做的。虽然不是全部,却一定是其中的一部分。不然的话,为什么现在会做这项工作呢?眼前的一切,正是这一生最为重要的一部分。过去的已经过去,不论该不该做,都已经做了。就算后悔,也无济于事。未来的事情,会不会变化?可能产生什么样的变化?其实都和眼前的情况具有十分密切的关系。因为未来是现在的延伸,把眼前的事情做好,对未来的变化,必然产生很重大的影响。

把握眼前,成为人生的不二法门。眼前的事情最重要,先把它做好。用时间再来检讨过去,策励未来。眼前的人最要紧,把眼前的人,先安顿妥当,再扩大及于其他的人,应该更为妥善。

有些人就是不注意眼前的事情,却着眼于其他。上英文课的时候,偷偷演算数学。查阅历史资料时,居然上网参与游戏。与人讨论时局,却大谈旅游心得。抱持这样的心态,无论眼前发生什么事情,保证都无法妥善因应。就算真的知道自己的任务,又有何用?

不重视眼前的人,却张大眼睛,到处寻找贵人。结果找了半天,才发现眼前的人,原来是天大的贵人。这时候后悔怀恨,又能怎样?

人生的不二法门,就在把握每一个短暂的眼前。时时刻刻快乐,一生都愉快。每一件事情都做得很好,这一生就很圆满。此生所要完成的任务,说起来就是一生当中所做的每一件事的总和。一点一滴累积而成,有时候回头看看,才发现每一个小环节,都有其用意,好像缺一不可。把握每一个眼前,完成一生的使命,不是吗?

眼前不过是漫长人生中的一个小点,但是这些转瞬即逝的小点,累积起来,却成为漫长的人生。高楼万丈,也要从平地建起。所有使命,都要以现在为起点。如果能够掌握现在,把握眼前的人、事、地、物,相信此生的任务,必能顺利如期完成。

十一、人生的自保法则:自求多福

世界上最可怕的事,是不知道珍惜自己的福气。

人生要求幸福,福气愈大,象征人生愈舒适、安全、顺吉。家家户户,到了岁末年终,都喜欢在大扫除之后,贴上一个福字,企求春满人间的时候,能够五福临门。

生而为人,基本上已经十分有福气。人身难得,并不是随便能够做人的。但是,大部分人都觉得自己的命运比别人差,没有别人那么大的福气,经常怨天尤人。

怨天的意思,是埋怨老天爷不公平。为什么同样是人,老天爷对别人的照顾特别多,而对我这个人却很少。

尤人的意思,则是埋怨大家没有同情心。为什么明知有些地方我不如人,却狠心地使我难堪?用来彰显我的无能,使我承受不如人的痛苦!

福气有多大,取决于自己的心。心想自己的福气很大,自然就大,这叫作心想事成。有多大的福气,好像是自己求得来的,自己求得多,福气便大,这叫作自求多福。

笑口常开的人,福气最大。问题是怎么笑得出来?要笑得出来,起码心胸要广阔,无论好坏、美丑、善恶、高低、长短、多寡,都要能够大肚包容。这样的修养,是看得开而不是看破。看开而不看破,是自求多福的有效途径。看开的意思,就是这一生所要做的事情,既然已经陆续出现在自己的身上,我们就应该愉快地去承受,并且从好的、善的、美的、高明的这一方向来努力,尽量避免坏的、恶的、丑的、低劣的情况发生。使自己的所作所为,都能够表现出可喜的一面。

一般人喜欢说看破,这是一种误解。看破是一种消极,很容易使人心灰意冷而意兴阑珊,提不起兴趣来。

我们最好是看开一些,但是不一定要看破。

人生的自保法则,不应该是看破,却必须看开,才能够自求多福。

福气是自求的,不能够放弃,也不能够消极,应该积极地追求。而抱持怎么样都满意的心态,重视努力的过程,并不计较结果的得失,便是看得开。

十二、人生的观察之道:多眼并用

一般人只有两个眼睛,很容易成为开眼瞎子。盲人眼睛看不见,却有可能全身都布满了眼睛。

耳聪目明的人,通常自认为十分聪明。很喜欢以“我亲眼看见的”“我亲耳听到的”来证明事情的真实性。似乎对那些眼睛看不见的瞎子、耳朵听不见的聋子,有一点不信任的感觉。

有一次,喝喜酒的时候,刚好坐在一位盲人朋友的旁边。我问他:“眼睛看不见,会不会觉得不方便?”

想不到他这样回答:“我只有两个眼睛看不见,全身的眼睛都看得见,并没有什么不方便。”

“真的全身都有眼睛?”

“每一个人都有,可惜大家以为只有这两个才算眼睛,其他的都不算。所以不去用它,自然看不见。”

我们总以为,鼻子和嘴巴才是呼吸的器官。其他的部位,好像都不能够呼吸。实际上身体的皮肤,也可以透过毛孔,来进行呼吸。这样推论起来,这位盲人朋友所说的话,应该不是随便说说,用以掩饰自己的短处。当时也曾经尝试着把双眼闭起来,透过全身来感觉外界的一切。果然觉得全身到处都有眼睛,顿时灵敏起来,带给我们很多信息。

有眼睛的人,不但不要自认为什么都看得很清楚。相反地,应该有一些自我认知。我们不能过分相信这一对眼睛。反而应该提高警觉,眼睛所能看见的,十分有限,而且经常看错了,欺骗了我们。不妨多看几次,看仔细一些,以免上当。

同样的事物,为什么有的时候彼此的认知会产生这么大的差距?便是我们所见的只是一偏,不可能全盘都看到。大家都以偏概全,当然各有所偏而不一样。不妨试试看,多眼并用,从不同的层次来观看,应该可以观察得更为深入而正确。不偏于其中的任何一种,比较不容易产生偏见。

十三、人生的聆听之道:听出道理

不要管他怎么说?不必介意他说什么?只用心聆听他话中所含有的道理,自然能够顺利有效地沟通。

人是讲道理的动物,几乎没有人坚持不讲道理。但是,当他的情绪激动,不够冷静的时候,很可能蛮不讲理,变成不讲道理的动物。

我们仔细观察,很容易发现,当我们听人家说话的时候,我们的情绪,常常随着对方说话的态度而起伏,影响到我们听取道理的效果。

我们常常十分气愤地说:“他怎么可以这样说?”意思是“他说得并非完全没有道理,而是他这种表达的态度,使我听不进去”。由于不想听或不喜欢听,便把他所说的道理给忽略掉了,却斤斤计较于他的态度,以致情绪化地反应,当然难以沟通,形成沟而不通。

沟通的目的,在于把道理弄清楚。但是大多数人的习惯,不太在乎有没有道理,反而把表达道理的形式当作重大的因素,是不是本末倒置呢?

那这要怎么办呢?要求听者平心静气,只听话中的道理,不必介意人家怎么说,恐怕不是容易的事情。不如反过来要求自己,多多注意说话的方式,内容和态度,让对方听得顺耳,自然乐于听取。

把想听和不想听合起来想,将要听和不听也合在一起看。管他怎么说,也不管他说什么,只是平心静气地,细心聆听他所说的道理,这才是人生的聆听之道。

十四、人生的创造之道:持经达变

有创造力就容易犯错,必须小心谨慎才好。

创新是现代人的特性之一。不创新就等于维持现状,便是落后的象征。不断地创造出新的花样,才能够进步,也才能够生存。

上天给我们创造力,目的在替天行道,协助天老爷把宇宙经营得更为美好。天无言,才让我们能够说话;天要透过我们行动,才让我们手脚灵活;天有调整的意向,才赋予人类相当的创造力。完全听从天的命令,一副奴才相,缺乏创造力。逆天行事,终究必遭天谴,引起大自然的反扑,带来很多想象不到的灾难,有创造力却显然用错了地方,实在不值得仿效。

创新要取得成果,就要坚持持经达变。意思是坚持不能变易的原则,做出适应环境的应变。所以又称为合理的创新。

变是不可抵挡的趋势,非变不可。我们既然不可能不变,就应该力求变得合理,也就是变得合乎天道的基本原则,所以必须以不变应万变。

具有持经达变的能力,养成持经达变的习惯,才能够放心地发挥创造力,用创新来造福社会人群。不能掌握常则,不知道持经达变的人,往往为创新而创新,不顾虑是否违背天道,违反天理,因而乱变闯祸,并不是创造的正道。

十五、人生的读心大法:将心比心

中国人普遍相信心中的那一把尺,无形却很管用。

和西洋人讨价还价,他们会透过仔细的计算,能够接受就答应,否则便加以拒绝。

中国人的反应,有一些不同。中国人只是把算盘和电子计算器所呈现的结果,当作参考。我们所深信不疑的,其实是心中的那一把无形的尺。

我们透过算盘或者电子计算器,仔细地计算。这一部分,和西洋人并没有什么不同。计算的时候,我们嘴巴嘟嘟囔囔,也不过是把所看到的结果,如实地说出来。嘴巴说不行,所做的决定却是接受对方的讨价还价。因为心中的那一把尺,告诉我们,虽然看起来有一些吃亏,不过长远地看,还是可以成交。

主要是拉好关系，把重点放在未来，所以我们才会嘴巴说一套，而决定时又是另一套。看起来好像只是嘴巴上说说而已，并不是真的。

人人心中有一把尺，成为中国社会衡量的共同标准。凡事只要将心比心，必然能够正确地读出彼此的真正心意，既不会上当，也不致产生误解。

心中这一把尺，俗称良心。现代人对凭良心这一类的事情，总觉得不够科学，不是加以否定，便是很不重视。殊不知良心其实就是天赋的直觉，真正运用起来，有时效果会远远超过我们所相信的眼睛和耳朵。

不管我们认定与否，不论我们相信或者不信，良心总是如实地存在于我们的体内。

大家将心比心，勤用心中的这一把尺，愈用愈纯熟，愈用愈精确。人人戒欺，真诚相待。彼此都能够读心，自然修己安人，大家都快乐！

十六、人生的自持之道：知足常乐

满足不满足，决定于自己的感觉，与他人无关！

我们因满足而快乐，没有满足大多会带来痛苦，这是大家都知道的事情。问题是满足和没有满足，就算各人的看法相当一致，彼此所感受的程度，也各有不同。可见满足或没有满足，不但定不出统一的标准，而且因时、因地、因人、因事而异。可以说同样的情况，各人却产生未必一样的反应。有如寒天饮冰水，各有不同的滋味。人和人不能比，也不必比，就是这个道理。

满足的标准，原本各人不一样。有的人很容易满足，有些人则非常不容易满足。

一般说来，容易满足的人，比较快乐。因为他的标准不高，很容易达到，所以很快就觉得满足，从而获得快乐。

尚未达到自己所定的标准，就会产生没有满足的感觉。然而，这种满足的标准，并不是先天带来的，而是我们后天自己所定的。

不知道是自己所要的结果，却任意以自己或他人的标准来评量，增加自己没有满足的感觉，引起自己的不快乐，这是不是相当愚蠢的反应呢？

知足的意思，应该是自己知道原先的计划，如今已经依照原计划完成，怎么不乐呢？求仁得仁，求义合义，理应十分快乐才对，怎么还能够怨天尤人呢？

人要知足，必须先知命。命中如此，又是自己自作自受的结果。何况自己一直努力在改变，依然如此，更应该欣然接受，觉得十分快乐。由此可见，知足常乐的关系，在是不是已经尽人事，如果是的话，当然常乐！

知足常乐，是个人内在的感受。人生的自持之道，即在知足常乐。知道一切都是自己安排的，只要尽力而为，所有的结果，都应该十分满足，因而产生无比的快乐。

未尽人事，不应该知足常乐。已尽人事，便不能够不知足常乐！

十七、人生的富裕之道：勤俭守分

富贵可遇不可求，只有勤俭守分，最为可靠。

富贵是每一个人都能够求取的，至于可不可以获得，那就不是我们自己所能够决定的。

其实，只要我们自幼养成勤俭守分的良好习惯，然后尽力按照正道，秉持德本财末的原则，采取君子爱财必须取之有道的精神，有所为同时也有所不为，积极地去追求富裕。把能不能之中能的部分尽量加以放大，至于结果如何，都以满足的心情来对待。将可不可当中不可的部分放在前面，站在不可得的立场，来欣然接受自己的可得。

尽人事以听天命，在人生的富裕之道上，可以充分获得发扬。尽力而为，结果如何应该乐于承受，这就是知命而不认命的态度。按理说勤俭不能成为大富，却大多能够成为小富。我们常说小富由勤俭，便是勤俭的人，很可能累积一部分资产，成为小富。守分的意思，其实便是有所为也有所不为，也就是当为则为，不当为即不为。在守分的大前提下，勤俭所累积的小富，必然合乎正道，用不着担心所得是非分之财。如果能够再增加财富，也能放心地提升自己的富裕程度，放心去求。

勤俭是一种习惯，养成之后，比较容易坚守。很多人终其一生，都能够坚持勤俭的良好习惯，成为求得好死的稳固基础。守分则是一种自我的约束，很不容易坚守，导致很多人稍微富裕，便不能守分。以至起来了，很快又下去，很难求得好死。

十八、人生的传承之道:有所不为

能做,却有所不为,才是真正的大有为。

有所为和有所不为,这两者之中,哪一种比较重要?相信愈来愈多的人,会认为当然有所为更加重要。因为有所不为,似乎稍嫌消极,不如有所为那样积极。

实际上,我们的生活,面对着多变的环境,遭遇到应变的问题,立即出现有所为和有所不为的考验。对我们来说,两者应该同等重要。

崇拜祖先,目的在于做好传承的工作。借着祖先在子孙心目中的影响力,来理清有所为和有所不为的分野。

崇拜祖先的真正用意,在慎终追远。纪念远祖的最佳表现,则在于保持并且发扬家风。说得明白一些,也就是坚持历代祖先所一脉相传的原则,而有所不为。

为什么不说有所为,却偏重有所不为呢?因为常听到这样的话:“这一家人,大概不会做出这样的事情。”因为有所不为,通常比有所为,更能够令人信服,而为大家所偏重。

何况有所不为才是根本,有所为不过是有所不为衍生的作用而已。先明白哪些必须有所不为,然后才决定有所为。也就是站在有所不为的立场,来有所为,才不致乱了根本,而胡作非为。

家风的传承,实际上是这种代代相传的有所不为累积而成。只要其中有一代人,放松了有所不为的原则,就会产生很大的破坏力量,导致家风发生很大的变化,失去传承的连续性。

世风日下是自古以来就存在的事实。可以证明有所不为的坚持,实际上并不容易,必须格外严谨,不能稍有松懈。

十九、人生的求学之道:学海无涯

这一生的寿命有限,学不了那么多,必须慎选。

人的寿命,就算延长到一百二十五岁,面对知识爆炸,信息愈来愈多,仍然是生涯有限而所要学的无穷的情形。

现代人还有一种祸害，是古人所未曾遭遇的。那就是多师为患，开卷有害！

古人以好为人师为戒，不敢以老师自居，随时要教诲别人。现代人不但自称老师，而且开口便要教大家如何如何！

至于开卷阅读，究竟功效如何？我们可以说，有些时代开卷有益，有些时代却是开卷有害。现在有很多书不看还好，看了反而让人受害无穷，当后悔时已来不及，只好徒叹奈何！

学海无涯的意思，原本是世间有学不完的东西。现代教师的任务，除了传道、授业、解惑之外，应该加上一项工作，那就是指导学子慎选读物。能够开列有益参考书，把有害的书或其他媒体信息过滤掉，才是好老师，才是良好的求学之道。优良读物不一定有趣，也不一定畅销，但是优良读物，必然经得起时间的考验，能够历久弥新。学海无涯，与其求新求变，实在不如阅读一些能够传世的好书。务求有限的生命，能够充分发挥效用，学习一些有益身心的学问。

年轻人应该抱持探索的心情，多方阅读各种领域的书籍，以扩展自己的视野。遇着看不懂的地方，应该多问、多请教，以求增广知识。

学海无涯，以有限的生命，来继旧开新，不断地努力学习，冒出一大堆新的东西，才能在人生道路上立于不败之地。

二十、人生的痛苦之道：分开来看

同台演出，却各唱各的调，演员、观众无不痛苦。

原本有讲稿的，居然把它放在一旁，自己信口开河，乱说一通，我们称之为脱稿。原来有剧本的，上面所有台词和动作，都写得清清楚楚，却不按照剧本，自己编造一套台词，弄得大家莫名其妙，不知道如何是好。我们把这种状况，称之为脱序。

由于自我意识高涨，现代人愈来愈不能忠于自己的原著，却随意变更台词和动作，不断跌破许多人的眼镜。求新求变，不惜离经叛道。只要我喜欢，有什么不可以。把好好的一出戏，搞得莫名其妙。现代人看不懂自己，也看不懂别人,在这种既不知己、也不知人的情况下,怎么能够不痛苦呢?

我们追究根本的原因,发现有一个可怕的念头,就是:分开来看。把整合的分解再分解、分析又分析,以致四分五裂,各自盲目发展,整体被撕裂成破碎的部分,而且再也整合不起来。等于舞台上的每一个演员,都不理会整出戏的内容,却各演各的,分别钻入不同的牛角尖。演到后来,人人荒腔走调,不知道应该怎样收场。大家都不按规矩,乱来一通,形成今日社会的脱序和混乱。人人不安,个个痛苦,而且还找不出病源,不能够有效地加以根本治疗。

分开来看,毕竟是人生的痛苦之道。如果不能及早改变方向,一切合起来想,而不分开来看,人生的痛苦,不但无穷无尽,而且日愈恶化。

第六章　灭:该怎么走

一、人生的共同课题:认识死亡

死亡不过是这一辈子心身最后一次分离。

我们从哪里来?死后到哪里去?一生当中,应该做些什么事情?始终是人生的三大问题。奇怪的是,我们一直对看得见、活生生的"人从母胎生出来",不能满足。希望透过"上帝造人""动物进化"等论说,来寻找生从何来的答案。我们也以"人是自己做出来的",来当作另类的思索。

至于死归何处?则大多由于生前的不满,企图在死后获得一些补偿,因而提出种种看法。

人生的共同结局,既然是不可避免的死亡。认识死亡,当然成为人生的共同课题。由于死亡的不过是肉体的部分。精神生命,仍然可以永生。所以我们才以求得好死作为人生的最高目的。精神不死,很可能万古流芳,也可能遗臭万年。前者无论如何,属于好死。后者就算死时十分风光,终究被贬为不得好死。

不必害怕死亡,唯求死得其所,死得其时,死得有价值。死亡并不可怕,但是不得好死,却十分可怕。

能够心安理得地,心身安然地死去,才是我们努力的目标。

二、人生的生死关头:视死如归

死后五分钟和死前五分钟几乎一样,所不同的,只是把肉体的负担抛掉而已。

死亡的意义,不过是这一世的人生大戏演完,洗净粉墨,恢复原来的本我,准备再次登台，扮演来生的好戏。

如果真的是这样，当我们面临人生的生死关头，是不是应该视死如归呢？答案也应当是基本肯定的。

我们说过，人生最有趣的事情，莫过于大家都知道，自己迟早会死。但是没有人确切地明白，什么时候，在什么地方，以什么方式死亡。

主要的原因，是我们原先的人生规划，可以经由后天的调适而获得一些改变，符合人性中高度自主的要求。知命还需要不认命，都将同时获得改变。

但是，再怎么说，所有的变化，都在提供良好的机会，使我们改造自己，提升自我。种种如意或不如意事，实际上都有其作用，必须细心体会，用心考察，才能够真正获得好处。我们只能够视死如归，却不可以自杀，便是不希望由于一时的糊涂，造成终生的遗憾！

三、人生的评鉴之道：俱皆圆满

人生如戏，不同的人在同一出戏中扮演不一样的角色。各种角色都很称职，演得很好，也就俱皆圆满。

人生如戏，有主角也有配角。无论哪一种角色，都应该努力演出，才算是一场好戏。只要有一两位演员，迟到早退、忘记台词、动作不能配合或者存心捣乱。这一出戏，哪怕剧本的内容十分吸引人，导演的水准很高，而且大部分演员也都卖力演出，相信观众也不能满意，演出的人也不会觉得很愉快。

每一个人的一生，既然由自己所安排。我们这一生所要扮演的角色，剧本不但早已写好，而且是由自己所拟订的。把这一出戏演好，各种角色，都是圆满成功。人活着就有价值，因为正在演出应有的角色。人死亡就该庆贺，因为圆满结局，把这一生演完了。

我们所依据的剧本，称为命。把剧本的内容搞清楚，便是知命。按照剧本如实演出，即为顺命。这样的演员，我们赞美为称职的演员。

有些演员，依据剧本的内容，衡量观众的水平以及当时的情境，做出一番调整。虽然说是一种创新，同台的演员并不觉得惊讶、突然或慌乱，能够及时反应过来，并且顺利配合，获得惊喜的效果。这样的演员，必然众口一致，誉为出色的演员。

只要知命，以剧本为主要依据，认命不认命，能不能创新变化，我们都认为演出成功，十分圆满。

喜剧、悲剧、悲喜交集，讽刺、搞笑、宣传意念，当然有不一样的结局。就整体演出效果来看，无论什么样的结局，都是成功。

换句话说，任何人只要顺天理去扮演这一生的角色，就算是顺利完成这一生的使命，便是俱皆圆满了！

结　语

把自己从自我意识中解脱出来,即能自救。

人活着,就有自我意识。我们的自我意识,其实是让我们站在个别的立场,来欣赏宇宙万象的不同变化,体会出整体配合的重要性。

自我应该是一种责任。对天地,要参与自然的化育工作。对人群,要尽一己之力,为社会大众服务。然而,我们却偏重权利而忽略义务,更不必谈什么责任。居然热心地互相提醒:不要让你的权利睡着了。各人重视自我却轻忽他人,逐渐形成自我中心主义。强调自己的独立性和个别差异性,认为个人的利益高于群体的公共利益。由于缺乏自我反省和自我约束,经常做出损人利己、见利忘义的事情。

为什么我们常说民胞物与?因为四海之内皆同胞也,人类来自同一个地方,大家都是同胞。既然我们都是同胞兄弟姐妹,当然应该互相协助,彼此密切配合,站在整全的立场来妥善运用自己的专长,而不是以自己的专长来分裂、瓦解整体。

凡事站在合的立场来分,而不是站在分的立场来合。首先以平天下为目标,站在平天下的立场来治国,然后站在治国的立场来齐家,接着站在齐家的立场来修己。把自己修造到家人很欢迎,将家庭修造到乡里十分融洽。社区的营造,符合国家的整体需求,而富国强兵,也能够在国际间获得动态的和平与均衡。这样,我们的自我,就是合理地利用有限的生命,来完成这一生的修治任务,达到圆满的解脱。

人生来能不能快乐?可以由自己来决定。因为上天给我们的自主性当中,在要不要快乐、能不能快乐和会不会快乐方面占有很重要的位置。

然而,放眼看去,当今世界的人,至少有三分之二以上并不快乐。证明我们有太多的观念和做法,是错误的。

希望快乐,恐怕只有一种办法,那就是人人自救!

透过这一本小书的若干则人生智能,改变自己的观念,等于调整自己的磁场。不要再期待什么救世主,不必再寄望别人的救援。什么时候真的把自己从自我意识中解脱出来,便能够自救。

人人自救,是人生来快乐的不二途径!

图书在版编目（CIP）数据

人性的弱点：曾仕强谈改变命运 / 曾仕强著. –2版. —北京：中国工人出版社，2017.4
ISBN 978-7-5008-6668-8

Ⅰ.①人… Ⅱ.①曾… Ⅲ.①成功心理—通俗读物 Ⅳ.①B848.4-49

中国版本图书馆CIP数据核字（2017）第100324号

人性的弱点：曾仕强谈改变命运

责任编辑	宋 杨
责任校对	董春娜
责任印制	黄 丽
出版发行	中国工人出版社
地　　址	北京市东城区鼓楼外大街45号　邮编：100120
网　　址	http://www.wp-china.com
电　　话	（010）62005043（总编室）（010）62005039（出版物流部） （010）62379038（社科文艺分社）
发行热线	（010）62005049　（010）62005042（传真）
经　　销	各地书店
印　　刷	北京市密东印刷有限公司
开　　本	710毫米×1000毫米　1/16
印　　张	17.25
字　　数	277千字
版　　次	2017年8月第2版　2022年5月第7次印刷
定　　价	43.80元